Freunde der Monacensia e. V.
Jahrbuch 2010

Herausgegeben von Waldemar Fromm und Kristina Kargl

Allitera Verlag

Weitere Informationen über den Verlag und sein Programm unter:
www.allitera.de

Weitere Informationen über den Förderverein *Freunde der Monacensia e. V.*
unter www.monacensia.net

BILDQUELLEN:
Andreas Bauer (Hrsg.) *Festschrift für Hans Ludwig Held*, München 1950: *153*;
Martin Möbius, Bruno Paul *Steckbriefe,* Berlin/Leipzig 1900: *189*; Privatnachlass Rolf von Hoerschelmann (im Besitz der Gemeinde Feldafing): *162*; Walter Hettche: *190/191*
Alle hier nicht explizit aufgeführten Bilder entstammen dem Bestand des Monacensia Literaturarchivs München.

Juli 2010
Allitera Verlag
Ein Verlag der Buch&media GmbH, München
© 2010 Freunde der Monacensia e.V., München
Umschlaggestaltung: Kay Fretwurst, Freienbrink
Herstellung: Books on Demand GmbH, Norderstedt
ISSN 1868-4955
Printed in Germany · ISBN 978-3-86906-139-9

Inhalt

Zu diesem Jahrbuch 7

Die Ausstellungen der Monacensia 2009

»Freie Liebe und Anarchie« 11
Erich Kuby zum 100. »AufZEICHNUNGEN. Mein Krieg 1939–1945« 15
   Hans-Georg Küppers: Erich Kuby 20

Die Veranstaltungen der Monacensia 2009

Übersicht über die Veranstaltungen der Monacensia 2009 27
Ulrike Voswinckel: Die Boheme im Süden – Leben am Monte Verità 41

Aus der Arbeit des Literaturarchivs

Frank Schmitter: Neuzugänge im Literaturarchiv der Monacensia 63
Frank Schmitter: Ein Schloss-Fund: Der verschlungene Weg des
Nachlasses von Erich Ebermayer 66
Elisabeth Tworek: »Literatur in München« (LiM) – ein Bestandteil
des Literaturportals Bayern 69
Christine Hannig: Retrokonversion der Bibliotheksbestände 73

Fundstücke aus dem Archiv

Klaus E. Bohnenkamp: Rainer Maria Rilkes Briefe an seinen Münchner
Buchhändler Heinrich Jaffe 79
Reinhard Baumann: Das kurze Leben des Mathias Kneißl und
sein letzter Brief 125

Jubiläen und Gedenktage 2010

Sven Hanuschek: Ein Lorbeerkranz für Uwe Timm zum Siebzigsten 133

Gunna Wendt: Herz mit doppeltem Boden
Zum 50. Todestag von Liesl Karlstadt 143

Elisabeth Tworek: Gedenktafel zur Erinnerung an Elisabeth Braun 149

Marita Krauss: Hans Ludwig Held – Stadtbibliotheksdirektor
und Kulturbeauftragter 153

Eva-Maria Herbertz: Ein »Leben ohne Alltag«
Rolf von Hoerschelmann zum 125. Geburtstag 162

Kristina Kargl: »Mit dem Opfer meines Lebens ...«
Der mysteriöse Tod der Lena Christ 173

Walter Hettche: »Am dauerndsten in München«
Otto Julius Bierbaum zum 100. Todestag 185

Miriam Käfer: Der Schriftstellerin Anna Croissant-Rust zum
150. Geburtstag 193

Die Autorinnen und Autoren 209
Errata 212

Zu diesem Jahrbuch

Nach der freundlichen Aufnahme des ersten *Jahrbuchs der Freunde der Monacensia e. V.* 2009 möchte der Vorstand des Vereins auch in diesem Jahr die Arbeit der Monacensia, dem Literaturarchiv der Stadt München, einer breiteren Öffentlichkeit vorstellen.

Das zweite Jahrbuch dokumentiert die Ausstellungen und Veranstaltungen der Monacensia aus dem vergangenen Jahr und präsentiert die Textfassung der Rundfunksendung von Ulrike Voswinckel *Die Boheme im Süden – Leben am Monte Verità* aus der Reihe »radioKultur in der Monacensia« zur Ausstellung in der Monacensia. Frank Schmitter stellt die Neuzugänge im Archiv vor.

Wie im letztjährigen Jahrbuch konnten auch für das vorliegende Jahrbuch namhafte Wissenschaftlerinnen und Wissenschaftler dafür gewonnen werden, Autoren, deren Nachlässe teilweise oder ganz in der Monacensia liegen, zu würdigen, darunter Uwe Timm, Liesl Karlstadt, Rolf von Hoerschelmann, Lena Christ, Hans Ludwig Held, Otto Julius Bierbaum und Anna Croissant-Rust. Damit sind längst nicht alle erwähnt. Die Reihe könnte mit Ina Seidl (125. Geburtstag), René Schickele (70. Todestag), Artur Kutscher (50. Todestag), Wilhelm Anton Kristl (25. Todestag), Horst Bienek (20. Todestag), Ellis Kaut (90. Geburtstag), Tankred Dorst (85. Geburtstag) und anderen fortgesetzt werden.

Neu in diesem Jahrbuch ist die Rubrik *Fundstücke aus dem Archiv*, in der künftig in loser Reihenfolge kleinere und größere Originalbeiträge zu Archivbeständen aufgenommen werden sollen. Klaus E. Bohnenkamp präsentiert den Briefwechsel Rilkes mit seinem Buchhändler Jaffe. Reinhard Baumann stellt den einzig erhaltenen Brief Mathias Kneißls vor, den der bekannte bayerische Sozialrebell kurz vor der Hinrichtung an seinen Lehrer schrieb.

Spätestens seit Karl Schlögels Buch *Im Raume lesen wir die Zeit* aus dem Jahr 2003 wird zunehmend bewusst, wie wichtig Orte zum Verständnis von Geschichte sind. Die Monacensia ist in dieser Hinsicht nicht nur ein zentraler Ort der Gegenwart, an dem sich literatur- und kulturgeschichtliche Wege einer ganzen Region kreuzen und bündeln, sie ist ebenso der Ort, an dem die Stein gewordene Vergangenheit aufgearbeitet wird. Elisabeth Tworek gedenkt in ihrem Beitrag Elisabeth Braun, einer früheren Besitzerin des Hildebrandthauses, in dem heute die Monacensia untergebracht ist.

Allen Autorinnen und Autoren, die an diesem Jahrbuch mitgearbeitet haben, sei herzlich gedankt.

Waldemar Fromm und *Kristina Kargl*

Die Ausstellungen der Monacensia 2009

Zusammengestellt von Sylvia Schütz

»Freie Liebe und Anarchie«

Schwabing – Monte Verità. Entwürfe gegen das etablierte Leben
Eine Ausstellung der Monacensia
1. Juli bis 13. November 2009 in der Monacensia
Ausstellungseröffnung: Dienstag, 30. Juni 2009, 19.00 Uhr

> *... es hieß einfach Schuhe ausziehen,*
> *Damen Korsette weg, tiefe Kniebeugen, Gehen. Laufen ...*
> Rudolf von Laban

Der Monte Verità – der »Berg der Wahrheit«, am oberen Lago Maggiore im Schweizer Tessin unweit von Ascona gelegen, war zu Anfang des 20. Jahrhunderts ein bekannter Begriff in Schwabing – eine Legende, ein Gerücht, eine Verheißung, ein Ort, der die Phantasie beflügelte und ganz real ein Ziel war für alle Arten von Aussteigern, Zivilisationsflüchtigen, der Stadt und des Staates Überdrüssigen. Kaum ein anderer Ort hat so viele neue Lebensentwürfe inspiriert wie der Monte Verità.

Die komplexe Wechselwirkung zwischen den Kraftfeldern Schwabing und Monte Verità begann schon damit, dass die Gründer des »Berges der Wahrheit« in München zusammen kamen: Ida Hofmann, Henri Oedenkoven, Carl und Gustav Gräser, Jenny Hofmann und Lotte Hattemer gehörten zu einer Gruppe von jungen Leuten, die den gemeinsamen Aufbruch in ein ganz anderes Leben wagten. Das Ziel war eine gesunde, naturnahe Lebensweise und die Befreiung von etablierten Normen. Gewalt- und Herrschaftslosigkeit war schon von Beginn an ein Thema, ebenso wie Vegetarismus und die Abwendung von kirchlichen Vorschriften. Bilder von Licht- und Luftbädern, nackten Gartenarbeitern und radikalen Höhlenbewohnern, von barfüßigen »Naturmenschen« mit Bart und langen Haaren kamen sehr bald in Schwabing an, ebenso wie die Kunde von freier Liebe und selbstbestimmten Frauen.

Der Revolutionär Erich Mühsam und der Psychoanalytiker Otto Gross erschienen 1905 in der Schwabinger Caféhausszene, nachdem sie die alternativen Siedlungen in Ascona besucht hatten. Der Schriftsteller Oskar Maria Graf und der Maler Georg Schrimpf kehrten 1912 dem harten Münchner Arbeiterleben den Rücken und fuhren ins Tessin in der liberalen Schweiz, wo sie dem russischen Anarchisten Fürst Kropotkin begegneten. Die »Gräfin von Schwabing«, Franziska zu Reventlow kam 1910 nach Ascona und schrieb dort ihre wichtigsten Bücher. Der Tänzer und Choreograf Rudolf von Laban, der eine Tanzschule in München betrieb, erarbeitete am Monte Verità zusammen mit Mary Wigman die Grundlagen des modernen Ausdruckstanzes. Es folgten viele Schriftsteller und Künstler, darunter Hermann Hesse, Emmy Hennings und Hugo Ball. Die Malerin Marianne von Werefkin kam 1918 und blieb bis zu ihrem Lebensende.

Die Ausstellung basiert größtenteils auf Dokumenten aus dem Literaturarchiv der Monacensia. Hier befindet sich ein großer Teil der nachgelassenen Werke von Gusto Gräser, Franziska zu Reventlow, Oskar Maria Graf, Hans Brandenburg, vor allem dessen großartiges Fotoalbum der Laban-Tänzerinnen am Lago Maggiore, und von Erika Mann, die mit ihrer *Pfeffermühle* im Schweizer Exil auch nach Ascona kam. Mit diesem Material dokumentierte die Kuratorin Ulrike Voswinckel erstmals den regen Austausch zwischen den Lebensreformern und Paradiessuchern der beiden Orte Schwabing und Monte Verità. Ulrike Voswinckel verfasste auch das in der *edition monacensia* erschienene ausführliche Begleitbuch. Die Ausstellung stand unter der Schirmherrschaft von Frau Ursula Aaroe, Schweizerische Generalkonsulin in München.

Die Ausstellung *Freie Liebe und Anarchie. Schwabing – Monte Verità. Entwürfe gegen das etablierte Leben* wurde durch den Stadtrat Dr. Reinhard Bauer in Vertretung des Oberbürgermeisters eröffnet; Grußworte sprach Ursula Aaroe, Generalkonsulin der Schweiz und Schirmherrin der Ausstellung. Der Schauspieler Robert Joseph Bartl, Bayerisches Staatsschauspiel, las literarische Texte zum Monte Verità.

»Eine fabelhaft anschauliche, übersichtlich untergliederte Ausstellung«, lobte Eva-Elisabeth Fischer in der *Süddeutschen Zeitung* vom 3. Juli 2009. Annette Lettau schrieb im Focus vom 29. Juni 2009: »Ulrike Voswinckel, die Kuratorin der Schau, bietet mit den thematisch arrangierten Fotografien, Büchern, Briefen und wunderbaren Wandzitaten einen aufschlussreichen und höchst unterhaltsamen Einblick in die Geschichte dieses Reformmodells, das Aussteiger aller Couleur faszinierte«. Im Fernsehen waren in den Kulturmagazinen *Capriccio*

(Bayerischer Rundfunk) und *Kulturzeit* (3sat) ausführliche Beiträge über die Ausstellung zu sehen.

Mit den Besucherzahlen der Ausstellung kann die Monacensia höchst zufrieden sein. Es hat sich gezeigt, dass literarische Ausstellungen, die eng mit zeitgeschichtlichen und gesellschaftlichen Themen verknüpft sind, ein breitgestreutes Publikum finden. Sehr erfreulich war das Interesse, auch vom jüngeren Publikum, an den alternativen Ideen der Aussteiger um 1900. Entsprechend wurde das Begleitprogramm mit Stadtspaziergängen und wöchentlichen Führungen ausgesprochen gut angenommen.

»Freie Liebe und Anarchie«
Schwabing – Monte Verità. Entwürfe gegen das etablierte Leben

Verantwortlich: Dr. Elisabeth Tworek, Leiterin der Monacensia
Kuratorin: Ulrike Voswinckel
Ausstellungsgestaltung: Katharina Kuhlmann
Koordination und Pressearbeit: Sylvia Schütz, Monacensia
Veranstalter: Monacensia. Literaturarchiv und Bibliothek

Die Ausstellung stand unter der Schirmherrschaft von Frau Ursula Aaroe, Schweizerische Generalkonsulin in München.

Mit finanzieller Unterstützung des Schweizerischen Generalkonsulats, des Kulturreferats und der Gleichstellungsstelle für Frauen der Landeshauptstadt München.

Publikation:
Zur Ausstellung erschien in der Reihe *edition monacensia* im Allitera Verlag, München die gleichnamige Publikation *»Freie Liebe und Anarchie«. Schwabing – Monte Verità. Entwürfe gegen das etablierte Leben* von Ulrike Voswinckel, München 2009, 184 Seiten mit zahlreichen Abbildungen.

Zitate aus der Ausstellung

Wir streben eine Renaissance des Menschengeschlechts an.
                                    Ida Hofmann
Hier ist mein heiliges Land, hier bin ich hundertmal
Den stillen Weg der Einkehr in mich selbst gegangen.
                                    Hermann Hesse
Baue neben das Böse das Edle und Gute.
                                    Gusto Gräser

Nicht jeder sah – quer durch die Aschenputtel-Attribute des Landstreichers – die Goldaura eines Wanderapostels schimmern, frei nach franziskanisch-urchristlicher oder eher kynischer Sitte, ein neuer Diogenes ohne Fass.

Ulrich Holbein

Ich glaubte einmal, Ascona sei der geeignete Ort, um hier eine kommunistische Siedlungsgenossenschaft in grossem Maßstabe zu versuchen ...

Erich Mühsam

... es hieß einfach Schuhe ausziehen, Damen Korsette weg, tiefe Kniebeugen, Gehen, Laufen ...

Rudolf von Laban

Das Schreiten und Gleiten, das Stürmen, Stürzen und Fallen – die Seligkeit des Schwebens in der Überwindung der Schwere durch das himmelstürzende Jauchzen im tänzerischen Sprung ...

Mary Wigman

Diese Welt voller Zauberweiber, Anmut, Tücke und Glücksbegier ...

Max Weber

... möchte wieder Menschen sehen. Hier gibt es keine, nur Narren und Propheten.

Fanny zu Reventlow

Die Vollblutpflanzenfresser hatten auf Verità eine große Siedlung, genannt die »Heidelbeere«. Dort wurde Nacktkultur verkündet, neues Menschentum und freie Liebe betrieben.

Oskar Maria Graf

Ascona hat mich gelehrt, nichts Menschliches zu verachten, das große Glück des Schaffens und die Armseligkeit der Existenzmöglichkeit gleich gut zu leben und sie als Schutz der Seele in mir zu tragen.

Marianne von Werefkin

»AufZEICHNUNGEN.
Mein Krieg 1939-1945«

Erich Kuby zum 100.

Eine Ausstellung von Susanna Böhme-Kuby und Benedikt Kuby in der Monacensia.
27. November 2009 bis 5. Februar 2010
Ausstellungseröffnung: Donnerstag, 26. November 2010, 19 Uhr

Erich Kubys Geburtstag jährt sich 2010 zum hundertsten Mal – er starb im September 2005 in Venedig, von wo aus er in seinen letzten fünfundzwanzig Lebensjahren die deutsche Realität verfolgt und noch bis Ende 2003 kommentiert hat. Da hörte der 93-jährige auf zu schreiben, zeichnete und aquarellierte aber noch bis in seine letzten Tage.

In der Erinnerung seiner Leser ist Erich Kuby noch lebendig als scharfzüngiger Journalist und Kommentator zu Politik und Kultur, als erfolgreicher Schriftsteller und Autor von Hörspielen, Drehbüchern, und vieler Bücher, darunter *Das Mädchen Rosemarie* – von seinen Zeichnungen wusste man bisher nichts.

Wie kein anderer prägte Erich Kuby nachhaltig das literarische und publizistische Leben Münchens nach 1945. Als Berater der »US-Information Control« wirkte er an der Neugründung von Verlagen und Zeitschriften mit, als Nachfolger von Alfred Andersch und Hans Werner Richter war er 1947 ein Jahr lang Chefredakteur der Zeitschrift *Ruf*, dann arbeitete er für die *Süddeutsche Zeitung*, die *Welt*, den *Spiegel* und den *Stern*.

Erich Kubys zentrales Thema war der Mangel an politischer Vernunft in Deutschland, die Erfahrungen zweier Weltkriege haben das Verhältnis zu seinem »ärgerlichen Vaterland« geprägt. Der Krieg – miterlebt als einfacher Soldat von Oktober 1939 bis Juni 1945 – fand thematischen Niederschlag in vielen seiner fast 30 Bücher, insbesondere in *Mein Krieg* (1975): »Eines der hellsichtigsten und ernüchterndsten Kriegsbücher [...] ein scharfsichtiges Dokument, verfasst von einem jungen Mann, der sich innerlich verweigerte und die Realität aus nie aufgehobener Distanz beobachtete« (taz). Kuby aber schrieb nicht nur, er hielt seine Eindrücke auch mit Zeichenstift und Pinsel fest: Fast 200 Blätter blieben aus seinen Kriegsjahren erhalten.

Die Ausstellung zeigte erstmalig eine Auswahl dieser Zeichnungen, erläutert durch Zitate aus Erich Kubys Buch *Mein Krieg. Aufzeichnungen aus 2129 Tagen*.

Der literarische Nachlass von Erich Kuby wird in der Monacensia, dem Literaturarchiv der Stadt München, betreut. Für sein Werk erhielt Erich Kuby 1992 den Publizistikpreis der Landeshauptstadt München. 2005 wurde er mit dem Kurt-Tucholsky-Preis ausgezeichnet.

Die Ausstellung *Erich Kuby zum 100.* wurde durch den Kulturreferenten Dr. Hans-Georg Küppers in Vertretung des Oberbürgermeisters eröffnet.

Über die Ausstellung schrieb Alexander Altmann im *Münchner Merkur*: »Anlässlich des 100. Geburtstages von Erich Kuby (1910–2005) zeigt das Münchner Literaturarchiv erstmals die unbekannte Seite dieses Autors, der das politische Geschehen in der Bundesrepublik über Jahrzehnte mit seinen kritischen Einsprüchen begleitete.« (27.11.2009). Hannes Hintermeier kommentierte in der *Frankfurter Allgemeinen Zeitung* die Ausstellung: »Als Erich Kuby vor vier Jahren starb, verstummte mit ihm ein Typus, wie es ihn heute nicht mehr gibt. Es ist jener des ›Nestbeschmutzers von Rang‹, wie Heinrich Böll Kuby klassifizierte. [...] Das Münchner Literaturarchiv Monacensia nimmt den am 28. Juni 2010 bevorstehenden hundertsten Geburtstag zum Anlass, sich mit einer Ausstellung auf Kubys Kriegsjahre zu konzentrieren. Sein Buch ›Mein Krieg‹ ist ein Klassiker – was man daran erkennt, dass es zurzeit nicht lieferbar ist.« (15.12.2009).

»Erich Kuby zum 100.«
AufZEICHNUNGEN. Mein Krieg 1939 – 1945

Eine Ausstellung von Susanna Böhme-Kuby und Benedikt Kuby
Verantwortlich: Dr. Elisabeth Tworek, Leiterin der Monacensia
Presse und Öffentlichkeit: Sylvia Schütz, Monacensia
Veranstalter: Monacensia. Literaturarchiv und Bibliothek

Zitate aus der Ausstellung

»Mein Krieg« ist ein zeitloses Buch, und zwar deshalb, weil dieser Zweite Weltkrieg, gleich dem Ersten von uns vom Zaun gebrochen und verloren, die

Landkarte nicht nur Europas verändert hat und mit deutschen Verbrechen verbunden ist, die alles andere waren, als übliche Begleiterscheinungen militärisch legitimierten Massenmordes.
»Mein Krieg« war nie eine deutsche Lehrstunde, soll nach wie vor keine sein, aber doch eine deutsche Bestandsaufnahme, die mit »aber es war doch Krieg« weder ausreichend zu begründen noch zu entschuldigen ist.

Erich Kuby, Vorwort zur Neuausgabe von Mein Krieg, 1999

Ich halte mich nicht für einen Zeichner. [Wenn ich dessen ungeachtet ungezählte Skizzen gemacht habe], so deshalb, weil sie bei aller Unzulänglichkeit die einzige bewusste und gewollte Tendenz meiner Kriegsaufzeichnungen unterstützen. So und nicht anders ist es gewesen, so und nicht anders bin ich gewesen.

Erich Kuby, Nachwort zu Demidoff, 1947

Das musikalische Tun ist ebenso wie das zeichnerische doch nur eine Ablenkung vom Schreiben, es ist bei weitem leichter und angenehmer, sich in den dilettantischen Talenten zu versuchen als dort, wo man ungefähr weiß, nicht nur wie das Gültige auszusehen hat, vielmehr auch hofft, es hervorbringen zu können. Insofern sündige ich, denn ich zeichne sehr viel und sehe in den Skizzen einen Haken, an dem ich jeden einzelnen jener ungestalteten und mich nichts angehenden Tage aus der trüben Gegenwartssuppe herausziehe in meine private, sehr bescheidene Ewigkeit.

An Jeanne Mammen, Demidoff, 4. Mai 1942

Hört ihr Radio? Hört bloß nicht zu viel, das verzerrt die Verhältnisse und macht dumm. Ich höre kein Wort. Das Wichtigste ist, Neugierde auf Nachrichten zu verlieren, ich meine auf Nachrichten unseres Rundfunks und unserer Presse. Die Nachrichten sind ja nicht dazu da, etwas mitzuteilen, sondern eine gewisse Seelenstimmung zu schaffen, die als notwendig betrachtet wird für die Fortsetzung des Krieges.

An Edith Kuby-Schumacher, Berlin, 1. September 1939

Warum muss ich in ein Volk hineingeboren sein, dass aus Wagneropern Geschichte macht?

19. Juni 1941

Ich denke, der Krieg wird ihnen noch vergehen. Sie sehen die Raben nicht. Da haben sie diesen Groß-Raben-Vater Wagner und pilgern nach Bayreuth, alle Jahre wieder dämmern ihre Götter, ihnen dämmert aber nichts.

An die Mutter, 6. Juli 1941

Ich befinde mich auf immer neue Weise zwischen Baum und Borke. Mich interessiert, was mich schaudern macht. Die Armee ist für mich nicht nur der Ort, an dem optimale politische Drückebergerei möglich ist; sie lässt mich auch dem rotglühenden Kern des Wahnsinns am nächsten sein. Beobachtungs-

plätze, die ihm noch näher liegen, sind mir verschlossen. Sie lägen einerseits in der Herrschaftssphäre, wohin ich nicht gelangen kann; andererseits in den kriminellen Staats- und Parteihöllen, wohin ich allerdings gelangen könnte – als Opfer. Eben das gilt es zu vermeiden auf Kosten der Klarheit: der Klarheit der eigenen Person.

7. Mai 1943

Für mich ist die Großdeutsche Armee in diesem Zustand in Ironie eingehüllt wie in ein kostbares Parfum. Das stählerne Verbrechen zerfranst, die Lackierung ab, und siehe, es war gar nicht aus Stahl! Es war aus Braunau-Pappe. Oh, dieser ganze Areopag unserer edelsten Geister, diese fiesen Möppe wie Jünger und Konsorten, dieser Thomas Mann aus dem Ersten Weltkrieg, Stefan George, Benn und zurück Körner, Fichte, Arndt, vorwärts Heidegger und Johst entlaufen der Humanität, dem Menschen schlechthin, für einen blöden nationalen Wahn oder für einen aufgesetzten Heroismus, für Ideale. [Doch jetzt hier:] Eine deutsche Welt in Russland, sich fortbewegend mit Panjepferdchen und ganz und gar ohne Ideale. Germania nackt, was für ein Anblick! Ich schaue sie an und Ironie erfüllt mich, als hätte ich Champagner getrunken. Mitleid – also Humanität? Und weil kein Mitleid, nein, bei Gott, kein Mitleid also keine Humanität? Also auch ich ganz und gar deutsch? Mein Mitleid gilt den Menschen, die hier zu Hause sind und die wir dem Elend und dem Hunger eines Winters preisgeben. Das ist genug Humanität.

12. Dezember 1943

Die, die es zu silbernen Litzen gebracht haben, was werden diese Leute tun, wenn sie zu ihren Familien zurückgekehrt sind? Ich glaube, sie werden genauso gemein, so dumm und so würdelos sein, wie sie als Soldaten waren, nur mit dem Unterschied, dass sie ihr Brot wieder mit Arbeit verdienen müssen. Das wird ihnen Ansporn sein, feinere Methoden der Schurkerei zu entwickeln.

Auf dem Weg zum Kriegshafen Brest – im Sommer 1944, nach Landung der Alliierten – traf Kuby in Strassburg am 8. Juni Carl Friedrich v. Weizsäcker und Helmut Becker in der Universität. Aus dieser Begegnung entstand ein Manuskript mit dem Titel »Besinnung« (Auszug):

Hier in Strassburg sind eine Menge ansehnlicher Leute versammelt, die vom Dritten Reich und vom Krieg soviel wie möglich verpassen wollten.

Was mich an diesem Kreis stört, ist sein elitäres Gehabe, und was ich am wenigsten vertrage, ist Ironie gegenüber den Nazis, die sich gefahrlos äußert. Diese Kultur- und Wissenschaftsplutokraten tragen ein unsichtbares Schild um den Hals: Wir sind die anderen Deutschen. Wer glaubt, ein »anderer« Deutscher zu sein, und sich dennoch als Repräsentant der Deutschen schlechthin fühlt, beteiligt sich an dem Schwindel, die deutsche Führung, Hitler, Goebbels, Göring, Schacht, Bormann, Heydrich seien keine exemplarischen Deutschen. Das aber sind sie. Wer sich nicht zu deren Komplizen machen will, muss auch die

Taue kappen, die ihn mit seinem Volk verbinden. Denn nicht die »anderen« Deutschen repräsentieren das Volk, sondern (heute) die NS-Führung, früher der General v. Seekt (der empört wäre, in einem Atemzug mit jenen genannt zu werden), Ernst Jünger, der darüber noch empörter wäre, Hindenburg, Hugenberg, Wilhelm II. und so weiter.

Diese Kolonie von Intellektuellen lehrte mich erkennen, daß sie nach dem Krieg an einem anderen Punkt einsetzen werden als ich. In dem, was sie sagten, klang immer durch, daß es ihrer Ansicht nach nur einer Veränderung der Herrschaftsverhältnisse bedürfe, damit »das Neue« installiert sei. Nun verstehen sie aber unter Veränderung der Verhältnisse im wesentlichen nur Veränderung politischer Art und somit also die Wiedererrichtung einer parlamentarischen Demokratie an Stelle der Diktatur.

Sicher ist, dass ohne solchen Umbau der Herrschaftsverhältnisse – für den die Sieger sorgen werden – »das Neue« überhaupt nicht anfangen könnte. Aber dadurch allein wird sich mit Sicherheit nichts verwirklichen, was ich als »das Neue« anerkennen könnte, dadurch wird nichts geschehen, was mich veranlassen wird, meine Meinung über dieses Volk zu ändern, das ja nicht allein dadurch ein anderes würde, daß es, statt Hitler zuzujubeln, »demokratische« Politiker wählen ginge.

Es gäbe nur eine echte Alternative: Revolution, und die eben gibt es nicht in einem – und durch ein – Volk, dem Vernunft nichts bedeutet.

Über den Rand des Krieges schauend, was ich seit Strassburg kann, sehe ich wie alle die Ruinenlandschaft, aber ich weiß: dieses Volk lehren Ruinen nichts. Eine Weile mag es anders aussehen; fremder Macht unterworfen, werden meine Landsleute sich Tugenden zulegen wie Masken.

Wollen Sie denn Bürgerkrieg? hatte Helmuth Becker in unserem letzten Gespräch ganz entsetzt gefragt. Die Amerikaner werden genauso denken. Und die Sowjets auch. Sie feiern ihren eigenen Bürgerkrieg, aber jetzt regeln sie das Notwendige mit stiller Gewalt. Als ich antwortete: Was denn sonst?, sagte er: Die Kraft dazu ist verbraucht, die Städte zerstört, nicht genug zu essen, usw. So ist es.

Also werden wir die Gleise reparieren, die Brücken, die Städte neu bauen – nur mit uns selber wird nichts passieren. Indem wir aufräumen werden statt Krieg zu führen, werden wir uns vorkommen, als seien wir neue Menschen. Wie gehabt, beziehen sich politische Vorstellungen nur auf Herrschaftsorganisationen.

Das Mehl wird von einer Tüte in die andere geschüttet.

Hans-Georg Küppers
»Erich Kuby zum 100.«

Meine sehr geehrten Damen und Herren,
als Erich Kuby im Jahr 2005 im Alter von 95 Jahren in Venedig verstorben ist, hat er eine große Lücke in der deutschen Publizistik hinterlassen. Ohne Zweifel war er eine der großen publizistischen Persönlichkeiten hierzulande. Viele seiner Kollegen beklagten den Verlust seines »scharfen Blicks für das Falsche«, seiner kritischen Urteilsfindung und seiner mahnenden Stimme, die er immer erhoben hat, wenn es darum ging, Unrecht und Falschheit zu benennen – auch wenn er damit nicht immer die Meinung der Mehrheit bediente.

Der Journalist Herbert Riehl-Heyse schrieb einmal über ihn: »Dass Erich Kuby ein großer Journalist dieser Republik und ein großer Aufklärer geworden ist, liegt nicht in erster Linie daran, dass er oft (und oft gerne) anderer Meinung war als die Mehrheit der Bevölkerung, und gewiss auch nicht daran, dass er immer recht gehabt hätte oder auch nur gerecht gewesen wäre zu jedem seiner journalistischen Objekte: so etwas geht ohnehin nicht. Es ist nur so, dass er sein Leben lang seinen Beruf ernst genommen hat: Kuby schaut genau hin, ist neugierig, weiß – weil er kein Ideologe ist – nicht immer schon vor dem Hinschauen, was er später herausfinden wird.«

Erich Kubys journalistische und publizistische Karriere begann im Nachkriegsdeutschland, nach seiner Kriegszeit als einfacher Soldat in der Wehrmacht und neun Monaten Kriegsgefangenschaft. 1945 machten ihn die Amerikaner zunächst zum Berater der »US-Information Control« in München und betrauten ihn mit der Aufgabe, an der Neugestaltung des bayerischen Verlagswesens mitzuwirken. In den Jahren 1946/47 wurde er als Nachfolger von Alfred Andersch und Hans Werner Richter Mitarbeiter und Chefredakteur der im Nachkriegsmünchen herausgegebenen Zeitschrift *Der Ruf. Unabhängige Blätter der jungen Generation*. 1948 enthoben ihn die Amerikaner dieser Stellung. Erich Kuby kommentierte später die Aufkündigung der Schrift-

leitung des *Ruf* lakonisch: »Ich war den Amerikanern – vielleicht auch den Russen – zu frech geworden.«
Werner Friedmann warb ihn für die *Süddeutsche Zeitung* ab, für die er zehn Jahre lang als Redakteur arbeitete.
Dann führte ihn sein Weg als Redakteur zur *Welt*, zum *Stern* und zum *Spiegel*.
Und nebenbei entstanden Hörspiele, Drehbücher und viele Bücher. Bücher, die sich »wie Pfeile ins Gemüt seiner Leser bohren sollten« (Wibke Bruhns). Bücher mit programmatischen Titeln wie *Mein ärgerliches Vaterland*, *Mein Krieg* und schließlich der Welterfolg *Rosemarie, des deutschen Wunders liebstes Kind*. Die genannten Bücher und noch etliche mehr von Erich Kuby stehen in der Monacensia-Bibliothek zur Verfügung; hier können Sie auch in archivierten Ausgaben der *Süddeutschen Zeitung* Erich Kubys Artikel nachlesen, die im Katalog einzeln nachgewiesen werden.

1992 verlieh die Landeshauptstadt München Erich Kuby den eben erst neu geschaffenen Publizistik-Preis. Bei diesem Preis, von Erich Kuby im Alter von 83 Jahren entgegengenommen, handelte es sich um die erste Auszeichnung überhaupt, die Erich Kuby für sein Werk erhielt. Sie blieb auch die einzige Auszeichnung zu seinen Lebzeiten. Der Kurt-Tucholsky-Preis der Kurt-Tucholsky-Gesellschaft folgte 2005 postum.

Professor Wolfgang R. Langenbucher, der damals die Laudatio auf Erich Kuby hielt, nannte ihn einen »Musterschüler der Kassandra«, einen mahnenden Propheten und Journalisten mit Kassandra-Wissen, dessen kritische Kommentare und Analysen nur zu oft keiner hören wollte: »Kassandra-Wissen ist mit keiner Herrschaft vereinbar – wenn es irgendeinen Journalisten im Deutschland dieser Nachkriegszeit gegeben hat, auf den diese Analogie der Sagenwelt passt, dann ist es gewiss Erich Kuby«.

Oft genug wurde Erich Kuby für seine Kassandra-Rufe gescholten. Bei der Verleihung des Geschwister-Scholl-Preises an den Journalisten und Publizisten Roberto Saviano fiel auffallend häufig das Wort »Zivilcourage«. Zivilcourage bedeutet auch, einen kritischen Blick auf das eigene Land zu richten und das, was man vorfindet, schriftlich zu formulieren – ohne Rücksicht darauf, ob das Niedergeschriebene gerade gelegen oder ungelegen kommt. Und es gab viele, denen Erich Kubys Meinung nicht gelegen kam. So durfte er im Sommer 1965 auf Anordnung des Rektorats der Freien Universität Berlin nicht an einer Diskussion über das Thema *Restauration oder Neubeginn – die Bun-*

desrepublik Deutschland 20 Jahre danach teilnehmen, weil er sich sieben Jahre zuvor kritisch über den Namen »Freie Universität« geäußert hatte. Die Folge waren massive Studentenproteste gegen dieses Redeverbot.

Vieles, was Erich Kuby schrieb, landete in der Schublade, weil in den Chefredaktionen beschlossen wurde, seine Artikel lieber ungedruckt zu lassen, als die Leser mit den Ansichten dieses unbestechlichen Querdenkers zu konfrontieren. Vor Zerwürfnissen mit seinen Verlegern schreckte Erich Kuby nicht zurück. Er ließ sich nicht vereinnahmen, lieber trennte er sich von einer Zeitung. Die Wahrung seiner unabhängigen Haltung führte jeweils zum Abschied beim *Stern* und beim *Spiegel*.

Für seine Gesellschaftskritik erhielt Erich Kuby von Heinrich Böll den durchaus anerkennenden Titel »Nestbeschmutzer von Rang«. »Ich bin davon überzeugt, dass es keinen Zweck hat, darüber nachzudenken, ob man mit dem, was man schreibt, wirklich etwas bewirkt. Aber ich würde keine Zeile schreiben, wenn ich nicht etwas bewirken wollte«, so Erich Kuby über das, was ihn zum Schreiben antrieb.

Der Krieg, die Verdrängung der Nazi-Vergangenheit im Nachkriegsdeutschland, der Kampf gegen die Wiederbewaffnung waren seine zentralen Themen.

2129 Tage lang hat Erich Kuby den Krieg als einfacher Soldat der Wehrmacht erlebt, vom 6. Oktober 1939 bis 16. Juni 1945. Tag für Tag schrieb er in kürzeren oder längeren Notizen oder in Briefen auf, was er im Kriegsalltag erlebte. Das Schreiben diente ihm als Überlebensmittel im Krieg: »Es war das Seil, an dem ich mich wie am Griff in einem Autobus festgehalten hatte«, kommentierte Kuby in einem Lebensrückblick seine täglichen Notizen. Diese 10000 Blätter und Blättchen, die in diesen Jahren entstanden sind, haben den Krieg überdauert (»Die deutsche Feldpost hatte weit besser als die deutsche Armee funktioniert, weil sich Hitler nicht um sie gekümmert hatte«, so Kuby). Aus dieser minutiösen Chronik eines Soldatenlebens entstand 1975 das Buch *Mein Krieg. Aufzeichnungen aus 2129 Tagen*. Ein wichtiges Anti-Kriegsbuch, das von seiner Gültigkeit bis heute nichts eingebüßt hat. Neu ist, dass Erich Kuby seine Eindrücke auch mit Zeichenstift und Pinsel festhielt. Ich freue mich, dass diese Blätter aus dem Besitz von Susanna Böhme-Kuby heute erstmals in der Monacensia der Öffentlichkeit präsentiert werden.

In diesem Zusammenhang möchte ich auch auf die Ausstellung »Fremde im Visier. Fotoalben aus dem Zweiten Weltkrieg« verweisen, die derzeit im Fotomuseum des Münchner Stadtmuseums zu sehen ist. 70 Jahre nach Kriegsbeginn bietet die Präsentation einen Einblick in private Bildarchive und Fotoalben. Der Krieg bildet sich hier ab in Amateurfotos und Feldpostbriefen von deutschen Soldaten des Zweiten Weltkriegs.

Die Parallelität beider Ausstellungen ist vor allem deshalb interessant, weil Erich Kubys Haltung bei seinen täglichen Kriegsaufzeichnungen umso deutlicher wird: Beobachtungen eines »extremen Zivilisten und extremen Intellektuellen« – wie Heinrich Böll in der *Süddeutschen Zeitung* schrieb – Aufzeichnungen »von einem degradierten Obergefreiten und Wehrkraftzersetzer von Rang, der weder von außen noch von oben registriert, nicht von irgendeiner ›objektiven‹ Warte‹ aus, von einem, der der ganzen peinlichen Niedertracht ausgesetzt war.«

Wir verstehen die heutige Ausstellungseröffnung als einen Auftakt zum Jubiläumsjahr 2010, in dem sich Erich Kubys Geburtstag zum hundertsten Mal jährt.

Erich Kuby – die »Kassandra vom Dienst«, das »moralische Gewissen der Nation«, der leidenschaftliche Musiker und Organist – heute dürfen wir eine neue Facette seines reichhaltigen Könnens kennen lernen: Erich Kuby, der Maler und Zeichner.

Ich darf das Wort weitergeben an Susanna Böhme-Kuby, der zweiten Ehefrau von Erich Kuby, die zusammen mit seinem Sohn Benedikt Kuby die Ausstellung kuratiert hat.

Eröffnungsrede zur Ausstellung *Erich Kuby zum 100.*
am 26. November 2009

Die Veranstaltungen der Monacensia 2009

Zusammengestellt von Sylvia Schütz

Sonntag, 11. Januar 2009, 11 Uhr, Monacensia

Podiumsgespräch

Das Münchnerische. Zur Sprache, Mentalität und Alltagskultur in der Weltstadt München

Ein Gespräch mit Ottfried Fischer und Christian Springer, moderiert von Dr. Elisabeth Tworek, Leiterin der Monacensia; Einführung: Michaela Pichlbauer, Leiterin der Gleichstellungsstelle für Frauen der Landeshauptstadt München.

Ihrem Wesen nach sind die Bayern, so auch die Münchner, gesellig, aber verschlossen, ihrem Gemüt nach eher rau, oft harsch, manchmal böse, aber gutmütig. Reden tun sie mitunter gern, sagen tun sie lieber nichts. Ihre Passion ist der Hintersinn: »Guat is net – aber guat is scho«.
Die Schauspieler und Kabarettisten Ottfried Fischer und Christian Springer unterhalten sich mit Elisabeth Tworek über das Wesen des Münchnerischen, über die Frage der Zukunft des typisch münchnerischen Sprachgebrauchs und dessen Funktion im Spiel mit der Identität.
VERANSTALTER: Monacensia in Zusammenarbeit mit dem Kulturreferat/Abt. Volkskultur und der Gleichstellungsstelle für Frauen der Landeshauptstadt München

Mittwoch, 4. Februar 2009, 19 Uhr, Monacensia

Buchpräsentation

Volkskünstlerinnen: Liesl Karlstadt, Erni Singerl, Bally Prell

Andreas Koll gestaltet einen abwechslungsreichen Abend mit Tonbeispielen und Dias.

In ihrer volkstümlichen Unterhaltung finden die Bayern und so auch die Münchner den Ausdruck ihrer Seele, der sie von allen anderen unterscheidet: Schau, so reden wir, so fühlen wir, so sind wir!
Andreas Koll beschreibt in seinem Buch die Geschichte der populären volkstümlichen Unterhaltung Münchens und Bayerns, ihre Wurzeln, ihren Werdegang, ihre Prägungen und ihre Wirkungen bis heute. Im Mittelpunkt stehen die künstlerischen Biographien dreier legendärer Persönlichkeiten: Liesl Karlstadt, Erni Singerl und Bally Prell.
VERANSTALTER: Monacensia

Dienstag, **RadioKultur in der Monacensia – Volkskünstlerinnen**
10. Februar **Paradise to go ... Die Verrichtungen der Ruth Geiersberger**
2009, 19 Uhr, Pre-Hearing mit einer Live-Performance von Ruth Geiers-
Monacensia berger und einem Werkstattgespräch mit der Autorin Ulrike Zöller

Mit schriller Perücke und quietschfarbenem Minidirndl steigt die Künstlerin Ruth Geiersberger aus einem alten Wohnwagen hinter dem Münchner Rathaus, hält den verblüfften Umstehenden eine Rede, jodelt und bietet müden Münchnern eine Fußmassage an. Ein anderes Mal lädt sie zu winzigen Portionen Schweinebraten mit Winzlingsknödeln ein. Wieder ein anderes Mal gibt sie ein Konzert mit bayerischen Gstanzln und englischen Lautenliedern.

Ulrike Zöller hat Ruth Geiersberger bei ihren Verrichtungen begleitet und sich in gemeinsamen Gesprächen einspinnen lassen in das Netz der Provokationen und Gemütlichkeiten.

VERANSTALTER: Monacensia und Bayern2

Dienstag, **Hörbuch-Präsentation**
17. Februar **Erotik – Georg Queri und seine Zeit**
2009, 19 Uhr, Dr. Michael Stephan, Leiter des Stadtarchivs München,
Monacensia kommentiert das Besondere an Queris Leben und seinen Kampf mit den damaligen Sittlichkeitsvorstellungen, der Volksschauspieler Bernhard Butz liest aus Queris Büchern. Musikalisch unterstützt werden beide von Sonja Schroth, Akkordeon.

Der Schriftsteller und Journalist Georg Queri (1879–1919) war unter anderem Mitarbeiter der *Münchner Neuesten Nachrichten* und der Zeitschrift *Jugend*. Seine *Weltlichen Gesänge des Egidius Pfanzelter von Polykarpszell* wurden später kongenial von Bally Prell interpretiert. Von herausragender Bedeutung sind aber auch seine volkskundlichen Arbeiten. Mit seiner 1911 als Privatdruck erschienenen Sammlung von erotischen Volksliedern *Bauernerotik und Bauernfehme in Oberbayern* geriet er wegen »Verbreitung unzüchtiger Schriften« ins Visier der Polizeibehörden.

VERANSTALTER: Monacensia und Dölling und Galitz Verlag München

Freitag,
27. Februar
2009, 19 Uhr,
Monacensia

Festabend
Feier für Herbert Rosendorfer zu seinem 75. Geburtstag
Der in Bozen geborene Schriftsteller Herbert Rosendorfer, der zu den erfolgreichsten deutschen Autoren der Gegenwart zählt, verbrachte rund 50 Jahre seines Lebens in München. Von der Landeshauptstadt München wurde er für sein Werk unter anderem 1977 mit dem Tukan-Preis und 2005 mit dem Münchner Literaturpreis geehrt. Das Kulturreferat der Landeshauptstadt München und die Monacensia würdigen den 75. Geburtstag von Herbert Rosendorfer mit einem festlichen Abend in der Monacensia im Rahmen einer geschlossenen Gesellschaft mit geladenen Gästen aus dem Freundeskreis des Schriftstellers sowie mit Vertretern des Münchner Kulturlebens. Anlässlich des Geburtstagsjubiläums wird der Ankauf des literarischen Archivs von Herbert Rosendorfer für die Monacensia bekannt gegeben.
LAUDATIO: Oberbürgermeister Christian Ude
WORTE DER VERLEGER: Wolfgang Balk (Deutscher Taschenbuch Verlag München), Helge Malchow (Kiepenheuer & Witsch Köln)
LESUNG: Herbert Rosendorfer
Das Diogenes Quartett spielt das »Dissonanzquartett« von Wolfgang Amadeus Mozart.
VERANSTALTER: Monacensia. Literaturarchiv und Bibliothek in Zusammenarbeit mit dem Kulturreferat der Landeshauptstadt München, dem Deutschen Taschenbuch Verlag München und dem Verlag Kiepenheuer & Witsch Köln

Donnerstag,
12. März
2009, 19 Uhr,
Monacensia

Krimifestival München
Friedrich Ani: Wer tötet, handelt
Friedrich Ani liest aus seinem aktuellen München-Krimi *Wer tötet, handelt* um den blinden Ermittler Jonas Vogel.
Der blinde Jonas Vogel ist gerade auf dem Nachtspaziergang mit seinem Hund, als ihn die Hilferufe eines am Straßenrand liegenden Verletzten hochschrecken lassen. Ein Einbrecher hat dessen Freundin in ihrer Parterrewohnung als Geisel genommen. Schon als er zum ersten Mal den Namen der jungen Frau hört, ahnt der ehemalige Kommissar, dass er seinem Sohn Max, der als sein Nachfolger den Großeinsatz der Polizei leitet, trotz seiner Behinderung von Nutzen sein kann.

Friedrich Ani, 1959 in Kochel geboren, lebt als Schriftsteller und Drehbuchautor in München. Für seine Arbeiten erhielt er diverse Stipendien und Preise, unter anderem den Literaturförderpreis der Stadt München, den Deutschen Krimipreis und den Staatlichen Förderungspreis für Literatur des Bayerischen Kultusministeriums.

VERANSTALTER: Monacensia und Krimifestival München

Sonntag, 22. März 2009, 11 Uhr, Treffpunkt: Karlstor/ Stachus

Stadtspaziergang

Tempel des Vergnügens. Mit Andreas Koll durchs »volkstümliche München«

Die volkstümliche Unterhaltung hat das Selbstverständnis der Münchner geprägt, in ihr finden sie die Vorbilder für ihr münchnerisches, bayerisches Sein. Namen wie Liesl Karlstadt, Erni Singerl, Bally Prell, Karl Valentin, Weiß Ferdl, Michl Lang oder Papa Geis sind untrennbar damit verbunden. Andreas Koll führt zu den »Tempeln« dieses Vergnügens und erzählt Geschichten von Orten, von Persönlichkeiten und vom Wesen der volkstümlichen Unterhaltung in München.

Die Führung beginnt am Karlstor und endet bei den Kammerspielen in der Maximilianstraße.

VERANSTALTER: Monacensia

Mittwoch, 22. April 2009, 17 Uhr, Treffpunkt: Karlstor/ Stachus

Stadtspaziergang

Tempel des Vergnügens. Mit Andreas Koll durchs »volkstümliche München«

VERANSTALTER: Monacensia

Mittwoch, 29. April 2009, 19.00 Uhr, Monacensia

Reihe »Thomas Mann und die Seinen«: Vortrag

Fiorenza – Ein Blick hinter die Münchner Kulissen von Thomas Manns Drama

Ein Vortrag von Prof. Dr. Elisabeth Galvan, Neapel

Fiorenza (1905/06), Thomas Manns »Schmerzenskind«, ist für die Forschung ein Stiefkind. Ein neuer Ansatz lässt durch die Renaissance-Thematik Thomas Manns damalige Lebenswelt durchschimmern: das München der Jahrhundertwende, die »Kunststadt« des Jugendstils mit ihren Malerfürsten und Künstlerfesten. Während der Vorarbeiten zum Drama entstand die im München der Jahrhundertwende spielende Erzählung *Gladius Dei*. Der Vergleich von Drama und Novelle zeigt, wie leicht die beiden Städte Florenz und München als Schauplatz für dieselbe Thematik ausgewechselt werden können.

VERANSTALTER: Thomas-Mann-Förderkreis München in Zusammenarbeit mit der Monacensia

Mittwoch, 6. Mai 2009, 17 Uhr, Treffpunkt: Karlstor/ Stachus

Stadtspaziergang
Tempel des Vergnügens. Mit Andreas Koll durchs »volkstümliche München«
VERANSTALTER: Monacensia

Sonntag, 10. Mai 2009, 11 Uhr, Gasteig/ Black Box

Reihe »Thomas Mann und die Seinen«: Filme und O-Töne
Thomas Mann – Schriftsteller und Medienstar
Ein audiovisuelles Porträt des Schriftstellers Thomas Mann präsentiert von Cordelia Borchardt und Jochen Hieber

Kein anderer Autor deutscher Sprache ist in der ersten Hälfte des vergangenen Jahrhunderts so oft fotografiert worden wie Thomas Mann, kein anderer war von den frühen Filmkameras und Hörfunkmikrofonen auch nur annähernd so begehrt wie der Verfasser der *Buddenbrooks* und des *Zauberberg*. Der *FAZ*-Journalist und Literaturkritiker Jochen Hieber und die S.Fischer-Lektorin Cordelia Borchardt zeigen auf zwei Leinwänden anhand von Rundfunksendungen, Radiointerviews, Wochenschaubildern und Werkverfilmungen ein ungewöhnliches audiovisuelles Porträt des Literaturnobelpreisträgers.

VERANSTALTER: Offene Akademie der Münchner Volkshochschule und Monacensia in Zusammenarbeit mit dem Kulturreferat der Landeshauptstadt München

Mittwoch, 27. Mai 2009, 19 Uhr, Monacensia

Reihe »Thomas Mann und die Seinen«: Buchpräsentation
»Ich bin doch nicht nur schlecht« – Nelly Mann
Kirsten Jüngling liest aus ihrer Biographie über Heinrich Manns zweite Ehefrau

Sie war das »Schmuddelkind« der Familie Mann, für Thomas die »schreckliche Trulle«, für Katia schlicht »das

31

Stück«. Sie kam von ganz unten – Mutter Dienstmagd, Vater unbekannt – und schlug sich in Berlin als Animierdame durch. In diesem Milieu lernte der fast dreißig Jahre ältere Heinrich Mann sie 1929 kennen und lieben. Bis zu ihrem Selbstmord 1944 war sie ihm Gefährtin – zunächst im südfranzösischen Exil, wo die beiden 1939 heirateten, dann in kalifornischer Nachbarschaft zu Heinrichs distanziertem Schriftsteller-Bruder Thomas Mann.

Kirsten Jüngling, die sich durch zahlreiche Biographien einen Namen gemacht hat, wendet sich erstmals der Lebensgeschichte von Nelly Mann zu, wobei sie bisher unbekannte Quellen und Dokumente in den USA und in Europa erschlossen hat.

VERANSTALTER: Monacensia und Propyläen Verlag Berlin

Donnerstag, 25. Juni 2009, 19 Uhr, Monacensia

Reihe »Thomas Mann und die Seinen«:
Lesung und Diavortrag
Mon oncle – Lieber Klaus
Uwe Naumann stellt den unveröffentlichten Briefwechsel zwischen Klaus und Heinrich Mann vor.

Für den Schriftsteller Klaus Mann (1906–1949) war sein Onkel Heinrich Mann (1875–1950) zeitlebens ein wichtiges Vorbild. Ein Roman wie Klaus Manns *Mephisto* ist ohne Heinrich Manns *Untertan* nicht zu denken. Über die persönliche Beziehung von Neffe und Onkel und über ihre literarischen Wechselwirkungen berichtet Uwe Naumann mit zahlreichen Bildern und einer Lesung aus ihrem zum größten Teil noch unveröffentlichten Briefwechsel.

Uwe Naumann, geboren 1951 in Hamburg, ist Programmleiter Sachbuch im Rowohlt Verlag und lebt in Hamburg. Zudem gibt er die Werke von Erika und Klaus Mann heraus. 1999 edierte er den Bildband über Klaus Mann *Ruhe gibt es nicht bis zum Schluss*, 2005 gab er zusammen mit Astrid Roffmann das Familienalbum *Die Kinder der Manns* heraus.

VERANSTALTER: Monacensia

Dienstag, **Ausstellungseröffnung**
30. Juni **»Freie Liebe und Anarchie«**
2009, 19 Uhr, Schwabing – Monte Verità. Entwürfe gegen das etablierte
Monacensia Leben
Eine Ausstellung der Monacensia

Der Monte Verità – der »Berg der Wahrheit«, am oberen Lago Maggiore im Schweizer Tessin unweit von Ascona gelegen, war zu Anfang des 20. Jahrhunderts ein bekannter Begriff in Schwabing – eine Legende, ein Gerücht, eine Verheißung, ein Ort, der die Phantasie beflügelte und ganz real ein Ziel für alle Arten von Aussteigern, Zivilisationsflüchtigen, der Stadt und des Staates Überdrüssigen. Kaum ein anderer Ort hat so viele neue Lebensentwürfe inspiriert wie der Monte Verità. Die Ausstellung fokussiert die komplexe Wechselwirkung zwischen den Kraftfeldern Schwabing und Monte Verità. Sie basiert größtenteils auf Dokumenten aus dem Literaturarchiv der Monacensia. Hier befindet sich ein großer Teil der nachgelassenen Werke von Gusto Gräser, Franziska zu Reventlow, Oskar Maria Graf, Hans Brandenburg – vor allem dessen großartiges Fotoalbum der Laban-Tänzerinnen am Lago Maggiore – und von Erika Mann, die mit ihrer *Pfeffermühle* im Schweizer Exil auch nach Ascona kam.

BEGRÜSSUNG: Dr. Elisabeth Tworek, Leiterin der Monacensia
ERÖFFNUNG: Stadtrat Dr. Reinhard Bauer in Vertretung des Oberbürgermeisters
GRUSSWORTE: Ursula Aaroe, Generalkonsulin der Schweiz und Schirmherrin des Ausstellungsprojektes
ZUR AUSSTELLUNG: Ulrike Voswinckel, Kuratorin der Ausstellung
LESUNG: Der Schauspieler Robert Joseph Bartl, Bayerisches Staatsschauspiel, liest literarische Texte zum Monte Verità
VERANSTALTER: Monacensia mit freundlicher Unterstützung des Schweizerischen Generalkonsulats

Mittwoch, **Begleitprogramm zur Ausstellung**
8. Juli 2009, **»Freie Liebe und Anarchie«: Stadtspaziergang**
17 Uhr, Treff- **Caféhaus – Revolutionäre**
punkt: Lud- Ein Spaziergang auf den Spuren der Schwabinger Boheme
wigskirche mit Elisabeth Tworek

Es gab nur wenige Protagonisten der Münchner Boheme, die nicht früher oder später am Monte Verità in Ascona

auftauchten. Was sie dort erlebten, wurde anschließend in den Schwabinger Cafés heftig diskutiert.
Beim Stadtspaziergang verknüpft Dr. Elisabeth Tworek, Leiterin der Monacensia, Schauplätze und Persönlichkeiten der Schwabinger Boheme mit der derzeit aktuellen Ausstellung »Freie Liebe und Anarchie« und informiert über die entsprechenden Bestände im Literaturarchiv der Monacensia.
VERANSTALTER: Monacensia

Freitag, 10. Juli 2009, 19 Uhr, Monacensia

Sommerfest
Monacensia leidenschaftlich

Die Monacensia lädt zu ihrem traditionellen Sommerfest im Garten des Hildebrandhauses ein. Das diesjährige Motto lautet »Monacensia leidenschaftlich«. Um 19.30 Uhr begrüßt Dr. Elisabeth Tworek, Leiterin der Monacensia. Im Anschluss daran spielt *Irmis Leidenschaft*, das erste Münchner Frauenakkordeonorchester unter der Leitung von Michaela Dietl. 17 Frauen singen und spielen auf dem Akkordeon internationale Straßenmusik, Tango, Walzer und vieles mehr – charmant und energievoll. Lynn's Catering serviert sommerliche, mediterrane und bayerische Spezialitäten.
Alle Münchnerinnen und Münchner sind herzlich willkommen.
VERANSTALTER: Monacensia

Mittwoch, 5. August 2009, 17 Uhr, Treffpunkt: Ludwigskirche

Begleitprogramm zur Ausstellung
»Freie Liebe und Anarchie«: Stadtspaziergang
Caféhaus – Revolutionäre

Ein Spaziergang auf den Spuren der Schwabinger Boheme mit Elisabeth Tworek
VERANSTALTER: Monacensia

Mittwoch, 23. September 2009, 19 Uhr, Monacensia

Reihe »Thomas Mann und die Seinen«: Buchpräsentation
»Kühnes, herrliches Kind« – Erika Mann

Irmela von der Lühe präsentiert ihre neue Erika-Mann-Biographie; Moderation: Uwe Naumann, Rowohlt Verlag
Thomas Mann nannte sie sein »kühnes, herrliches Kind«: die älteste Tochter Erika, geboren 1905 und gestorben

am 27. August 1969 – vor nunmehr vierzig Jahren. Sie machte Schlagzeilen als Schauspielerin und Autorin, als Autorennfahrerin, Kabarettistin und Vortragsrednerin. Und sie faszinierte ihre Zeitgenossen durch Scharfsinn, Mut und Wortgewandtheit.

Irmela von der Lühe, Professorin für Neuere deutsche Literatur an der FU Berlin, veröffentlichte 1993 die erste große Biographie Erika Manns, die zum Standardwerk wurde. Jetzt erscheint eine stark erweiterte, grundlegend überarbeitete Fassung des Buches – mit zahlreichen bisher unbekannten Dokumenten.

VERANSTALTER: Monacensia und Rowohlt Verlag Hamburg

Donnerstag, 24. September 2009, 19.30 Uhr, Monacensia

Literarisches Quiz
Nemo

Das literarische Quiz des Nachtstudios in Bayern2 zu Gast in der Monacensia

Es raten: Elisabeth Tworek, Andreas Trojan und ein Gast

MODERATION: Antonio Pellegrino, Bayerischer Rundfunk

Seit Januar 2007 wird im Nachtstudio des Bayerischen Rundfunks regelmäßig geraten. Die von Antonio Pellegrino moderierte Sendung heißt *Nemo* – nach Odysseus' trickreichem Einfall bei seiner Befreiungsaktion vom Zyklopen Polyphem. Zum Rateteam gehören die Leiterin des städtischen Literaturarchivs Monacensia, Dr. Elisabeth Tworek, und der Literaturkritiker Dr. Andreas Trojan sowie ein Gast aus der Kunst- und Literaturszene. Den »literarischen Detektiven« werden drei Zitate aus verschiedenen Gattungen und Epochen vorgestellt; diese werden dann kritisch und amüsant begutachtet, und die Ratenden geben dabei Einblicke in Genres und literarische Strömungen der Weltliteratur.

Eine Zusammenarbeit mit dem Bayerischen Rundfunk, Bayern2/Nachtstudio

Mittwoch, 7. Oktober 2009, 19 Uhr, Monacensia,

Begleitprogramm zur Ausstellung
»Freie Liebe und Anarchie«: Buchpräsentation
Ulrich Holbein: Narratorium

Ulrich Holbein, im hessischen Knüllgebirge lebender freier Schriftsteller und Kolumnist, liest aus seinem gewaltigen

Werk *Narratorium*, in dem er auf mehr als tausend Seiten 255 Lebensbilder von unheiligen und heiligen Narren aller Zeiten, Zonen und Kontinente versammelt. Mit seinen echten und falschen Mystikern, Kohlrabi-Aposteln, Gurus, Waldmenschen, Urmüttern und Quer- und Zickzackdenkern präsentiert er eine wahre Enzyklopädie alternativer Lebensweisen.

Aus dem *Narratorium* stellt Ulrich Holbein Persönlichkeiten vor, die mehr oder weniger lang auch in München gelebt und gewirkt haben: Finessensepperl, Münchner Original und Liebesbriefbote, Karl Wilhelm Diefenbach, Maler und Missionar, und den »Naturmenschen« Gusto Gräser.

Ulrich Holbein wurde bekannt durch seine Kolumnen in der *Zeit*, der *Frankfurter Allgemeinen Zeitung* und der *Süddeutschen Zeitung*. Er ist Autor von über 900 Publikationen, davon 24 in Buchform.

VERANSTALTER: Monacensia

Sonntag,
11. Oktober
2009, 11 Uhr,
Monacensia

Begleitprogramm zur Ausstellung
«Freie Liebe und Anarchie«: Lesung
Vollblutpflanzenfresser und Verdauungsphilister

Der Schauspieler Robert Joseph Bartl, Bayerisches Staatsschauspiel, liest Texte von Oskar Maria Graf
Textauswahl und Moderation: Dr. Elisabeth Tworek

Im Frühjahr 1913 kehrte Oskar Maria Graf, damals Mitglied der anarchistischen Gruppe *Tat* um Erich Mühsam, der Schwabinger Boheme den Rücken. Zusammen mit seinem Freund, dem angehenden Maler Georg Schrimpf, machte er sich für mehrere Monate auf in die freie Schweiz, nach Brione, Locarno, Ascona und selbstverständlich besuchten sie auch den Monte Verità. Das naturnahe Leben in den vegetarischen Siedlungen bei den Lebensreformern, Rohköstlern und Nacktbadern gefiel ihnen zunächst. Doch mit der Zeit stellte Graf fest, dass Zivilisationsflucht seine Sache nicht war, das Sonnenparadies geriet ihm »zu still, zu gemütlich, zu reizlos«. Über seine Erlebnisse berichtet er in seinem Bekenntnisroman *Wir sind Gefangene*, in dem er schließlich ein hartes Urteil fällt: »Diese ganze Naturtrottelei kann mir gestohlen bleiben! Das ist was für Verdauungsphilister und Grasfresser!«

VERANSTALTER: Monacensia

Dienstag,
13. Oktober
2009, 19 Uhr,
Monacensia

Begleitprogramm zur Ausstellung
»Freie Liebe und Anarchie«: radioKultur in der Monacensia

Die Boheme im Süden. Leben am Monte Verità

Pre-Hearing und Werkstattgespräch mit der Autorin Ulrike Voswinckel

REDAKTION: Gabriele Förg, Hörbild und Feature/Land und Leute

Stadtflüchtige, Vegetarier, Theosophen, Anarchisten und Barfußpropheten wie Gusto Gräser zogen zu Beginn des 20. Jahrhunderts von München zum Monte Verità; es folgten Schriftsteller und Künstler: Erich Mühsam, die Gräfin Reventlow, Oskar Maria Graf und Georg Schrimpf, Hugo Ball und Emmy Hennings, Marianne von Werefkin und Alexej von Jawlensky, um nur einige zu nennen. – Lebensläufe der Boheme im Süden, zwischen Schwabing und dem »Schwabing von Schwabing«.

VERANSTALTER: Monacensia und Bayern2

Samstag,
17. Oktober
2008,
19 – 24 Uhr,
Monacensia

Die Lange Nacht der Münchner Museen

Frauen am Monte Verità

Zur »Langen Nacht der Münchner Museen« liest die Schauspielerin Regine Leonhardt Texte von Franziska zu Reventlow, Else Lasker-Schüler, Emmy Hennings, Marianne von Werefkin und anderen.

BEGRÜSSUNG: Michaela Pichlbauer, Leiterin der Gleichstellungsstelle
MODERATION: Ulrike Voswinckel
20 UHR: Lesung und Moderation
19 UHR, 21 UHR UND 22 UHR: Führung durch die Ausstellung »Freie Liebe und Anarchie«. Schwabing – Monte Verità. Entwürfe gegen das etablierte Leben.
Ende: 24 Uhr
VERANSTALTER: Monacensia in Zusammenarbeit mit der Gleichstellungsstelle für Frauen

Donnerstag,
29. Oktober
2009,
19.30 Uhr,
Monacensia

Geburtstagsrevue

Hans F. Nöhbauer wird 80

Eine Geburtstagsrevue mit Lesung, Musik und Gespräch

Es gibt wohl kaum einen namhaften Autor der deutschen Literatur nach 1945 mit dem er nicht gesprochen, über den er nicht geschrieben hat – der Journalist und Literaturkritiker Hans F. Nöhbauer. Zeitweise arbeitete er sowohl für das Feuilleton der *Abendzeitung* als auch das der *Süddeutschen Zeitung*. Für den Bayerischen Rundfunk hat er unzählbare Sendungen in der Reihe des Nachtstudios produziert. Aus seiner eigenen schriftstellerischen Feder stammen wesentliche Werke zur bayerischen Geschichte wie *Die Bajuwaren, Die Chronik Bayerns, München – eine Geschichte der Stadt und ihrer Bürger,* Bücher über die Wittelsbacher und andere bayerische Herrscher sowie die *Kleine Literaturgeschichte Bayerns* und viele andere mehr.

Dies sind Gründe genug, Hans F. Nöhbauer anlässlich seines 80. Geburtstages mit einer Revue aus Lesungen und Musik hochleben und ihn im Gespräch selbst zu Wort kommen zu lassen.

MODERATION: Dieter Heß, Bayerischer Rundfunk
LESUNG: Sophie-Marie Rogall und Matthias Renger, August Everding Akademie
AKKORDEON: Alexander Kuralionok
VERANSTALTER: Tukan-Kreis e.V.
Gefördert durch das Kulturreferat der Landeshauptstadt München und die C. H. Beck Stiftung. In Zusammenarbeit mit der Monacensia, Literaturarchiv und Bibliothek der Landeshauptstadt München

Donnerstag,
12. November
2009, 18 Uhr,
Museum Villa

Museum Villa Stuck und Monacensia
Begleitprogramm zur Ausstellung »Freie Liebe und Anarchie«: Führung
Vom Isartal zum Monte Verità

Vom Maler und Missionar Karl Wilhelm Diefenbach zur utopischen Gesellschaft um Ascona

Das Museum Villa Stuck zeigt ab 29. Oktober 2009 die Ausstellung »Lieber sterben als meine Ideale verleugnen. Karl Wilhelm Diefenbach (1851–1913)«. Diefenbach, ein eigenständiger Vertreter des Jugendstil und Symbolismus, gilt als Vorkämpfer für die Lebensreformbewegung und Freikörperkultur. In München, wo er die Kunstakademie besuchte, erregte er Aufsehen mit seinen Propaganda-Reden für Licht- und Luftbäder des freien Körpers und gegen den Verzehr von Fleisch. Zu seinen Schülern zählte, neben Hugo Höppener, genannt Fidus, und František Kupka, auch Gustav Gräser, Mitbegründer des Monte Verità.

Die Kuratorin Claudia Wagner führt durch die Karl Wilhelm-Diefenbach-Ausstellung im Museum Villa Stuck. Im Anschluss daran führt die Kuratorin Ulrike Voswinckel durch die Ausstellung »Freie Liebe und Anarchie« in der Monacensia.

VERANSTALTER: Monacensia und Museum Villa Stuck

Donnerstag, 26. November 2009, 12 Uhr, Monacensia

Gedenktafel-Enthüllung

Enthüllung der Gedenktafel zur Erinnerung an Elisabeth Braun

durch Dr. Hans-Georg Küppers, Kulturreferent der Landeshauptstadt München

Das Hildebrandhaus, seit 1977 Sitz der Monacensia, Literaturarchiv der Stadt München, wurde während der Prinzregentenzeit vom Bildhauer Adolf von Hildebrand als Wohnstätte und Atelier erbaut.

Die Schriftstellerin Elisabeth Braun erwarb 1934 das Hildebrandhaus. Sie zog im November 1938 hier ein, wo ihre Stiefmutter Rosa Braun bereits seit vier Jahren wohnte. Die Nationalsozialisten enteigneten Elisabeth Braun 1941 wegen ihrer jüdischen Herkunft. Am 20. November wurde Elisabeth Braun mit 1000 weiteren jüdischen Männern, Frauen und Kindern in den litauischen Ort Kaunas deportiert und dort am 25. November 1941 erschossen.

Elisabeth Braun hatte 15 verfolgte Menschen jüdischer Herkunft in das Hildebrandhaus aufgenommen: Getti Neumann, Victor Behrend, Heinemann Edelstein, Jeanette Edelstein, Albert Marx, Sophie Marx, Klara Rosenfeld, Lilly Rosenthal, Valerie Theumann, Charlotte Carney, Simon Schmikler, Franziska Schmikler, Maria Schmikler, Käthe Singer und Helene Sulzbacher. Sie wurden ebenfalls ermordet oder nahmen sich das Leben.

Im Jahr 2004 vergaben die Monacensia, das Kulturreferat der Landeshauptstadt München und die Evangelisch-Lutherische Kirche in Bayern einen Forschungsauftrag zur Geschichte des Hildebrandhauses und seiner Bewohner in der Zeit zwischen 1933 und 1967. Die bedrückenden Ergebnisse der Recherchen, die von den Historikern Dr. Christiane Kuller und Dr. Maximilian Schreiber durchgeführt wurden, liegen seit November 2006 in der *edition monacensia* im Allitera Verlag München als Buch vor.

Mit der Gedenktafel neben dem Eingang des Hildebrandhauses erinnert die Landeshauptstadt München nun dauerhaft an das Schicksal der einstigen Eigentümerin Elisabeth Braun.

Donnerstag, 26. November 2009, 19.00 Uhr, Monacensia

Ausstellungseröffnung
Erich Kuby zum 100. AufZEICHNUNGEN.
Mein Krieg 1939 – 1945

Eine Ausstellung von Susanna Böhme-Kuby und Benedikt Kuby in der Monacensia

Erich Kubys Geburtstag jährt sich 2010 zum hundertsten Mal – er starb im September 2005 in Venedig, von wo er in seinen letzten fünfundzwanzig Lebensjahren die deutsche Realität verfolgt und noch bis Ende 2003 kommentiert hat. Da hörte der 93-jährige auf zu schreiben, zeichnete und aquarellierte aber noch bis in seine letzten Tage.

Erich Kubys zentrales Thema war der Mangel an politischer Vernunft in Deutschland, die Erfahrungen zweier Weltkriege haben das Verhältnis zu seinem »ärgerlichen Vaterland« geprägt. Der Krieg – miterlebt als einfacher Soldat von Oktober 1939 bis Juni 1945 – fand thematischen Niederschlag in vielen seiner fast 30 Bücher, insbesondere in *Mein Krieg* (1975): »Eines der hellsichtigsten und ernüchterndsten Kriegsbücher [...] ein scharfsichtiges Dokument, verfasst von einem jungen Mann, der sich innerlich verweigerte und die Realität aus nie aufgehobener Distanz beobachtete« (*taz*). Kuby aber schrieb nicht nur, er hielt seine Eindrücke auch mit Zeichenstift und Pinsel fest: fast 200 Blätter blieben aus seinen Kriegsjahren erhalten.

Die Ausstellung zeigt erstmalig eine Auswahl dieser Zeichnungen, erläutert durch Zitate aus Erich Kubys Buch *Mein Krieg. Aufzeichnungen aus 2129 Tagen.*

BEGRÜSSUNG: Dr. Elisabeth Tworek, Leiterin der Monacensia
ERÖFFNUNG: in Vertretung des Oberbürgermeisters: Dr. Hans-Georg Küppers, Kulturreferent
ZUR AUSSTELLUNG: Susanna Böhme-Kuby, Benedikt Kuby
VERANSTALTER: Monacensia

Ulrike Voswinckel[1]
Die Boheme im Süden –
Leben am Monte Verità

> Ascona liegt etwa vierzig Minuten zu Fuß südlich von Locarno in dem Winkel, den das Maggia-Delta an der Mündung in den Lago Maggiore bildet. Es ist nicht leicht ein schönerer Fleck Erde zu finden, und der erste Aufenthalt dort hatte zur Folge, daß [Johannes] Nohl und ich, bald einzeln, bald gemeinsam, Jahr für Jahr dort ein paar Monate zubrachten, ...

... schreibt Erich Mühsam in seinen *Unpolitischen Erinnerungen* mehr als 20 Jahre nach seinem ersten Besuch im Tessin 1904.

> Ascona war uns dadurch so gut im Gedächtnis, weil uns dort eine Erscheinung begegnet war, die in ihrer ganzen Zusammensetzung ebenso anachronistisch wie erheiternd wirkte.
> Eine dicke Staubwolke war aufgestiegen, ein schauerliches Klirren und Knallen wurde vernehmbar, ein scheußlicher Benzingestank wehte uns entgegen, und mit seinem sonoren »Grüß euch Gott!« flog eine menschliche Gestalt vorbei, ein verzeichneter Christus, Bart und Mähne im Winde flatternd, Leinenkittel, Leinenhose bis zu den Knien, die behaarten Beine nackt ... [...]
> Der originelle Motorradler erwies sich als eine dem Charakter des Ortes durchaus zugehörige Figur. Lange vor uns nämlich hatten deutsche Lebensreformer die schöne Stätte entdeckt und dort Hütten gebaut, die sich allmählich sogar zu Häuschen ausgewachsen hatten. Vegetarier mit teils ernsten Lebensauffassungen, teils höchst spleenigen Erlösungsideen hatten sich an den Abhängen des Lago angesiedelt, bauten Obst, lebten von Rohkost, lobten den Herrn oder sich selbst.[2]

Nach seinem ersten Aufenthalt hatte Mühsam ein kleines Buch veröffentlicht, das *Ascona. Eine Broschüre* hieß und für Aufruhr im kleinen Fischerort am See sorgte und auch bald in München gelesen wurde.

> Da habe ich auch erzählt, wie nach und nach aus dem Refugium einiger Individual-Ethiker als Dependance ein ethisches Kollektiv-Etablissement

---
[1] Radiokultur in der Monacensia, 13. Oktober 2009, 19.00 Uhr.
  Bayerisches Feuilleton 17. Oktober 2009, 8.05 – 9.00 Uhr, Bayern 2.
[2] Erich Mühsam, *Unpolitische Erinnerungen*, Berlin o.J.

hervorwuchs, die Heil- und Erholungsanstalt »Monte Verità«, für die ich, da man dort mit nichts als rohem Obst und ungekochtem Gemüse gefüttert wurde, den Namen »Salatorium« in Umlauf brachte. Über die Gäste [...] habe ich mich recht mißmutig geäußert; ich nannte sie die »ethischen Wegelagerer mit ihren spiritistischen, theosophischen, okkultistischen oder potenziert vegetarischen Sparren«.[3]

Von der Cooperative zum Sanatorium

Der Monte Verità über Ascona war zu Beginn des Jahrhunderts von einer Gruppe von jungen Leuten in Besitz genommen worden, die sich in München getroffen hatten, um gemeinsam ein neues Leben anzufangen. Sie kamen von weit her: die Pianistin Ida Hofmann aus dem Montenegro, der Industriellensohn Henri Oedenkoven aus Belgien, die Brüder Karl und Gusto Gräser aus Siebenbürgen, das zu Österreich gehörte; Lotte Hattemer war in Berlin ihren Eltern davongelaufen. Die Internationalität der Gruppe ist wichtig, denn sie unterscheidet diese von vielen anderen deutschen Lebensreformern, die leicht anfällig für nationale und auch rassistische Ideologien wurden.

Die jungen Gründer – sie waren alle Mitte zwanzig, außer Ida Hofmann, die 10 Jahre älter war – hatten die Befreiung aus gesellschaftlichen Zwängen und der technisierten Welt im Visier; die Industrialisierung und Vermassung der Städte erlebten sie als ungesund und lebensfeindlich. Es war keine Flucht, sondern ein Aufbruch mit dem Ziel, alle möglichen Reformen auf einmal zu versuchen: Lebensreform, Geistreform, Seelenreform, Kleiderreform, die Befreiung der Frau – alles in möglichst idealer Form.

Alle hatten Tolstoi gelesen und Henry David Thoreaus *Walden oder Leben in den Wäldern* im Kopf; Gewalt – und Herrschaftslosigkeit – waren von Beginn an ein Thema, ebenso wie Vegetarismus und die Abwendung von kirchlichen Vorschriften.

Das natürliche Leben erforderte auch eine neue Bekleidung, weg mit allem Beengenden, weg mit den Korsetts und Anzügen, weg mit dem schweren Schuhwerk – man ging barfuß oder in selbstgemachten Sandalen, man trug weite Kleider oder Umhänge und Stirnbänder, um die langen Haare zu bändigen. Das waren die »Naturmenschen«, denen

---

[3] Erich Mühsam, *Ascona 1905*. Reprint Berlin o. J.

Mühsam und Nohl schon bei ihrem ersten Blick auf Ascona begegnet waren und die eine große Anziehungskraft auf alle Zivilisationsmüden, alle Alternativen, auf Aussteiger jeglicher Couleur ausübten. Aber Erich Mühsam und Johannes Nohl, »der vollendetste und seiner ganzen Natur nach selbstverständlichste Zigeuner-Typ«, waren wahrscheinlich die ersten Bohemiens, die in Ascona und auf dem Monte Verità ankamen.

> Wenn meine Erklärung richtig ist, so ist ein Bohemien ein Mensch, der aus der grossen Verzweiflung heraus, mit der Masse der Mitmenschen innerlich nie Fühlung gewinnen zu können – und diese Verzweiflung ist die eigentliche Künstlernot – drauf losgeht ins Leben, mit dem Zufall experimentiert, mit dem Augenblick Fangball spielt und der allzeit gegenwärtigen Ewigkeit sich verschwistert ...[4]

Das ist Mühsams Definition des Bohemiens, in eigener Sache sozusagen. Eine etwas andere Erklärung gibt Richard Seewald fünfzig Jahre später in seinen Erinnerungen:

> Das Wort Bohemien, das natürlich einen Zigeuner, einen aus Böhmen bezeichnet, ist mit Recht außer Kurs geraten. Die Boheme ist tot; sie starb mit dem Bürger, als dessen Gegenbild sie entstand. Épatez le bourgeois war ihr Kriegsruf, ihre Geburtsstunde die Französische Revolution, die auch den »Bürger« gebar, ihr Geburtsort Paris.[5]

Der Maler Richard Seewald, der sich kurz nach seinem Eintreffen in München »anschickte, ein Bohemien zu werden«, mietete ein spärlich möbliertes Schwabinger Atelier und fuhr bald ebenfalls nach Ascona.

> Aber der Eintritt in die Boheme vollzog sich doch erst, als ich den dicken Friesvorhang hinter der Glastür des Café Stephanie beiseite geschoben, mich an einen der kleinen Marmortische gesetzt und einen Absinth bestellt hatte. [...]Wer hier eintrat, hatte den Rubikon seines Lebens überschritten. Hier konnte er den Grund zu seinem späteren Ruhm legen oder zugrunde gehen.[6]

Tatsächlich haben verschiedene Schriftsteller, die damals im Schwabinger Café Stefanie Stammgäste waren und später auch in Ascona auftauchten, ihren bewussten Lebensanfang auf den ersten Eintritt ins Café Stefanie datiert, das im Volksmund Café Größenwahn hieß.

---

[4] Erich Mühsam, *Unpolitische Erinnerungen*, a.a.O.
[5] Richard Seewald, *Der Mann von Gegenüber*, München 1963.
[6] A.a.O.

Richard Seewald lässt die Stammgäste 50 Jahre später vor seinem inneren Auge Revue passieren:

> Im kleineren Zimmer sitzen die Schachspieler schweigend über die Bretter gebeugt: Gustav Meyrink, der die Magie und das Grauen popularisierte, spielt gegen Roda Roda. [...] Daneben spielt Erich Mühsam, nichts als ein Zwicker zwischen chaotischem schwarzen Haupthaar und ebenso chaotischem rötlichen Vollbart. [Er] gab gerade seinen »Kain. Blätter für Menschlichkeit« heraus. Zu ihnen tritt jetzt Heinrich Mann mit romanisch-romantischem Zwickelbart. Uns galt er damals bedeutend mehr als sein berühmter Bruder Thomas, der das Stephanie wohl nie betreten hat. [...] Emmy Hennings mit blondem Pagenschnitt flattert nur schnell herein und wieder hinaus; sie singt irgendwo. »Fesch, flott, aber nie gemein, muß die Soubrette im Leben wie auf der Bühne sein.« Ihr vielbewegtes Leben führte sie oft von der Bühne bis auf die Straße. Sie war eine bedeutende Dichterin und später bis zum Tode Hugo Balls treue Gefährtin und Gattin. [...] Und hier [ist] der Psychoanalytiker: der unglückliche Doktor Gross, der Sohn des berühmten Kriminalpsychologen, seine Weste ist bestäubt vom Schnee des Kokains, und sein Vater ließ ihn im Irrenhaus verschwinden. [...] Leonhard Frank hat [sein Buch] »Die Ursache« gerade berühmt gemacht, dadurch, daß er die Psychoanalyse in die Literatur einführte.[7]

In seinem späteren autobiographischen Roman *Links wo das Herz ist* hat auch Leonhard Frank die Szenerie des Café Stefanie beschrieben; auch er wollte, wie Richard Seewald, Maler werden, bevor er zu schreiben begann und zum engen Kreis um den Psychoanalytiker Otto Gross gehörte, der Tag und Nacht Daueranalysen im Café veranstaltete.

Leonhard Frank erzählt in seinem Roman, warum Otto Gross von München nach Ascona fuhr; er ist als Doktor Kreuz leicht zu erkennen.

> Doktor Kreuz, der jahrelang Morphinist gewesen und vor einiger Zeit zu Kokain übergegangen war, [...] preßte mit beiden Händen die Hand seiner Frau, als er aus eigenem Antrieb versprach, daß er sich noch einmal einer Entwöhnungskur unterziehen werde, damit sie dann ein Kind haben könnte, das bei der Empfängnis nicht benachteiligt sei. [...] Im Juni fuhr der Doktor an einen der großen Seen, an dessen bewaldetem Ufer das Sanatorium stand, in dem er sich der Entwöhnungskur unterziehen wollte.[8]

Mit dem Sanatorium kann nur der Monte Verità gemeint sein, den Oedenkoven und Ida Hofmann in der Zwischenzeit zu einer vege-

---

[7] Richard Seewald, a. a. O.
[8] Leonhard Frank, *Links wo das Herz ist*, München 1963.

tabilischen Naturheilanstalt ausgebaut hatten. In Ascona traf Otto Gross mit Erich Mühsam zusammen, mit dem ihn etwas verband, das beiden eine Motivation zum Kampf gegen die Gesellschaft war: beide hatten »einen patriarchalisch-patriotischen Vater, dessen Liebe sich in massivem Erwartungs- und Erziehungsdruck äußerte«; beide flohen vor ihren Vätern und zogen einen Großteil ihrer politischen Aggressionen aus dem Kampf gegen die Vaterwelt. Für beide, Gross und Mühsam, war die Verbindung von Vater und »Vater Staat«, dem Obrigkeitsstaat, ein Antrieb, die herrschaftslose Gesellschaft anzustreben – für Mühsam in erster Linie auf politischem Wege, was ihn frühzeitig mit den Gesetzen in Kollision brachte; für Otto Gross stellte sich schon in seinen ersten psychoanalytischen Überlegungen heraus, dass eine Abschaffung der patriarchalen Verhältnisse zugunsten eines Matriarchats nur über die Befreiung der Frau denkbar wäre, und zwar vor allem über die sexuelle Befreiung, die er mit allen Mitteln erreichen wollte. Gross war einer der angesehensten Schüler von Freud gewesen, bis er die Psychoanalyse in den Dienst der Revolution stellte, was Freud kategorisch ablehnte und weshalb er sich von Gross distanzierte.

Otto Gross sorgte für erhebliche Unruhe – seine Rolle im Kreise der Münchner und Asconeser Bohemiens und Anarchisten war ungeheuer einflussreich und ebenso produktiv wie destruktiv. Seine glänzende Analyse des Vaterproblems öffnete einer ganzen Reihe von Autoren seiner Generation die Augen über ihr Leiden an der Gesellschaft und bot all den Schriftstellern Stoff, die das beherrschende Thema des beginnenden 20. Jahrhunderts formulierten: die Revolte der Söhne gegen die Väter. Seine Befreiung der weiblichen Sexualität kam manchmal einem Planspiel gleich, in dem er die Hauptrolle spielte. Es gab nur wenige Frauen in seiner Umgebung, die nicht in seinen Bann gerieten und seinen Befreiungsideen theoretisch und praktisch folgten.
  Es gibt eine Postkarte aus dem Café Stefanie von 1907, auf der die Namen von Else Jaffé, geb. von Richthofen, Edgar Jaffé, Otto Gross, Frieda Gross, Erich Mühsam, Regina Ullmann und Frieda Weekley, geb. von Richthofen vereinigt sind. In diesem Jahr kam Frieda Gross' Sohn Peter zur Welt (nach Ottos Kur am Monte Verità), ebenso Else affés Sohn von Otto Gross, der auch Peter hieß, und Regina Ullmanns Tochter Camilla, ebenfalls von Otto Gross, wurde im darauffolgenden Jahr geboren.

Die junge Schweizer Dichterin Regina Ullmann war die einzige in diesem Umkreis, für die die Geburt des Kindes – und das Verschwinden von Otto Gross aus ihrem Leben – eine emotionale und bürgerliche Katastrophe bedeutete. Das ist gerade in der Schwabinger Boheme- und Künstler-Gesellschaft überraschend, denn es war noch nicht lange her, dass die Gräfin Franziska zu Reventlow mit ihrem unehelichen Sohn Bubi zur heidnischen Heiligen erklärt worden war und zur Galionsfigur der erotischen Rebellion, für die Schwabing berühmt oder berüchtigt war, je nachdem.

Anarchisten, Frauen und Psychologie

Wenn Otto Gross' Suggestionskraft tatsächlich zur Befreiung mancher Frau beigetragen hat, so lässt sich gleichzeitig nicht leugnen, dass sein Einfluss auf mindestens zwei Frauen verhängnisvoll war. Zum Beispiel für Lotte Hattemer, die mit den ersten Gründern auf den Monte Verità gekommen war, sich dann aber bald von ihnen entfernte und allein in einer verfallenen Hütte am Berg hauste. Sie lebte von Beeren und Nüssen, war asketisch und ekstatisch, wanderte durch die Dörfer mit weiten weißen Gewändern und Blumen im offenen langen Haar; bisweilen erschien sie den Bewohnern wie eine Heilige.

Mühsam schreibt in seiner Ascona- Broschüre:

> Wie die Wesensart Lottens bei ihrem blossen Anblick äusserlich in die Erscheinung tritt, das will ich damit zu illustrieren versuchen, dass ich immer, wenn ich sie in ihrem primitiv-phantastischen Anzug daher schweben sehe, das schöne Lied singen möchte: »Vom Himmel hoch, da komm ich her« – und dass ich manchmal glaube auch die Drähte noch zu sehn, an denen sie Gottvater herumtanzen läßt.[9]

Zweifellos war Lotte gefährdet. Aber als sie sich ein Jahr später das Leben nahm, war Otto Gross in den Fall verwickelt, was erst viel später ans Tageslicht kam. Die Polizei in Ascona hatte schon frühzeitig ein Auge auf die Vorgänge im Ort und auf die Versammlungen der Anarchisten geworfen; wir verdanken den regelmäßigen Berichten des Regierungskommissars Rusca allerlei Informationen über die Fremden, die nach der Jahrhundertwende in großer Anzahl im Tessin eintrafen – viele davon kamen aus München und kannten sich aus dem Café Stefanie.

---

[9] Erich Mühsam, *Ascona*, a. a. O.

23. Juni 1906, Rusca, Regierungskommissar in Locarno an die Centralpolizeidirektion in Bellinzona:

Was sie bis jetzt in Ascona getan und was sie überhaupt machen, weiß man nicht; eines nur ist gewiss, dass sie sich bei verschiedenen Familien einlogiert haben und sich täglich bald da bald dort vereinigen und anarchistische Reden führen.[...]

Zu den schon genannten Personen (de Beauclair, [...] Johannes Nohl, Anna Haag und Sophie Benz) sind noch folgende zu nennen: [...] Erik Mühsam (München), Frank Leonhard [...], Dr. Gross von Graz.

Dieser Letztere war der Wohlhabendste und verließ Ascona als einer der ersten, aus dem Auslande sandte er Geld der bereits genannten Haag. Kaum war er fort, schrieb er von Mailand aus seinem Logisgeber in Ascona, er habe ein Päckchen in seinem Zimmer vergessen, man solle es sofort vernichten und zwar mit möglichster Vorsicht, weil es Gift enthalte. Da dieser Umstand einige Wichtigkeit haben könnte, teile ich dies auch mit ...10

Die Mitteilung über das vergessene Gift entfaltete ihre Brisanz erst fünf Jahre später, als es den zweiten Selbstmord einer jungen Frau in Ascona gab, nämlich der im Brief erwähnten Sophie Benz – und dieses Mal wusste man, dass das Gift dazu von Otto Gross stammte. Als sein Vater, der Kriminalistik-Professor, ihn durch halb Europa gejagt und wegen Unzurechnungsfähigkeit in einer Irrenanstalt hatte einsperren lassen, begründete Otto Gross die Bereitstellung des Giftes mit dem Argument, dass beide Frauen zur Selbsttötung fest entschlossen waren und er ihnen einen grausameren Tod ersparen wollte.

Gusto Gräser, der Wanderprophet

Die Gründer des Monte Verità trennten sich schon nach kurzer Zeit, als sich herausstellte, dass sie unvereinbare Vorstellungen vom Leben auf dem Berg hatten. Oedenkoven, der den Löwenanteil des Kaufpreises bezahlt hatte, und Ida Hofmann wollten das Gelände urbar machen, Gemüse und Obst anpflanzen und mit den Gästen der Naturheilanstalt ihr Leben finanzieren. Karl Gräser wollte eine urkommunistische Siedlung ohne Privatbesitz und Geldwirtschaft, und sein Bruder Gusto Gräser wollte überhaupt nicht sesshaft werden. Er sah seine Aufgabe darin, als Prophet der Freiheit, des Pazifismus und der Naturverklärung umherzuziehen. Er war und blieb sein ganzes Leben

---

[10] In: Harald Szeemann, *Monte Verità, Berg der Wahrheit*, Milano 1978.

lang eine auffallende Erscheinung, mit Bart und langen Haaren, immer in Sackleinen gekleidet und mit Sandalen – ein ungewöhnlicher Mensch, entschlossen zu einer sanften Radikalität. In einer Hirtentasche trug er seine Traktate und Gedichte immer bei sich und verteilte sie. Auf seinen Wanderungen tauchte er häufig in München auf, wo er eine stadtbekannte Figur war, wie aus einem Artikel von René Prévot hervorgeht – geschrieben 1950:

> Das Urgewand, das er trägt, ist das gleiche wie vor 45 Jahren, als ich ihn kennenlernte: ein über der Brust gekreuzter weitärmeliger Kittel mit Gürtelstrick und eine Sackhose mit weitem Gesäß, um die Beine enggewickelt, wie man sie auf dem Balkan trägt. Und umgehängt das geräumige Netz, in dem er seine vegetarische Rohkost herumträgt. Früher befanden sich noch die blauen, roten, grünen und gelben Papierrollen darin, auf die er in großer Blockschrift seine Gedichte schrieb.
> Diese Gedichte brachten uns einst zusammen. Ich saß damals als Jüngster in der Redaktion der »Jugend«. Eines Morgens stand dieser ungewöhnliche Besucher vor meinem Schreibtisch, auf den er die fünf buntfarbigen Papyrusrollen legte: »Ich heiße Gräser,« sagte er, »aber sagen Sie Gras. Ich bin ein Individualist. Hier sind meine Dichtungen nach Themen gefärbt: rot die Liebe, grün die Natur, blau der Traum, gelb die Spießer, die mich beneiden.« Die »Jugend« druckte einige gelbe Proben ab, und wir halfen dem sympathischen Sonderling mit dem wohlklingenden tiefen Bariton seine Propaganda-Vorträge füllen, die er bald hier, bald dort hielt, um die Masse der Stadtmenschen durch sein Beispiel zum Naturleben zu bekehren. Er selbst lebte – aus Propagandagründen! – nicht ganz das Leben, das er predigte. Allnächtlich saß er im Tabaksqualm und der drangvollen Enge des »Simpl« und trug öfters ein rotes, grünes oder gelbes Gedicht vor. Die Schwabingerinnen, vor allem aber die Kommerzienratstöchter mit den Salome-Allüren, die damals in Mode kamen, fraßen ihn mit den Augen: »Jochanaan, ich bin verliebt in deinen Bart!« Es war der schönste Bart im damals noch bärtigen Schwabing.[11]

Wenn Gusto Gräser zum Monte Verità zurückkehrte, lebte er eremitisch in einer Höhle im Wald von Arcegno. Dort hat ihn Hermann Hesse besucht, der offenbar etwas von ihm lernen wollte, das in seinen Büchern immer wieder eine Rolle spielt: der Rückzug in die Einsamkeit, das Ausgesetztsein in der Natur, die Askese, die radikale Sonderlingsexistenz.

---

[11] In: Ulrike Voswinckel, *Freie Liebe und Anarchie*, München 2009.

Die Gräfin Reventlow verlässt Schwabing und zieht an den Monte Verità

Zum Freundeskreis der Gräfin Reventlow gehörten in den letzten Jahren ihrer Münchener Zeit der Psychoanalytiker Dr. Otto Groß und der Nationalökonom Professor Edgar Jaffé, der später Finanzminister der Eisnerschen Revolutionsregierung wurde. Groß wollte der Gräfin helfen, indem er in seiner genialen und faszinierenden Art alle ihre Sorgen und Leiden als Wirkung seelischer Komplexe bewußt zu machen und dadurch aufzulösen versuchte.[12] Franziska zu Reventlow begegnete Otto Gross wieder, als sie 1910 nach Ascona zog, um ihrem drohenden Ruin in Schwabing zu entgehen. Erich Mühsam hatte ihr die Idee zu einer Scheinheirat mit dem baltischen Baron Rechenberg-Linten, den er aus Ascona kannte, so aussichtsreich dargestellt, dass sie darauf einging und sich mit ihrem Sohn Rolf, genannt Bubi, in einem kleinen Turm in der Nähe des Monte Verità einquartierte. – In einem Brief an ihren Freund, den Nervenarzt Hans Gruhle, schreibt sie:

> 17. Februar 1911 Ascona bei Locarno, Schweiz
> Lieber Herr Gruhle,
> ich freute mich sehr, endlich ein Lebenszeichen von Ihnen zu sehen u. hoffe dass bald ein längeres kommt. Erschrecken Sie nicht mich hier zu finden in diesem Narrennest – noch dazu um zu heiraten. – Na, es ist nicht so schlimm. Utilitätssache ohne persönliche Consequenzen, aber Bubiadoption. Später einmal pekuniäre Folgen. Und da ich deswegen hierher kommen musste, muss ich vorläufig bleiben u. hoffe, dass Sie mich Ostern statt in M. hier besuchen. Es wäre hier ein reiches Feld für Sie u. ich sehne mich danach einmal mit jemandem lachen zu können. Bubi ist wieder bei mir u. ich bin im Grunde sehr froh, dass ich von München fort bin, hoffentlich auf Nimmerwiederkehr. Ich denke mit Übersetzungen etc. wird es mir gelingen am Ende des Sommers in weites Ausland zu entweichen. Hier führt man ein rauhes u. bescheidenes Leben u. erholt sich enorm dabei. –[13]

Im selben Jahr wie die Gräfin Reventlow, 1910, kam auch der Maler Richard Seewald nach Ascona und lernte den zukünftigen Bräutigam der Gräfin kennen:

---

[12] Erich Mühsam, *Unpolitische Erinnerungen*, a.a.O.
[13] Nachlass Franziska zu Reventlow, Korrespondenz mit Hans Gruhle, Monacensia Literaturarchiv und Bibliothek, München.

Der Baron Rechenberg war der sympathischste rotgesichtige alte Säufer, den ich je kennengelernt habe. »Gehen wir schmoren!« (er sprach »jehen«, denn er war Balte) war die Aufforderung, gemeinsam in eine Osteria zu gehen, und das Ende jeglichen Gesprächs. Er soll sich auf allen sieben Meeren herumgetrieben haben und hatte den wiegenden Gang eines Matrosen. Endlich hatte ihn das Leben an den Strand des Lago Maggiore gespült, wo der Wein so billig war, und ein Bett, ein Stuhl und ein Tisch in einem gekalkten Zimmer für jeden vernünftigen Mann Komfort genug bedeutete. Er war kein Bürger, ich habe ihn geliebt.[14]

Während die Gräfin nun auf die »pekuniären Folgen«, auf das Erbteil ihres neuen Schwiegervaters wartete, begann sie, die Bücher zu schreiben, die ihren schriftstellerischen Ruhm begründeten – *Von Paul zu Pedro*, *Herrn Dames Aufzeichnungen* und *Der Geldkomplex*.

In *Herrn Dames Aufzeichnungen* versetzt sie sich noch einmal ganz und gar in das alte Schwabing der Boheme, der Faschingsfeste und des Kosmikerkrachs zurück und schlägt damit eine persönliche Brücke zwischen Ascona und München; mit dem *Geldkomplex* ist sie in ihrer Gegenwart und in ihrer nächsten Umgebung angekommen und nutzt die Steilvorlage ihrer Scheinheirat mit dem »Seeräuber« Rechenberg für eine weitgehend autobiographische Groteske, in der sie gleichzeitig ein Thema abhandelt, das sie ihr ganzes Leben hindurch beschäftigt hat: ihr Verhältnis zum Geld. Und Otto Gross spielt als »Der Freudianer« einen wichtigen Part darin.

Ich habe die Sache mit dem Geld niemals ernst genug genommen, ließ es so hingehen und dachte, es würde schon einmal anders werden. Kurz, um mich im Freudianerjargon auszudrücken – ich habe es entschieden ins Unterbewusstsein verdrängt, und das hat es sich nicht gefallen lassen. Bitte, haltet mich nicht für ernstlich gestört, aber ich bin tatsächlich dahin gekommen, es – das Geld – als ein persönliches Wesen aufzufassen, zu dem man eine ausgesprochene und in meinem Falle qualvolle Beziehung hat. [...]
Eben an jenem Morgen traf ich dann einen mir flüchtig bekannten Nervenarzt, einen »Freudianer«.
Ich wollte mich unbefangen mit ihm unterhalten, konnte aber aus meinem Gedankengang nicht mehr herauskommen. [...] Er sah mich enthusiastisch an und stellte fest: ich litte an einem schweren Geldkomplex, und den könne man nur durch psycho-analytische Behandlung heilen, die

---

[14] Richard Seewald, a.a.O.

er am liebsten selbst übernehmen wollte. [...] Er brennt vor Tatendurst und wollte mich sofort seiner Analyse unterziehen. [...] Nachdem er mich hier untergebracht hat [...], kann ich jetzt unmöglich sagen: Lassen Sie mich in Ruhe, ich halte Ihre Behandlung für einen Schmarrn und bin mehr als je überzeugt, daß mein Leiden nur durch positives Geld zu heilen ist. [...]
Nun ist er beständig unzufrieden, weil ich nicht das antworte, was er möchte. [...] Etwa so: wenn jemand sein ganzes oder halbes Leben lang vor allem nach Geld trachtet, muß er viele andere, lebendigere Regungen, wie vor allem die erotischen, unbedingt verdrängen [...] Daß ich in der Verdrängung der »Erotik« erhebliches geleistet habe, konnte ich nun wirklich beim besten Willen nicht behaupten [...] im Gegenteil, es wäre mir und meinen Finanzen sicher besser gewesen, ich hätte es mehr getan. [...] Gut, er kam allmählich auf die Spur. Es war eben umgekehrt, als wie er anfänglich gemeint hatte. Das Geld selbst war verdrängt worden, nicht die anderen Dinge, und ich war also doch etwas anomal.[15]

Die Pointe dieser ganzen Geldgeschichte klingt wie eine Erfindung und wie die absurde Bestätigung ihres Geldkomplexes.

Ascona, Frühjahr 1914

Liebe Freunde!
[...] Lassen Sie sich in Kürze den letzten Film meines Daseins berichten, um Sie milde zu stimmen: Anfang Dezember die schmerzlich erwartete Erbschaft – man gab Auftrag, die Obligationen in Rußland zu verkaufen, bekam daraufhin Vorschuß von der Bank in Locarno und begab sich auf eine kurze Millionärsreise, kam zurück, um die inzwischen eingetroffenen Gelder zu erheben, gerade im Moment, wo der »Credito Ticinese« fallierte. [...] Sonst geht es mir glänzend, gesund und guter Laune. Der kurze Glanz war sehr schön, der Krach eigentlich auch ganz lustig, und der Entschluß, im Ausland zu bleiben, erlösend. – Kurz, der Herr hat's gegeben, der Herr hat's genommen, der Name des Herrn sei gelobt![16]

Die damals eigentlich unvorstellbare Schweizer Bankpleite scheint die Gräfin nicht sehr überrascht zu haben. Das Dumme sei nur, bemerkte sie lakonisch, dass mit der Bank nicht auch die Heirat gekracht sei. Sie hatte nun einen russischen Pass, was nach Ausbruch des Ersten Weltkrieges kein Gewinn für sie war – als feindliche Ausländerin konnte sie nur unter großen Schwierigkeiten nach Deutschland zurück. Das

---

[15] Franziska zu Reventlow, *Der Geldkomplex*, Frankfurt a. M. 1987.
[16] Franziska zu Reventlow, *Briefe 1890–1917*, Frankfurt a. M. 1977.

Heimweh nach München und das Glück, in südlich-tropischer Landschaft zu leben, durchziehen gleichermaßen ihre Briefe, aus denen hervorgeht, dass sie den Monteveritanern, den Vegetariern und »Naturmenschen« nicht positiv gegenüber stand – genauso wenig wie Oskar Maria Graf, der sich zusammen mit seinem Freund, dem späteren Maler Georg Schrimpf aus Schwabing auf den direkten Weg nach Ascona machte.

Oskar Maria Graf trifft seine Münchner Genossen am Monte Verità und lernt Peter Kropotkin kennen

Zunächst gefiel es Oskar Maria Graf in der südlichen Anarchistendependance, aber bald ging ihm das Sektiererische der Vegetarier auf die Nerven, und außerdem stellte sich heraus, dass er auch in Ascona Geld brauchte, um schreiben zu können.

> Wir hatten kein Geld. Der Logisherr drängte. Ich verfluchte die ganze Schweiz. In Ascona gab es Arbeit bei [Karl] Gräser. Aber der bezahlte nichts. Er gab nur Essen und Unterkunft und verweigerte jede Einmischung von »Kultur«. Siedlungen dieser Art gab es genug. Das rentierte sich für den, der sich einmal einen Besitz geschaffen hatte, mitunter sehr gut, denn die Deserteure zum Beispiel oder die russischen Revolutionäre waren gezwungen, diesen Drohnen Dienste zu tun ohne Bezahlung.
>
> Es waren alle möglichen Menschensorten da, Revolutionäre, Vegetarier und Maler aus allen Himmelsrichtungen, Freiluftkuranhänger und endlich Literaten und Naturmenschen mit langen Haaren und nur mit einem Hemd aus grobem Sackleinen bekleidet. Die Vollblutpflanzenfresser hatten auf Verità eine große Siedlung, genannt die »Heidelbeere«. Dort wurde Nacktkultur verkündet, neues Menschentum und freie Liebe betrieben. An allen Bäumen klebten Propagandazettel in Versform, die zum Eintritt aufforderten, aber wehe, wer nach Seife roch, solche mitbrachte oder gar rauchte [...][17]

Während der ursprüngliche Monte Verità sich mehr und mehr zu einem Sanatorium entwickelte, hatten sich die verschiedensten Paradiessucher in unterschiedlichen Kommunen rund um den Berg und in den angrenzenden Wäldern angesiedelt. Viele waren dem sozialistischen Siedlungsmodell von Gustav Landauer verpflichtet, andere waren urchristlich, wieder andere schworen auf Freikörperkultur. Fleisch und Alkohol waren bei fast allen verpönt, und alle litten an Geldmangel. Georg Schrimpf

---

[17] Oskar Maria Graf, a. a. O.

verdiente sich sein Leben wieder als Konditor und beschäftigte sich mit Gemüseanbau, aber Graf wurde immer wütender. Tagelang lag er in seinem Zimmer auf dem Bett, schrieb oder erkundete die Gegend auf eigene Faust.

Als ich eines Tages in Ascona in den Autobus, der nach Locarno fuhr, einstieg, saß neben mir ein Herr, der mir sehr bekannt vorkam. Zu seinem Geburtstag hatte kürzlich der Leipziger Anarchist sein Bild gebracht. Ein französisch sprechender Begleiter unterhielt sich mit ihm. [...] Die beiden stiegen vor Locarno aus. Ich folgte ihnen. Der kleine Graubart wurde nervös. Ich trat ganz an ihn heran, klopfte ihm von hinten auf die Schulter, daß er sich erschreckt umdrehte und mich verwirrt ansah.

»Verzeihung, habe ich vielleicht mit dem Fürsten Peter Kropotkin die Ehre?«, sagte ich etwas unbeholfen und lachte ein wenig. Der Mann nickte freundlich und musterte mich flüchtig. Ich trug zu damaliger Zeit nur Hose und Hemd, lief ständig barfuß und hatte lange, wallende Haare.

»Verzeihung«, sagte ich schon wieder etwas hastig, »mein Name ist Graf. Ich bin Sozialist und habe ihre Photographie im Leipziger Anarchist gesehen.«

»Ein junger Genosse«, sagte jetzt Kropotkin zu seinem Begleiter und stellte mich vor. Wir kamen langsam ins Gespräch. Ich lobte Kropotkins Bücher und erzählte von der Bewegung in Deutschland. Interessiert hörten die beiden zu.

»Schreiben Sie auch für sozialistische Blätter?«, fragte der Fürst, als ich flüchtig etwas von der Schriftstellerei erwähnte, und sah mich an.

»Nein, nur für Witzblätter«, antwortete ich. [...]

Mit heißem Kopf und atemlos kam ich in Brione an und erzählte meinen Kameraden mein Erlebnis. Alle waren hingerissen.[18]

Aber trotzdem hielt es Oskar Maria Graf nicht länger aus im Süden. Er fühlte sich am Ende der Welt, war ja auch kein Stadtflüchtiger wie die ersten Monteveritaner; er schimpfte auf »die Grasfresser und Verdauungsphilister« und überzeugte Schrimpf davon, dass sie beide dort nicht hingehörten. Schließlich reisten sie wieder nach München.

Rudolf von Labans »Schule für Kunst«

Rudolf von Laban war einer der wenigen späteren Zuwanderer auf den Monte Verità, der das gesamtheitliche Konzept von Ida Hofmann und Henri Oedenkoven von ganzem Herzen begrüßte, was das einfache

---

[18] A.a.O.

Leben in Licht-Lufthütten, die Befreiung des Körpers und die Arbeit auf dem Land einschloss. Laban war Vegetarier, Freimaurer und ein theoretischer und praktischer Anhänger der freien Liebe. Er betrieb in München eine Tanzschule und veranstaltete vor dem Ersten Weltkrieg riesige Faschingsinszenierungen.

> Unsere großen Säle reichten nicht aus, um die vielen Darsteller aufzunehmen. [...] Wenn sie dann endlich drankamen, konnten wir auch nicht viele Umstände machen, es hieß einfach Schuhe ausziehen, Damen Korsette weg, tiefe Kniebeugen, Gehen, Laufen, dann endlich die notwendigen Einstudierungen der Schritte und Gesten, und dann kam die nächste Hundertschaft dran.[19]

Als Laban mit seinen Tänzerinnen im Sommer 1913 auf den Monte Verità zog, wollte er den Tanz von seinen konventionellen Fesseln befreien und ihn zu einer absoluten Kunst erheben, die nicht der Musik untergeordnet sein sollte. Ähnliche Überlegungen hatten Mary Wigman zu ihm geführt, die hier in der grandiosen Landschaft über dem Lago Maggiore die ersten Sprünge in den freien Tanz wagte. Seine Begeisterung für große Gesamtkunstwerke befeuerte Laban auf dem Monte Verità zu verschiedenen Inszenierungen, die letzte war der *Sang an die Sonne*, von Sonnenuntergang bis Sonnenaufgang, in den auch die Einheimischen und die fremden Besucher einbezogen waren.

Rudolf von Laban hat die Nacht in seinem Lebensrückblick beschrieben:

> Kurz vor Mitternacht begann der zweite Teil, das Spiel »Dämonen der Nacht«. Eine Tänzerschar mit Trommeln, Tamtam und Flöten sammelte die Zuschauer, Fackeln und Laternen erhellten den Weg zu einem Berggipfel, oben schauten bizarre Felsen auf eine kreisrunde Wiese. Hier waren fünf hell lodernde Feuer angezündet, um die herum und hindurch eine Gruppe von Kobolden Springtänze ausführte. Dann erschien eine Schar maskierter Tänzer. [...] Die verschiedenen, gedrungenen und hochragenden, eckigen und spitzen Formgebilde verbargen heranschleichende Hexen und Unholde, die in wilden Tänzen die Maskentänzer entschleierten und ihre Verhüllungen verbrannten. Um die erlöschende Glut der Feuerbrände wogte zum Abschluß ein Tanz der Schatten. Dann wurden die Fackeln wieder angefacht, und die Tänzer führten als Vor- und Nachhut den langen Zug zum Ausgangspunkt zurück.[20]

---

[19] Rudolf von Laban, *Ein Leben für den Tanz*, Bern und Stuttgart 1989.
[20] A.a.O.

Das Publikum bei dieser nächtlichen Sonnenfeier bestand übrigens vor allem aus den Teilnehmern eines »Anationalen Kongresses für kooperative Gesellschaftsform, neuzeitliche Erziehung, die Stellung der Frau in der Zukunftsgesellschaft, mystische Freimaurerei, Kunst, Ritual- und Kulttanz«. Diesen Kongress hatte eine der undurchsichtigsten Figuren auf dem Monte Verità einberufen: Theodor Reuss. Er hatte sich mit seinem *Ordenstempel des Ostens* 1917 auf dem Monte Verità einquartiert und nahezu die gesamten verbliebenen Monteveritaner einschließlich der Laban-Tänzerinnen zu Mitgliedern seines mystischen Freimaurerordens gemacht – denn in seinem Orden waren auch Frauen zugelassen. Die Zuschauer bestanden vor allem aus Theosophen, Okkultisten und Freimaurern; Gerüchte von Sexualmagie und Orgien geisterten noch durch Ascona, als der »Ordensmeister« Theodor Reuss schon lange das Feld geräumt hatte.

Rudolf von Labans theoretische Überlegungen waren sehr folgenreich für die ganze Entwicklung des freien Tanzes in den 20er Jahren; aber seine Vorliebe für Groß-Choreografien mündete später in totalitären Inszenierungen.

Ascona wird zum Emigrantenort

Im Oktober 1913 erschien in München die erste Nummer der Zeitschrift *Revolution*, herausgegeben von Johannes R. Becher im Verlag von Heinrich F. S. Bachmair. Der Original-Holzschnitt auf dem Titelblatt stammte von Richard Seewald, als Mitarbeiter wurden Johannes R. Becher, Erich Mühsam, Hugo Ball, Leonhard Frank, Klabund, Emmy Hennings, Else Lasker-Schüler und andere angegeben. Drei Jahre später werden sich alle Genannten in der Schweiz wieder treffen, in Zürich, und einige werden sich dann auch ins Tessin, nach Ascona und Umgebung zurückziehen, bis der Krieg vorbei ist, oder auch für immer dort bleiben.

»Alle Größenwahncafés der Welt haben ihre Haupthelden langsam nach Zürich geschickt«, schrieb Laban aus der Schweiz nach München; auch er war mit seiner Tanzschule in die Nähe von Zürich gezogen, und seine Tänzerinnen nahmen regen Anteil an den Dada-Performances. Hugo Ball, Theatermacher aus München, Kabarettist und Schriftsteller, verließ das Cabaret Voltaire schon bald, zusammen mit seiner Partnerin Emmy Hennings und ging nach Ascona, weil er den lärmenden Erfolg der satirischen Provokation nicht mehr ertrug. »Was wir zelebrieren, ist eine Buffonade und eine Totenmesse zugleich«, schrieb er in sein Tagebuch. Den ersten Sommer im Tessin verbrachten er und Emmy mit ihrer Tochter Annemarie in einer Gegenwelt zur Großstadt, auf einer einsamen Alp in der Nähe von Ascona.

Es ist schön wie im Paradies, und wir haben noch 72 Franken. Wir werden gewiss drei Monate hierbleiben können, aber wir wollen nicht vorausdenken [...] Hugo meinte, er könnte nebenbei Farmer werden [...] hat sich in Locarno Spaten und Hacke gekauft und tausend Bogen Schreibmaschinenpapier und zwanzig Bogen Kopierblätter und Sonnenblumensamen, und Setzkartoffeln, Grano turco, zwanzig Pakete Philoscigaretten und drei Pakete Kaisers Kaffee. [...] Im Tragkorb auf dem Rücken trug er die Schreibmaschine und unsere Bibliothek, weil er mir das nicht anzuvertrauen wagte, und ich hab in meinem Gerlo nur Lebensmittel, also die Setzkartoffeln, Bettwäsche und sonstiges getragen. Annemie trug nur einen Rucksack und unsere Schlafdecken. [...] Ich schreibe in dieser idyllischen Freiheit an meinem »Gefängnis«. Ist das nicht beinahe Sünde über Gefängnisse hier zu schreiben? Ich habe aber auch diese erlebt und darf sie um der Gefangenen willen nicht vergessen [...][21]

Emmy Hennings und Hugo Ball lernten bald danach Hermann Hesse kennen, der ab 1919 endgültig ins Tessin gezogen war, zuerst nach Minusio und später nach Montagnola, nahe bei Lugano. Hugo Balls *Flucht aus der Zeit*: Das war der Titel seiner Aufzeichnungen und gleichzeitig ein existenzielles Programm. Sein Rückzug in die Einsamkeit und Bedürfnislosigkeit nahm nun mehr und mehr religiöse Züge an.

Er und Emmy lebten in freundschaftlicher Nähe zu Hermann Hesse, der ihnen in prekären Zeiten auch materiell zur Seite stand und Hugo Ball autorisierte, eine Biographie über ihn zu schreiben. Hugo Balls eigene Biographie war von Extremen geprägt. »[Mein Eigenwille] ging politisch bis zur Anarchie und künstlerisch zum Dadaismus, der eigentlich meine Gründung, oder besser gesagt, mein Gelächter war«, schrieb er. Sein Lebensweg, den Emmy Hennings bis zum Schluß mit ihm ging, aus dem Zentrum von Schwabing über das Exil in Zürich bis in den mönchischen Katholizismus im Tessin ist eine radikale und ungewöhnliche Entwicklung der Boheme im Süden.

---

[21] Emmy Ball- Hennings in: B. Echte/K.Aemmer, *Emmy Ball-Hennings 1885 bis 1948*, Frankfurt a. M. 1999.

Die Maler kommen

Es war kein Zufall, dass die Maler Ascona erst relativ spät für sich entdeckten. Das Lebensreformkonzept von Oedenkoven und Ida Hofmann schloss zwar alle Künste mit ein, war aber viel eher auf Musik und Tanz ausgerichtet, die direkt mit der Befreiung des Körpers zu tun hatten. Außerdem waren die ideologischen Implikationen des Vegetarismus fast allen Künstlern ein Gräuel.

Die russischen Maler Marianne von Werefkin und Alexej Jawlensky kamen 1918 vor allem aus zwei Gründen nach Ascona, die auch für viele andere Zuwanderer galten: Jawlensky war krank; Marianne von Werefkin erhoffte sich Heilung für ihn im milden Klima, und in Ascona konnte man immer noch billiger leben als woanders in der Schweiz. Ganz sicher wusste sie auch, dass sie dort auf ihre Freunde treffen würde, mit denen sie im Exil in Zürich zusammen gewesen war und die sie schon aus München kannte. Richard Seewald erinnerte sich später an sie:

> Als der Krieg die Russen aus Deutschland vertrieb (Kandinsky ging nach Paris), übersiedelte sie mit Jawlensky in die Schweiz. In Ascona traf ich sie wieder. Und ich habe dort oft ihre Gesellschaft genossen, bis sie hochbetagt, die allgemein beliebte »Nonna« [die Grossmutter] Asconas, an der Wassersucht starb. Sie war eine der geistreichsten Frauen, die ich gekannt habe; wen sie nicht mochte, der hatte allerdings nichts zu lachen, denn sie konnte boshaft sein wie eine alte Äffin. [...] Jawlenskys gedachte sie nur mit bitterem und ätzendem Spott, nachdem er die Mutter seines Sohnes geheiratet hatte.[22]

Marianne von Werefkin war eine der wenigen Fremden, die sich ganz und gar auf das dörfliche Leben und auf die Menschen dort einließ, und sie liebten sie dafür. Nach dem Krieg erhielt sie keine Pension mehr aus Russland und war oft auf die Hilfe von Fremden angewiesen. Sie malte Hunderte von Bildern, Berge wie Seelenlandschaften, durchglüht von expressiven Farben. Einen großen Teil dieser Gemälde kann man jetzt im Museo Comunale von Ascona sehen.

Zeitweilig waren die drei Künstlerinnen Marianne von Werefkin, Else Lasker-Schüler und Mary Wigman gleichzeitig in Ascona – drei stadtbekannte Erscheinungen, drei starke Frauen, die jede auf ihrem

---

[22] Richard Seewald, a. a. O.

Gebiet etwas Neues in die Kunst brachte. Für Mary Wigman war der ursprüngliche Monte Verità mit Labans und Oedenkovens *Schule für Kunst* der Anlass gewesen, sich auf den Berg zu begeben. Für die anderen beiden gab es nur noch den Nachhall davon, nicht die Lebensreform, sondern die Freiheit, nach eigenen Gesetzen zu leben.

Die Gründer verlassen den »Berg der Wahrheit«

Als Oedenkoven mit seiner neuen Frau Isabella und Ida Hofmann den Monte Verità verließen, blieb der »Berg der Wahrheit« ein paar Jahre ziemlich verwaist, bis Baron von der Heydt durch die Vermittlung der Baronessa Marianne von Werefkin auf den Monte Verità aufmerksam gemacht wurde.

> Mit blitzenden Augen fragte sie mich, ob ich schon die Perle Asconas, den »Monte Verità«, gesehen hätte, was ich verneinte. Ich hatte von einem Monte Verità noch nie etwas gehört. Wir verabredeten für den nächsten Tag eine gemeinsame Tour dorthin, und sie erzählte mir in kurzen Stichworten die merkwürdige Geschichte dieses Berges [...]
> Als ich mit gespannter Aufmerksamkeit den Erzählungen der Frau von Werefkin lauschte und mit ihr über den Berg schritt, war ich begeistert von der Schönheit und einzigartigen Lage von Monte Verità. Die Hütten und Gebäude der früheren Naturmenschen standen zwar noch, aber sie befanden sich alle in einem ziemlich verwahrlosten Zustand.[23]

Eduard von der Heydt war der Bankier Kaiser Wilhelms II. und einer der größten Kunstsammler zeitgenössischer und außereuropäischer Kunst. Sein Entschluss, den Monte Verità zu kaufen, ein mondänes Hotel zu bauen und dort einen Teil seiner Sammlungen unterzubringen, war der Beginn einer neuen Ära – ein vollkommener Wechsel der ursprünglichen hochfliegenden Weltverbesserungsideen, das sichtbare Scheitern der Utopien und das Ende der Boheme am Berg der Wahrheit.

Der Schweizer Ausstellungsmacher Harald Szeemann, der 1978 in einer großen Ausstellung die gesamte wechselvolle Geschichte des Monte Verità wiederentdeckt und gezeigt hat, sah eine gewisse Zwangsläufigkeit in der Entwicklung solcher »Orte der Kraft«:

---

[23] Eduard von der Heydt, in: Harald Szeemann a. a. O.

Sie haben immer zuerst die Spinner, die einen solchen Ort entdecken, die die Strahlungen auffangen und da die Basis zu einer neuen Gemeinschaft legen. Dann kommen die Künstler, und die Künstler besingen nun die Schönheit. Dieser Sang an die Schönheit der Gegend zieht dann wieder die Bankiers an, die Bankiers kaufen dann dieses Gelände auf, die Bodenpreise werden höher, und dadurch zieht die nächste Spinnergeneration weiter.[24]

Als Erich Mühsam diese Wendung des Monte Verità zu Ohren kam, war er sehr enttäuscht, sah sich auch in seinen frühen pessimistischen Zukunftsvisionen bestätigt und wurde sich noch einmal seiner großen Verbundenheit mit dem Ort bewusst:

Ich hatte lange nichts von meiner Jugendliebe gehört. Jetzt habe ich sie begraben. Geh'n wir, einen Trauerschoppen trinken.[25]

Als Harald Szeemann den Monte Verità 1978 wiederentdeckte, wurde sichtbar, dass er in seinen vielen Schichten eine Geschichte von Gegenentwürfen gegen das etablierte Leben barg. Eine Geschichte des alternativen Lebens, das gerade in den 1970er-Jahren in sehr ähnlichen Erscheinungsformen wieder in Mode kam und mit der Ausstellung nun sozusagen seine Vergangenheit und Vorbilder kennenlernen konnte. So wurde aus dem Barfußpropheten und Kohlrabiapostel Gusto Gräser plötzlich ein Guru der deutschen Blumenkinder und ein Großvater der Grünen.

Wenn man sagen kann, dass Schwabing ein »Laboratorium der Lebensformen« war, so trifft das erst recht auf den Monte Verità der ersten Jahre zu.

Wahnmoching ist eine geistige Bewegung, ein Niveau, eine Richtung, ein Protest, ein neuer Kult oder vielmehr der Versuch, aus uralten Kulten wieder neue religiöse Möglichkeiten zu gewinnen.[26]

Das berühmte Schwabing-Zitat der Gräfin Reventlow könnte auch eine Beschreibung des Monte Verità sein. Geschrieben hat es die Gräfin Reventlow jedenfalls dort, in unmittelbarer Nähe des Berges mit den Gedanken an Schwabing.

---

[24] Harald Szeemann, Eröffnungsrede der Monte Verità-Ausstellung in Berlin 1979.
[25] Erich Mühsam, a. a. O.
[26] Franziska zu Reventlow, *Herrn Dames Aufzeichnungen*, Berlin 1990.

Aus der Arbeit des Literaturarchivs

Frank Schmitter
Neuzugänge im Literaturarchiv der Monacensia

Im Jahr 2009 konnten mehrere hochrangige Nachlässe und Konvolute erworben werden.

ERICH EBERMAYER: Nach erfolgreichem Jurastudium debütierte Erich Ebermayer (1900–1970) Mitte der 20er-Jahre als Erzähler und Dramatiker. Er wurde rasch bekannt und ein gern gesehener Gast in der Münchner Villa der Familie Mann in der Poschingerstraße. Die Freundschaft erlitt jedoch einen irreparablen Riss, als sich Erich Ebermayer im Nationalsozialismus gegen eine Emigration entschied, obwohl einige seiner Bücher verboten wurden und er seine Anwaltszulassung verlor. Erich Ebermayer wurde ein begehrter Drehbuchautor für die gleichgeschaltete UFA, und ließ sich bei aller Distanz zum Partei- und Propa-

Erich Ebermayer in späteren Jahren   *Erich Ebermayer 1927*

gandaapparat gleichwohl einen Staatspreis von Joseph Goebbels verleihen. Diese Gratwanderung kostete ihn die Freundschaft mit vielen in die Emigration gezwungenen Autoren. Erich Ebermayer blieb auch in den Nachkriegsjahrzehnten produktiv als Drehbuchautor und Verfasser auflagenstarker Unterhaltungsromane. Das NS-Stigma blieb jedoch haften und Ebermayer deshalb eine »persona non grata« im Literaturbetrieb.

Der (noch ungeordnete) Nachlass umfasst 18 Umzugskartons und ist auch deshalb so interessant, weil er Ebermayers juristische Tätigkeit einschließt. So verteidigte der promovierte Jurist nach dem Zweiten Weltkrieg Winifred Wagner und Emmy Göring bei ihren Spruchkammerverfahren.

SIGNE VON SCANZONI: Klein aber fein ist der Nachlass von *Signe von Scanzoni* (1915–2000). Die ausgebildete Sängerin, Tänzerin und Schauspielerin gehörte zu den Münchner Jugendfreunden von Klaus und Erika Mann. Aber erst nach der Wiederbegegnung mit Erika Mann im Jahre 1957 begann eine heftige und intime Lebensfreundschaft, die bis zum Tod der ältesten Tochter des Nobelpreisträgers anhielt.

Der Nachlass umfasst über 100 Briefe und Telegramme von Erika Mann, die in großer Offenheit vom »Innenleben« ihrer berühmten Familie berichtete. Scanzonis Bericht über Erika Manns letzte Jahre (*Als ich noch lebte*) ist ein nicht minder wichtiges literarisches Dokument und belegt, dass die Quellen dieser so außergewöhnlichen Familie noch längst nicht ausgeschöpft sind. Er wird, kommentiert von der ausgewiesenen Erika-Mann-Expertin Irmela von der Lühe, im Herbst 2010 im Wallstein-Verlag erscheinen.

BERND ISEMANN: Bernd Isemann (1881–1967) gehört zu den zu Unrecht vergessenen Autoren. Der hochgebildete Lehrer und Schriftsteller hat den größten Teil seines Lebens in Schleißheim gelebt. Im Gegensatz zu Waldemar Bonsels, seinem Freund aus den Jahren vor dem Ersten Weltkrieg, ist Isemann der wirkliche Durchbruch nie geglückt. Es liegt eine gewisse Tragik darin, dass sich der umtriebige, selbstsichere Bonsels in seiner weltberühmten »Biene Maja« von einer erfolglos gebliebenen Erzählung Isemanns über eine Ameise inspirieren ließ.

Die zahlreichen Manuskripte und Briefe im noch unbearbeiteten Nachlass Isemanns können ihm vielleicht postum Gerechtigkeit widerfahren lassen.

MICHAEL GROISSMEIER: Der 1935 in München geborene und früh in Dachau sesshaft gewordene Michael Groissmeier ist ein produktiver Lyriker, der bereits über 40 Gedichtbände und eine Autobiographie seiner Jugendjahre in einem kirchlichen Internat veröffentlicht hat.

Viele Lesungen, auch im Rundfunk, haben ihm eine große Bekanntheit eingetragen.

Sein Vorlass enthält zahlreiche Kladden mit Aufzeichnungen, lyrischen Skizzen und Notizen und einen umfangreichen Briefwechsel mit vielen zeitgenössischen Lyrikern wie Rainer Malkowski, Walter Helmut Fritz und Rainer Kunze.

KLAUS UND ERIKA MANN: Ein kleines Juwel bildet das Konvolut von handschriftlichen Briefen von *Klaus und Erika Mann*, die Anatol Regnier, Enkel von Frank Wedekind, im letzten Jahr unter den Dokumenten seiner Mutter Pamela entdeckt hat.

Mit Pamela Wedekind verband Klaus und Erika Mann über Jahre hinweg eine tiefe Freundschaft. Knapp 18jährig, feierten Klaus Mann und Pamela Wedekind im Sommer 1924 Verlobung und auch Erika Mann war der ältesten Tochter von Frank Wedekind heftig zugeneigt. Alle drei teilten eine Leidenschaft für das Theater. Unter der Regie von Gustaf Gründgens standen Erika Mann und Pamela Wedekind bei der Aufführung von Klaus Manns Stück *Anja und Esther* in Hamburg auf der Bühne.

Das Briefkonvolut umfasst acht handschriftliche Briefe von Klaus Mann an Pamela Wedekind aus den Jahren 1924 bis 1932 sowie 49 handschriftliche Briefe von Erika Mann aus den Jahren 1924 bis 1927. Die Briefe, oft in einem schwärmerischen und spontanen Tonfall geschrieben, reflektieren die ersten Theatererfahrungen, Buchveröffentlichungen und Begegnungen mit berühmten Zeitgenossen.

Neben kompletten Nach- beziehungsweise Vorlässen erwirbt das Literaturarchiv kontinuierlich Einzelbriefe und Konvolute von Autographenhändlern oder auch von privater Hand zur Arrondierung der Bestände. Im Jahr 2009 waren es über 20 Briefe und Postkarten von Katia und Erika Mann, Drehbücher und Manuskripte von Herbert Achternbusch, ein Album mit noch unbekannten Fotos von Ödön von Horváth und mehrere Typoskripte und Briefe von Grete Weil.

Frank Schmitter
Ein Schloss-Fund
Der verschlungene Weg des Nachlasses von Erich Ebermayer in die Monacensia

Wie gelangen literarische Archive und Nachlässe in die Monacensia, das größte Literaturarchiv Bayerns? In den seltensten Fällen kommt der Autor selbst in das Hildebrandhaus, um die Verhandlungen zu führen, damit später sein Nachlass, handlich verpackt und geordnet, zur weiteren Bearbeitung und Erschließung ins Literaturarchiv gebracht wird.
Meistens läuft es ganz anders. Autorennachlässe haben oft ein kompliziertes, dramatisches Schicksal. Sie werden, erzwungen durch Emigration oder private Lebensumstände, aufgespalten oder gehen (teilweise) verloren; sie werden zum juristischen Zankapfel zwischen Witwen, Geliebten und Kindern; sie lagern unerkannt über Jahrzehnte in Kellern oder Speichern; sie werden gehortet oder ihnen wird durch lange Sperrfristen gleichsam der Mund verschlossen. Fast scheint es, als wollten Nachlässe das komplizierte, dramatische Leben ihrer Urheber (oder, in trockener Archivterminologie, ihrer Bestandsbildner) noch einmal nachleben.

Im Frühjahr 2009 erwähnte der Literaturwissenschaftler Dr. Dirk Heißerer bei einem Recherchebesuch, dass der Nachlass von Dr. Erich Ebermayer vermutlich bald zu haben wäre. Erich Ebermayer? Rund 80 Briefe dieses Autors verwahrte die Monacensia zu diesem Zeitpunkt, mehrheitlich an Klaus Mann, Max Halbe und den Journalisten Franz Goldstein adressiert. Aber man kann nicht eben sagen, dass sie häufig von Literaturwissenschaftlern verlangt wurden.
Dabei gehörte Erich Ebermayer in der Weimarer Republik zu den bekanntesten und erfolgreichsten Erzählern und Dramatikern. Er wurde am 14. September 1900 in Bamberg als Sohn des späteren Oberreichsanwalts Dr. Ludwig Ebermayer geboren, studierte Jura, promovierte und erwarb bereits mit 23 Jahren seine Zulassung als Anwalt. Ein Jahr später erschien mit *Dr. Angelo* ein Novellenband, der in seiner the-

matischen Grundierung, der Homosexualität, durchaus auch bekenntnishaft gelesen werden durfte. Wie so viele junge Autoren schickte er Thomas Mann, dem »verehrten Meister«, ein Widmungsexemplar. Und das Erhoffte geschah – der ungekrönte König der deutschen Literatur antwortete sehr wohlmeinend und lud den Nachwuchsdichter zum Tee. Es entwickelten sich engere familiäre Beziehungen, die auch Klaus und vor allem Katia Mann einschlossen. Sie plauderte gerne mit dem begabten Nachwuchsautor, wenn ihr Mann sich von seinem Schreibtisch nicht losreißen konnte.

In den folgenden Jahren zeigte Ebermayer sein besonderes Talent als Dramatiker und effektsicherer Bearbeiter von epischen Werken für die Bühne. Die Beziehung zu Thomas Mann jedoch kriselte, weil Ebermayer sich bei verschiedenen Gelegenheiten eine entschiedenere Fürsprache von seinem literarischen Übervater erhofft hatte. Zum endgültigen Bruch mit dem Nobelpreisträger führte Ebermayers Entscheidung, Deutschland unter dem Hakenkreuz nicht den Rücken zu kehren. Ebermayer war sicher kein Nationalsozialist aus Überzeugung. Aber er wollte seinen Sprachraum, sein Publikum und seine Pfründe im Literaturbetrieb nicht verlieren. Deshalb arrangierte er sich, schrieb erfolgreiche Drehbücher und Bühnenstücke und erhielt für sein Skript zu *Traumulus* den Staatspreis aus den Händen von Joseph Goebbels. Im Jahre 1939 erwarb Ebermayer das restaurierungsbedürftige Schloss Kaibitz in der Oberpfalz, das bis zu seinem Tod am 22. September 1970 sein Hauptwohnsitz bleiben sollte.

Auch nach dem Krieg blieb Erich Ebermayer – nach einem juristischen Seitenspiel als Anwalt von Emmy Göring und Winifred Wagner in ihren Entnazifizierungsprozessen – ein viel gelesener (Unterhaltungs-)Autor,Verfasser von Fernsehspielen und Filmdrehbüchern (*Canaris, Die Mädels vom Immenhof*). Gleichwohl blieb er in Literatenkreisen ein verschmähter Außenseiter. Thomas Mann verweigerte ihm Gespräch und Handschlag, an Ebermayer haftete das Etikett eines Opportunisten unter dem vermeintlich warmen Deckmantel der »inneren Emigration.« Das wiederum verbitterte Ebermayer und provozierte ihn in seinen Tagebüchern zu Extrempositionen, indem er Thomas Mann und den Emigranten einen Hass auf Deutschland unterstellte, wo sie doch nur Nazi-Deutschland gemeint hatten.

Aber zurück zum Nachlass: Dr. Heißerer erfuhr über mehrere Ecken von dem brisanten Nachlass auf Schloss Kaibitz, durfte Einsicht nehmen und entdeckte unter anderem sehr persönliche Künstlerporträts aus der Feder Erich Ebermayers. Unter dem Titel *Eh' ich's vergesse ... Erinnerungen an Gerhart Hauptmann, Thomas und Klaus Mann, Gustaf Gründgens* ... sind sie, kommentiert und herausgegeben von Dirk Heißerer, mittlerweile als Buch erschienen. Im Gespräch mit dem Rechteinhaber des Nachlasses, Alexander von Richthofen, einem Adoptivsohn Erich Ebermayers, empfahl Heißerer die Monacensia als möglichen Ort für eine der Wissenschaft dienende Erschließung der Materialien.

Aber damit ist die Geschichte noch nicht zu Ende – zumindest nicht ganz. Denn der Nachlass des Juristen Dr. Erich Ebermayer wurde, welch Ironie, selbst Gegenstand eines Prozesses von Alexander von Richthofen mit den neuen Eigentümern von Schloss Kaibitz. Nach dem glücklichen Ausgang in zweiter Instanz konnte der Nachlass endlich im Oktober 2009 in die Monacensia geholt werden.

Auf der Fahrt erzählte Herr von Richthofen mir von einer zweiten, noch weit dramatischeren Nachlass-Geschichte, die sich ebenfalls auf Schloss Kaibitz abgespielt hatte: Im Februar 1945 wurde das literarische Archiv von Gerhart Hauptmann, dem Erich Ebermayer in freundschaftlich-bewundernder Weise seit vielen Jahren verbunden war, vor der anrückenden sowjetischen Armee auf Schloss Kaibitz in Sicherheit gebracht, zusammen mit diversen Verwaltungsakten aus der NS-Bürokratie. Als die Amerikaner im April in die Oberpfalz einrückten, besetzten sie Schloss Kaibitz, und Erich Ebermayer, in das Verwalterhaus verbannt, wurde Zeuge, wie die GI's nicht nur den Weinkeller plünderten, sondern auch im Innenhof eine große Feuerstelle einrichteten. Zum Anzünden wurde Papier gesucht – und im Archivgut Gerhart Hauptmanns gefunden. Es war eine Art Autodafé, das, Glück im Unglück, zwar viel Korrespondenz aus den Kartons, aber nur wenige Autographen von Hauptmann vernichtete. Aber ausgerechnet seine geheimen Liebesbriefe an seine zweite Frau blieben verschwunden, zu Asche oder Raubgut geworden.

Um den Hauptmann-Nachlass, das literarische Testament und die beträchtlichen Tantiemen des Nobelpreisträgers wurde in den folgenden Jahrzehnten zwischen den Nachkommen übrigens heftig prozessiert.

Erich Ebermayers Nachlass hingegen hat in der Monacensia eine endgültige Bleibe gefunden. Es steht noch aus, die eigentliche Rolle dieses Schriftstellers in der NS-Zeit wissenschaftlich zu untersuchen.

Elisabeth Tworek

»Literatur in München« (LiM) – ein Bestandteil des Literaturportals Bayern

Monacensia und Bayerische Staatsbibliothek entwickeln gemeinsam eine Datenbank zum literarischen München

Literaturportal Bayern

Das Literaturland Bayern präsentiert sich mit dem Literaturportal Bayern in Zukunft digital vernetzt im Internet. Wichtige Anliegen sind dabei, sowohl das lebendige literarische Leben in Bayern darzustellen als auch das literarische Erbe Bayerns sichtbar zu machen. Die Datenbank *Literaturportal.Bayern.de* wird aus Mitteln des Freistaates Bayern gefördert und besteht aus verschiedenen Bausteinen wie unter anderem »Literaturkalender«, »Literaturförderung«, »Bayern lesen«, »Virtuelles Literaturarchiv Bayern« und »Literatur in München (LiM)«.

Der aktuelle Stand der Entwicklung von LiM

Das letztgenannte Modul »Literatur in München (LiM)« als Bestandteil, Ergänzung und Erweiterung des Literaturportals Bayern wird seit 2008 in Kooperation zwischen der Monacensia und der Bayerischen Staatsbibliothek entwickelt und schrittweise aufgebaut. LiM wird Schriftstellerinnen und Schriftsteller sowie Orte der Literatur in München in biographischen, orts- und werkspezifischen Aspekten nachweisen, miteinander verknüpfen und benutzerfreundlich präsentieren. Dabei soll auch die weiterführende Recherche in anderen Portalen, in Bibliographien oder Bibliotheksbeständen durch entsprechende Schnittstellen erleichtert werden. Die Idee zum Modul LiM sowie der konzeptuell-inhaltliche Aufbau gehen auf die Monacensia zurück. Sie ist für den inhaltlichen Ausbau und die redaktionelle Betreuung des Online-Angebots verantwortlich. Die Bayerische Staatsbibliothek übernimmt die technische Realisierung der Anforderungen für LiM. Die inhaltliche Umsetzung zielt grundsätzlich darauf ab, die Bezüge von Schriftstellerinnen und Schriftstellern zu München mit Text-, Bild- und Hörmaterial darzustellen und den online-Besucher dazu anzuregen, sich selbst – spielerisch oder einer strengen Recherche folgend – auf die Spuren der Münchner Literatur zu begeben. Beispielsweise findet man hier Antworten auf Fragen wie: »In welchen Romanen taucht das Oktoberfest auf?« »In welchem Schwabinger Lokal trafen sich Ödön von Horváth und Oskar Maria Graf?« »Unter welchen Adressen hat Thomas Mann gelebt?«

Konzeptionell hat LiM Modellcharakter und soll auch auf andere Orte und Regionen des Freistaats Bayern übertragbar und anwendbar sein. Um die Nutzerfreundlichkeit und Anwendbarkeit von LiM einer ersten Tauglichkeitsprüfung zu unterziehen, hat die Monacensia Ende September 2009 Multiplikatoren aus Archiven, Museen, Schulen, Universitäten, Verlagswesen, Tourismus, Medien und literarischen Interessensverbänden zu einem moderierten Workshop eingeladen. Der Einladung folgten rund 30 Teilnehmer aus den unterschiedlichsten Bereichen. Nach einer ersten Präsentation der Datenbank wurden in Arbeitsgruppen Themen diskutiert wie »Zielgruppenanalyse«, »Einsatz in Schule und Lehre«, »Übertragbarkeit auf andere Städte und Regionen«, »Anwenderwünsche und Bedienerfreundlichkeit« und »Inhaltliches Potenzial und Kooperationen«. Die höchst konstruktiven Ergebnisse der Gruppenanalysen konnten für die weitere Umsetzung von LiM gut verwertet werden. In einem weiteren Schritt wurden in der Monacensia durch die Einrichtung von Arbeitsplätzen und die Vergabe von Projektverträgen die Voraussetzungen für eine LiM-Redaktion, bestehend aus einer Redaktionsstelle und zwei Mitarbeiterinnen, geschaffen, die ab dem 1. Juli 2010 gezielt an der inhaltlichen Pflege der Datenbank arbeitet. Eine Kooperationsvereinbarung, die im Juni 2010 durch die Landeshauptstadt München, vertreten durch den Kulturreferenten Dr. Hans-Georg Küppers, und den Freistaat Bayern, vertreten durch den Generaldirektor der Bayerischen Staatsbibliothek, Dr. Rolf Griebel, unterzeichnet wurde, sichert zudem die organisatorischen, finanziellen und rechtlichen Rahmenbedingungen des Projekts.

Basismaterial in der Monacensia

Die Sammlungen der Monacensia bieten für die Pflege der Inhalte des online-Angebots das ideale Basismaterial: Zur Monacensia gehören das Literaturarchiv der Stadt München mit dem größten Literaturarchivbestand in Bayern und eine wissenschaftliche Forschungsbibliothek, die mit derzeit rund 133 000 Bänden alles zum Thema München sammelt. Wer sich auf literarische Spurensuche begibt, findet in der Fachbibliothek nicht nur die Primärtexte der Autoren, sondern auch die ganze Bandbreite der Sekundärliteratur zu den Schriftstellern und das Hintergrundwissen zur Münchner Kultur-, Literatur-, Architektur-, Wirtschafts- und Stadtgeschichte. Hinzu kommen die einmaligen Sondersammlungen der Bibliothek wie historische Theaterprogramme, Flugschriften, die Stuffler-Sammlung mit mehr als 1 000 Fotografien von Münchner Straßen, Plätzen, Gebäuden und Einrichtungen aus der Zeit von 1850 bis ca. 1910. Die Bibliothek verfügt über einen umfangreichen systematischen Schlagwortkatalog, in dem seit über 90 Jahren das Wissen zur Stadt München in Hunderttausenden von Karteikarten gespeichert wurde. Im einzigartigen biographischen Katalog werden Leben und Wirken von Schriftstellern und bedeutenden Persönlichkeiten dokumentiert, die für eine mehr oder weniger lange Zeit München zu ihrem Aufenthaltsort gewählt haben. Diese Daten, zusammen mit den derzeit rund 300 literarischen (Teil-) Nachlässen und Konvoluten, den darin enthaltenen 500 000 Autografen und 30 000 Fotos des Literaturarchivs, bilden ein wichtiges Ausgangsmaterial, um über ein attraktives online-Portal in neuer Form Wissenswertes über die Literatur in München zu vermitteln. Das Medienarchiv der Monacensia bietet zusätzlich Ton- und Filmdokumente zum literarischen München sowie eine Artikelsammlung, mit der die Monacensia seit Jahrzehnten Tag für Tag Zeitungsartikel zu Schriftstellern und zum literarischen Leben der Stadt sammelt. Aufgrund dieser Ausgangslage ist es möglich, die Datenbank mit sorgfältig geprüften Daten und Fakten zu versorgen.

Beispiel Oktoberfest

Wie eine literarische Recherche mit LiM in Zukunft aussehen könnte, sei am Schauplatz »Münchner Oktoberfest« kurz skizziert: Auf einem virtuellen Spaziergang könnte sich der LiM-Nutzer per Mausklick auf die Theresienwiese begeben und würde zur Ansicht sowohl zeitgenössische wie auch historische Fotos der Theresienwiese sehen. Daneben könnte sich ein Fenster mit der Geschichte des Oktoberfestes öffnen lassen. Dazu erhält der Nutzer ein Verzeichnis aller Autoren, die sich zum Oktoberfest geäußert haben: etwa Herbert Achternbusch, Fritz von Herzmanovsky-Orlando, Ödön von Horváth, Erich Mühsam, Gerhard Polt, Ludwig Thoma, Karl Valentin, Thomas Wolfe und viele mehr. Wählt man »Ödön von Horváth«, wären seine Texte *Wiesenbraut und Achterbahn* (1931) und *Kasimir und Karoline* (1932) nachgewiesen – zusammen mit ausgewählten Zitaten. Auf einer weiteren Ebene findet man die biographischen Daten zum Autor und eine Liste weiterer Schauplätze auf dem Münchner Stadtplan, die im Leben und Werk Ödön von Horváths eine wichtige Rolle gespielt haben. Noch ist dies Zukunftsmusik, die wichtigsten ersten Schritte für »Literatur in München« sind aber bereits getan.

Christine Hannig
Retrokonversion der Bibliotheksbestände

Die Katalogisierung des Altbestandes der Monacensia-Bibliothek

Seit 1994 werden die Neuzugänge der Monacensia-Bibliothek elektronisch erfasst und sind über den OPAC (Online Public Access Catalogue) der Münchner Stadtbibliothek recherchierbar. Der umfangreiche und historisch interessante Altbestand war bis vor wenigen Jahren nur über Zettelkataloge erschlossen.

Im Sommer 2005 wurde die EDV-Erfassung dieses Altbestandes erstmals zum Thema einer Fachsitzung der verantwortlichen Kräfte der Münchner Stadtbibliothek und zum gemeinsamen Projekt der Monacensia und der Zentralen Dienste der Münchner Stadtbibliothek erklärt. Es wurde beschlossen, die rund 75 000 Titel in den folgenden Jahren elektronisch zu erfassen. Das im Sommer 2006 fertiggestellte Konzept sah vor, dass der Altbestand der Monacensia-Bibliothek mit Hilfe angelernter Schreibkräfte durch Kurzaufnahmen auf Excel-Listen erfasst wird, die nach Ergänzungen und Korrekturen durch das Fachpersonal in den Onlinekatalog importiert werden. Die Aufnahmen beinhalten folgende Kategorien: 1. Verfasser, 2. Verfasser oder z. B. Illustrator, Titel evtl. Untertitel, Verlagsort, Verlag, Erscheinungsjahr, Umfang, Systematik bei Sachliteratur, evtl. Reihe, Gesamtaufnahme und Bandangabe.

Inzwischen sind über 63 000 Medieneinheiten erfasst, und bis Ende 2010 soll das Projekt nahezu abgeschlossen sein.

Bestände aus der Sondersammlung der Monacensia-Bibliothek

Die Monacensia-Bibliothek hütet in ihrer Sondersammlung viele einzigartige, bisher kaum erschlossene Schätze. In den meterlangen Regalen der Sondersammlungen des Magazins lagern dicht beieinander Archivschachteln mit Beschriftungen wie »Archiv der Künstlergenossenschaft«, »Schutzverband Deutscher Schriftsteller«, »Münchner Volkssänger«, »Volkssänger-Bühne«, »Karl Valentin/Liesl Karlstadt«, »Valentin-Musäum«, »Speisekarten«, »Staatstheater«, »Münchner Volkstheater«, »Privattheater«, »Münchner Puppentheater«, »Secession«, »Künstlerhaus«, »Künstler-Unterstützungsverein«, »Künstlerinnen-Verein« und vieles mehr. Es handelt sich um thematisch angelegte Sammlungen, wie etwa die Speisekartensammlung von Münchner Gasthäusern um 1900 – mit unschätzbaren Originaldokumenten zum gesellschaftlichen und kulturellen Leben Münchens. Ein gezielter Zugriff ist allerdings nicht möglich, der genaue Inhalt der Archivkartons ist teilweise nicht erschlossen. Nun werden die Materialien gesichtet, sortiert und für die anschließende Katalogisierung vorbereitet. Diese äußerst zeitintensive Tätigkeit wird mit Hilfe von externen oder ehrenamtlichen Mitarbeitern bewältigt.

Das Archiv der Künstlergenossenschaft wurde bereits gesichtet. Es handelt sich hier um eine umfangreiche Materialsammlung, die alphabetisch nach Künstlernamen in insgesamt 30 Archivkartons aufbewahrt wird. Berühmte Namen wie Wilhelm Busch, Peter von Cornelius, Leo von Klenze, Karl von Piloty und Ludwig von Schwanthaler begegnen uns hier, aber auch zu weniger bekannten Künstlern wurden vor allem Zeitungsausschnitte, Fotos, Visitenkarten und Briefe aus den Jahren 1870 bis 1935 zusammengetragen.

Zu den Schätzen der Monacensia-Bibliothek zählt die einmalige Flugblatt-Sammlung, die von einer ehrenamtlichen Fachkraft geordnet wurde. Die Flugblätter und Flugschriften wurden chronologisch in Zeitabschnitte eingeteilt 1500 bis 1770, 1700 bis 1799, 1800 bis 1847, 1850 bis 1899, 1900 bis 1918, 1918 Räterepublik, 1919, 1920 bis 1924, 1925 bis 1949, 1950 bis 1981 und in einem weiteren Schritt alphabetisch sortiert.

Eine Fundgrube ist auch die Fotosammlung der Brüder Friedrich und Max Stuffler. Es handelt sich dabei um Originalfotos aus den Jahren 1890 bis 1920, die Ansichten von Münchner Häusern und Straßen sowie Feste, Fasching, Oktoberfest und vieles mehr dokumentieren.

Einladung zum Faschingsball des Künstlerinnen-Vereins im Bayerischen Hof am 15. Febr. 1896

Fundstücke aus dem Archiv

Klaus E. Bohnenkamp
Rainer Maria Rilkes Briefe an seinen Münchner Buchhändler Heinrich Jaffe 1913–1921

Heinrich Jaffe, geboren am 12. Oktober 1862 in Nürnberg, war nach seiner Ausbildung zum Buchhandlungsgehilfen im Jahre 1903 aus der traditionsreichen Münchner »Hof-, Buch- und Kunsthandlung A. Ackermann« in der Maximilianstraße 2[1] ausgeschieden und hatte am 24. Mai im Eichthal-Palais in der Briennerstraße 54 (heute Hausnummer 12) gegenüber dem Café Luitpold eine eigene Buchhandlung eröffnet, die schon bald »zu einem Treffpunkt der literarisch interessierten Leute« in München wird.[2] Zu ihren treuesten Kunden zählt – neben Thomas Mann – Rainer Maria Rilke, der nicht nur während seiner Aufenthalte in der bayerischen Hauptstadt das »Geschäft« besucht, sondern auch aus Paris, Berlin oder der Schweiz Aufträge und Bestellungen an den erfahrenen »Herrn Jaffe« richtet, dessen kundige Ratschläge er dankbar aufgreift. Jaffe hatte sich und seine Buchhandlung, wie Thomas Mann anmerkt, bereits früh mit »Münchens bedeutendstem literarischen Verein [liiert]«, dem »Neuen

---

[1] Friedrich Adolf Ackermann (1837–1903), ab 1879 königlich bayerischer Hoflieferant, hatte die 1874 erworbene Sortimenterbuchhandlung 1893 an Karl Schüler übergeben und sich fortan ausschließlich dem Verlagsgeschäft, vor allem dem nach ihm benannten Kunstverlag gewidmet.

[2] So Thomas Mann in seinem »Brief an Herrn Jaffe« in: *Katalog der Buchhandlung Jaffe. 1903–1913.* München o.J. (nicht bei Ulrike Erber-Bader, *Verlagsalmanache des 20. Jahrhunderts. Eine Bibliographie. Mit einer Auswahl von Sortimenter-Almanachen.* Marbach a. N. 2001); jetzt unter dem Titel *Glückwunsch an einen Buchhändler* in: Thomas Mann, *Gesammelte Werke in zwölf Bänden.* Bd. X. Frankfurt a.M. 1960, S. 843–845, beziehungsweise *Ein Brief. An den Buchhändler Heinrich Jaffe* in: Thomas Mann, *Essays I. 1893–1914.* Hrsg. und textkritisch durchgesehen von Heinrich Detering. Frankfurt a.M. 2002, S. 350–353. Einen weiteren Brief Thomas Manns vom 13. März 1921 verwahrt die Handschriftensammlung der Monacensia (Stadtbibliothek München).

Verein«,³ der im Februar 1904 an die Stelle des Ende 1903 vom Senat der Universität verbotenen »Akademisch-Dramatischen Vereins« getreten war. In seinem Verlag erscheint 1906 Annette Kolbs zweites Buch *L'âme aux deux patries. Sieben Studien*, und im »English and American book-store« veröffentlicht er englischsprachige Bücher wie die *Brief history of Bavaria* von Gertrude Norman (1910). Auch für den Münchner George-Kreis ist Jaffe der maßgebende Buchhändler, dem man die Verbreitung der eigenen Publikationen anvertraut.⁴ Nach dem Weltkrieg macht er seine im September 1919 eröffnete »Lesestube« zum Mittelpunkt des 1917 gegründeten Münchner Goethe-Vereins, veranstaltet in den Räumen Gemälde- und Graphik-Ausstellungen, gründet 1921, nachdem er die »Lesestube« hatte schließen müssen, mit Otto Mittler ein Antiquariat und erweist sich bei alledem als »absolut zuverlässiger Kaufmann« und als jemand, der, wie Thomas Mann betont, »mit dem Herzen« Buchhändler ist. Auch Johannes von Guenther erinnert sich: »Man sprach von Literatur, in München traf man sich in der Buchhandlung von Heinrich Jaffe in der Briennerstraße, wo Besucher und Kunden auf das beste unterrichtet und unterhalten wurden.«⁵ Nach Jaffes Tod am 2. Oktober 1922 wird das Geschäft zunächst unter seinem Namen weitergeführt; ab 1935 firmiert es als »Buchhandlung an der Brienner Straße«.⁶

Ähnlich eng wie zu Jaffe sind Rilkes Beziehungen nur zum Buchhändler und Antiquar Horst Stobbe (1884-1974), dem Inhaber der »Bücherstube am Siegestor« in der Münchner Ludwigstraße 17a. Die vierzehn an ihn gerichteten Briefe aus den Jahren 1911 bis 1919⁷ betreffen meist Bestel-

---

3 Vgl. Jaffes Briefe an den »Neuen Verein« in München aus den Jahren 1906 bis 1909 in der Handschriftensammlung der Monacensia.
4 Vgl. *Friedrich Gundolf – Friedrich Wolters, Ein Briefwechsel aus dem Kreis um Stefan George*. Hrsg. und eingeleitet von Christoph Fricker. Köln, Weimar, Wien 2009, S. 66, 68; dabei benutzen Gundolf und Wolters anscheinend die falsche, auch von Rilke im ersten Brief gebrauchte Namensform »Jaffé«, vgl. Anm. 27.
5 *Ein Leben im Ostwind. Zwischen Petersburg und München. Erinnerungen.* München 1969, S. 189.
6 Freundliche Hinweise von Herrn Archivamtsrat Anton Löffelmeier, Stadtarchiv München.
7 Vgl. Katalog der Rilke-Sammlung Richard von Mises. Bearb. und hrsg. von Paul Obermüller und Herbert Steiner unter Mitarbeit von Ernst Zinn. Frankfurt a. M. 1966, S. 128: Nr. 510; die Briefe verwahrt die Houghton Library der Harvard University, Cambridge MA, USA. Der Herausgeber plant, auch sie demnächst im Druck vorzulegen.

lung und Lieferung von Büchern, bieten am 16. August 1919 aber auch die schöne Schilderung der Stadt Bern.[8] In anderen Korrespondenzen ist von Besuchen bei Stobbe mit Katharina Kippenberg die Rede,[9] von größeren Bücherrechnungen,[10] von Auktionsaufträgen zu eigenen, nicht mehr greifbaren Werken,[11] von Kostenvoranschlägen für einen Leder-Einband[12] oder vom Plan eines Trakl-Abends.[13] Stobbes erstem *Almanach der Bücherstube* auf das Jahr 1918 überlässt Rilke eine Probe seiner *Michelangelo-Übertragungen aus den Gedichten an Vittoria Colonna*: »In vielen Jahren sucht, in viel Mißlingen ...«.[14] Gelegentlich steht er auch mit anderen Münchner Buchhandlungen in Kontakt, so mit Theodor Ackermann am Promenadeplatz 10,[15] Fritz Lehmkuhl in der Leopoldstraße 23,[16] der »Bücherstube« von Hans Goltz in der Briennerstraße 8[17]

---

[8] Auszugsweise zitiert in: Rainer Maria Rilke, *Briefe zur Politik*. Hrsg. von Joachim W. Storck. Frankfurt a.M. und Leipzig 1992, S. 594.
[9] *Rainer Maria Rilke – Katharina Kippenberg, Briefwechsel*. Hrsg. von Bettina von Bomhard. Wiesbaden 1954, S. 132: 15. September 1915.
[10] Rainer Maria Rilke: *Briefwechsel mit Regina Ullmann und Ellen Delp*. Hrsg. von Walter Simon. Frankfurt a.M. 1987, S. 138.
[11] An Clara Rilke, 4. November 1917; in: Rainer Maria Rilke: *Briefe in zwei Bänden*. Hrsg. von Horst Nalewski. Frankfurt a.M. und Leipzig 1991, Bd. I, S. 650.
[12] Rainer Maria Rilke, *Briefwechsel mit Magda von Hattingberg »Benvenuta«*. Hrsg. von Ingeborg Schnack und Renate Scharffenberg. Frankfurt a.M. und Leipzig 2000, S. 193.
[13] Siehe S. 121.
[14] Rainer Maria Rilke: *Sämtliche Werke. Siebenter Band: Übertragungen*. Besorgt durch Walter Simon, Karin Wais und Ernst Zinn †. Frankfurt a.M. und Leipzig 1997, S. 799.
[15] Vgl. sein Schreiben vom 3. Juli 1912 aus Venedig mit der Versicherung, »den kleinen Betrag« der »Rechnungen, die zwar an meine pariser Adresse gingen, aber unter der Aufschrift Frau R. M. Rilke«, und die ihn »hier über weite Umsendungen erreicht« hätten, »heute« anweisen zu lassen, zitiert nach: Eberhard Köstler: *555 Autographen aus allen Gebieten. Katalog 10*. Tutzing, Sommer 2003, S. 133, Nr. 406.
[16] Vgl. Hans Janssen, Rilkes Bibliothek; in: *Philobiblon 33*. Heft 4. Dezember 1989, S. 293-319; hier S. 292.
[17] Vgl. Katharina Kippenberg an Rilke vom 25. Oktober und Rilkes Antwort vom 2. November 1916 (wie Anm. 9, S. 178-180); an Thankmar von Münchhausen, 24. August und 13. November 1916; in: Rainer Maria Rilke: *Briefwechsel mit Thankmar von Münchhausen. 1913 bis 1925*. Hrsg. von Joachim W. Storck. Frankfurt a.M. und Leipzig 2004, S. 50, 53; Ingeborg Schnack: *Rainer Maria Rilke. Chronik seines Lebens und seines Werkes 1875-1926*. Erweiterte Neuausgabe Hrsg. von Renate Scharffenberg. Frankfurt a.M. und Leipzig 2009, S. 511, 539.

oder Georg Steinickes »Kunstsalon« in Schwabing, Adalbertstraße 15.[18]

Die hier vorgelegten Briefe an Jaffe bieten einen ausschnitthaften, aber aufschlussreichen Einblick in Rilkes Bücherwelt zwischen den Jahren 1913 und 1921. Seine Aufträge und Bestellungen liefern gleichsam den dokumentarischen Hintergrund zu jenen Leseprotokollen, Berichten und Hinweisen, die er Freunden und Bekannten zukommen lässt. Sie beleuchten seine thematisch weitgespannten Lektüreinteressen, die sich von Hölderlin bis Stifter, von Tolstoi und Dostojewski bis zu Tagore und Marcel Proust erstrecken und Werke Friedrich Gundolfs oder Hermann von Keyserlings ebenso mit einschließen wie kunsthistorische Abhandlungen oder jüngste literarische Zeitschriften-Projekte. Nicht allein als empfehlender und schenkender Kenner des Bewährten tritt er hervor, sondern auch als wohlunterrichteter Leser, der sein offenes Auge aufmerksam und kritisch auf das Allerneueste richtet, »um über die jüngere Welt orientiert zu bleiben«.[19]

Der erste dieser dreizehn Briefe – weitere sicher zu erschließende müssen als verloren gelten – befindet sich im Deutschen Literaturarchiv in Marbach am Neckar. Die übrigen Schreiben hat Jaffes am 18. Juni 1894 geborener Sohn Ernst, der sich laut seinen Meldeunterlagen am 14. September 1925 von München »nach Mexiko« abmeldet, 1962 der Münchner Stadtbibliothek (Monacensia) in Form von Fotografien überlassen, nach denen im Folgenden zitiert wird.[20] Der Verbleib der Originale war bislang nicht

---

[18] Vgl. an Katharina Kippenberg, 24. Februar 1919 (wie Anm. 9, S. 333); Rainer Maria Rilke – Norbert von Hellingrath: *Briefe und Dokumente*. Hrsg. von Klaus E. Bohnenkamp. Göttingen 2008, S. 130; *Rainer Maria Rilke – Eva Cassirer, Briefwechsel*. Hrsg. und kommentiert von Sigrid Bauschinger. Göttingen 2009, S. 183; Rilke-Chronik (wie Anm. 17), S. 549.

[19] Siehe Brief Nr. 5, S. 93.

[20] Für die Genehmigung zum Abdruck der Briefe sei dem Deutschen Literaturarchiv in Marbach am Neckar, der Monacensia in München sowie Frau Hella Sieber-Rilke, Rilke-Archiv Gernsbach, herzlich gedankt. Die Briefe sind buchstabengetreu und ungekürzt wiedergegeben. Orthographie und Zeichensetzung der Vorlagen genau befolgt, sprachlich Besonderheiten – auch bei Eigennamen – nicht angetastet. Briefköpfe und Grußformeln mit Unterschrift werden, was Form und Stellung angeht, vereinheitlicht wiedergegeben. Obwohl sich an den Kopien nicht eindeutig entscheiden lässt, von wessen Hand gelegentliche Unterstreichungen stammen, werden sie ausnahmslos beibehalten, auch wenn die Mehrzahl auf Jaffe zurückgehen dürfte, der mit solcher Markierung Rilkes Aufträge und Adressangaben hervorzuheben sucht.

zu ermitteln. Dass Mitteilungen aus den Jahren des Ersten Weltkriegs, die Rilke vorwiegend in München verbringt, fehlen, geht gewiss auf den vermehrten persönlichen Verkehr mit Jaffe zurück. Er sucht die nahegelegene Buchhandlung gern und häufig auf und eröffnet beispielsweise am 13. November 1916 ein »Conto« für Thankmar von Münchhausen, dessen Bücherwünsche er künftig schriftlich und mündlich besorgen wird, bisweilen über die »Jaffésche Langsamkeit« klagend.[21] Am 17. November 1916 entdeckt er im Schaufenster die neue Ausgabe von Rudolf Kassners *Melancholia*[22] und Mitte Februar 1918 stößt er, wie ein Schlafwandler«, im Laden auf Lou Andreas-Salomés Buch *Drei Briefe an einen Knaben*.[23] Dass seine »geschäftlichen Beziehungen« zu Jaffe über den letzten hier mitgeteilten Brief des 18. April 1921 hinaus fortbestehen, belegt sein Dank an den »Sehr geehrte[n] Herr[n] Jaffe – jun.« vom 16. März 1922 für eine nicht näher bestimmte Lieferung.[24]

Die Briefe

Während seines letzten Aufenthaltes in München vom 11. bis zum 28. Oktober 1912 hatte Rilke Jaffes Buchhandlung aufgesucht[25] und dort fraglos von seiner bevorstehenden Spanienreise gesprochen, die ihn ab dem 1. November über Toledo, Cordoba und Sevilla nach Ronda führt, wo er den Winter verbringt. Über Madrid war er am

---

[21] Vgl. Rilke – Münchhausen (wie Anm. 17), S. 52, 62, 66, 68. Laut dieser Edition benutzen beide Schreibpartner durchgängig die mit Schlussakzent versehene Namensform »Jaffé«, welche auch der Herausgeber (ebenda, S. 144) anscheinend für die richtige hält; vgl. Anm. 27.
[22] Rudolf Kassner: *Melancholia. Eine Trilogie des Geistes.* 2. Auflage. Leipzig 1915; vgl. Rilke – Katharina Kippenberg (wie Anm. 9), S. 181. Katharina Kippenberg wiederum wird Rilke am 15. September desselben Jahres raten, sich »bei Jaffe« »den giganten Phantasus« von Arno Holz (Leipzig: Insel 1916) vor einem möglichen Kauf anzusehen (ebenda, S. 175f.).
[23] Lou Andreas-Salomé: *Drei Briefe an einen Knaben.* Leipzig: Kurt Wolff 1917; vgl. *Rainer Maria Rilke – Lou Andreas-Salomé, Briefwechsel.* Hrsg. von Ernst Pfeiffer. Frankfurt a. M. 1975, S. 380: 20. Februar 1918.
[24] J. A. Stargardt: *Auktion 23./24. November 2004. Katalog 680*, S. 116, Nr. 266; *Kotte-Autographs 15*, S. 105, Nr. 295. Nähere Auskunft konnte das Auktionshaus Thomas Kotte, Stuttgart, jetzt Roßhaupten, nach Verkauf des Dokuments nicht geben.
[25] So rückblickend an Anton Kippenberg am 14. Januar 1913 aus Ronda: Rainer Maria Rilke: *Briefwechsel mit Anton Kippenberg 1906 bis 1926.* Hrsg. von Ingeborg Schnack und Renate Scharffenberg. Frankfurt a. M. und Leipzig 1995, Bd. I, S. 377.

25. Februar 1913 nach Paris zurückgekehrt. Dort logiert er zunächst im Hôtel Lutetia auf dem linken Seine-Ufer am Boulevard Raspail, da die zum 1. Januar 1913 angemietete Atelier-Wohnung in der rue Campagne-Première 17 noch nicht tapeziert und eingerichtet ist. Und so bringt er, bevor er am 12. März »endlich ganz« einziehen kann, »zwischen Handwerkern, Kisten, am neu zusammengeschraubten staubigen Tisch«[26] diese Zeilen zu Papier:

1.
*17 rue Campagne Première.
Paris, am 8. März 1913*
Sehr geehrter Herr Jaffé,[27]
von Spanien zurück, wo den ganzen Winter über keine Bücher zu sehen waren, hab ich sehr das Bedürfnis, wieder einigen Anschluss an das inzwischen Erschienene zu nehmen: ich höre, dass schon ein oder zwei Bände der von Norbert von Hellingrath veranstalteten Hoelderlin=Ausgabe (bei Georg Müller) da sind: wollen Sie die Güte haben mir die bisherigen gleich zu schicken und mich für die weiteren Bände vormerken: das alles für die gebundene Ausgabe (zu 8,– Mark der Band) verstanden.
Besten Dank und freundliche Grüße.
Ihr
Rainer Maria Rilke
(17, rue Campagne Première, Paris XIVᵉ)

Wer der – nicht ganz zuverlässige – Gewährsmann war, bleibt offen. Wie die Preisangabe nahelegt, bezieht sich Rilke auf Jaffes *Literarischen Katalog für das Jahr 1913*,[28] der auf Seite 66 anführt: »Hölderlin, Friedrich, Gesammelte Werke in 6 Bänden. Herausg. von N. v. Hellingrath. Mit zahlreichen Porträten und Faksimiles der Band geb. M. 8. – Luxusausgabe M. 20 –«. Eine Bemerkung zur Zahl der erschienenen Bände fehlt. Zu diesem Zeitpunkt ist allein der fünfte

[26] Vgl. Rilke – Anton Kippenberg (wie Anm. 25), Bd. I, S. 382: 6. März 1913.
[27] DLA .- Zuerst gedruckt in: Rilke – Hellingrath (wie Anm. 18), S. 83. – Nur in dieser ersten überlieferten Mitteilung gebrauchte Rilke die akzentuierte Form »Jaffé«, wohl in Analogie zum befreundeten Münchner Nationalökonomen Edgar Jaffé (1866–1921) und dessen Ehefrau Else, geb. von Richthofen. Zum Tod von deren achtjährigem Sohn Peter entsteht 1915 Rilkes *Requiem auf den Tod eines Knaben*.
[28] Stadtbibliothek München, Monacensia; nicht verzeichnet bei Ulrike Erber-Bader (wie Anm. 2).

Band mit den Übertragungen greifbar; er war unter der Jahreszahl
»1913« Ende 1912 ausgeliefert worden als: Friedrich Hölderlin, *Sämtliche Werke. Historisch-Kritische Ausgabe unter Mitarbeit von Friedrich Seebaß besorgt durch Norbert von Hellingrath. Fünfter Band: Übersetzungen und Briefe. 1800–1806.* Besorgt durch Norbert von Hellingrath.[29] Neben diesem sind auch die späteren Bände I bis IV in Rilkes Bibliothek erhalten geblieben.[30]

2.
17 RUE CAMPAGNE-PREMIÈRE[31]
Paris, am 3. April 1913

Lieber Herr Jaffe,
mit bestem Dank für Ihre Sendung neulich, bitte ich Sie heute, an untenstehende Adresse (in meinem Auftrag und für meine Rechnung) die zwei Bände der Insel-Ausgabe (Leder) von Adalbert Stifter, Studien *freundlichst senden zu wollen.*
Dank im Voraus und herzliche Grüße
Ihr
RMRilke˙

Adresse: Frau Hedwig Jaenichen-Woermann,
Sceaux [b]*/Paris*
7 rue des Chèneaux
(Seine)

Die erste Ausgabe von Adalbert Stifters *Studien* im Insel-Verlag war 1905 erschienen; hier ist an die Neuausgabe des Jahres 1911 zu denken,[32] die Rilke selbst besitzt.[33] »Ein paar Bände Stifter« hatte er Anfang des Jahres aus Spanien von Anton Kippenberg erbeten. Als er dann am 13. Januar die »wundervollen Bücherpakete« erhält, widmet er sich vornehmlich den Novellen und Erzählungen.[34] Dabei wird ihm, wie er aus der Rück-

---

[29] Vgl. dazu genauer: Rilke – Hellingrath (wie Anm. 18), S. 80-84.
[30] So die – bibliographisch leider völlig unzureichende – Zusammenstellung von Hans Janssen (wie Anm. 16), S. 305.
[31] Gedruckte Straßenangabe.
[32] Vgl. Heinz Sarkowski: *Der Insel-Verlag. Eine Bibliographie 1899-1969.* Frankfurt a. M. 1970, S. 344: Nr. 1680.
[33] Hans Janssen (wie Anm. 16), S. 316.
[34] Vgl. Rilke – Anton Kippenberg (wie Anm. 25), Bd. I, S. 375, 376, 379.

schau des 11. Januar 1914 dem Literaturwissenschaftler August Sauer bekennt, »*Stifter* zu einem ganz eigenen Gegenstand der Liebe und der Erbauung«; »von dem unvergleichlichen ›Gegenbild‹ in den ›Hagesstolzen‹ hineingerissen«, war es damals »wirklich Stifter« gewesen, »der mich Abend für Abend den Einflüssen einer mich großartig überholenden Natur entzog, um mir in seiner verhältnismäßigen Welt reine Unterkunft und geschätzte Erfreuung zu bieten«. Gerade die *Studien* »beschäftigten mich lange«.[35] Auch andere Werke, wie die dreibändige Erstausgabe des *Nachsommers* von 1857, finden sich unter seinen Büchern.[36]

Empfängerin der bestellten Bände ist die Malerin und Bildhauerin Hedwig Jaenichen-Woermann (1879-1960), Tochter des Reeders Adolph Woermann (1847-1911). Nach Studienjahren in Paris und Rom lebt und arbeitet sie mit ihrem Mann, dem Bildhauer Johann Friedrich Jaenichen (1873-1945), von 1908 bis 1914 in Sceaux bei Paris. Hier hatte sie Rilke kennengelernt und im Winter 1911/12 vorübergehend dessen Schützling, die junge Marthe Hennebert, in ihr Haus aufgenommen und zu fördern gesucht.[37] Vermutlich geht dem Auftrag ein Treffen mit Frau Jaenichen-Woermann in Paris oder Sceaux voraus, wo Rilke sie am 27. Februar verfehlt hatte.[38]

Am 6. Juni war Rilke nach »einem kleinen Zusammenbruch«[39] von Paris nach Bad Rippoldsau im nördlichen Schwarzwald aufgebrochen, wo er schon im Spätsommer 1909 Ruhe und Erholung gefunden hatte.

---

[35] Rilke, Briefe in zwei Bänden (wie Anm. 11), Bd. I, S. 493f.
[36] Hans Janssen (wie Anm. 16), S. 316. Vgl. insgesamt Joachim W. Storck, Rainer Maria Rilke und Adalbert Stifter; in: Adalbert Stifter: *Studien zu seiner Rezeption und Wirkung I: 1868-1930.* Kolloquium I. Hrsg. von Johann Lachinger. Linz 1995, S. 113-130.
[37] Vgl. Rainer Maria Rilke und Marie von Thurn und Taxis: *Briefwechsel.* Hrsg. von Ernst Zinn. Zürich, Wiesbaden 1951, S. 66, 99f., 276.
[38] An Marie Taxis, 21. März1913: ebenda, S. 276. – Das Deutsche Literaturarchiv in Marbach a. N. verwahrt siebzehn Briefe Rilkes an Frau Jaenichen-Woermann aus den Jahren 1907 bis 1923; allerdings fehlen Nachrichten aus dem Jahr 1913, die an dieser Stelle herangezogen worden könnten (freundliche Auskunft von Frau Hildegard Dieke, Deutsches Literaturarchiv). »Vier unbekannte Rilke-Briefe« aus den Jahren 1918 und 1923, die sich vornehmlich mit Person und Werk Alfred Schulers befassen, hat Hans Eggert Schröder als »Beitrag zur Schuler-Forschung« veröffentlicht; in: *Jahrbuch der deutschen Schillergesellschaft* 23/1979, S. 84-93.
[39] Rilke – Anton Kippenberg (wie Anm. 25), Bd. I, S. 406: 3. Juni 1913.

Diesmal freundet er sich mit der jungen Schauspielerin Hedwig Bernhard[40] an, die, wie er, im Kurhotel *Villa Sommerberg*[41] wohnt und eine Reihe lebensnaher Photographien aufnimmt, die Rilke »zum Theil vortrefflich« nennt und deren Abzüge er wiederholt für Freunde und Verwandte erbittet, denn »alle finden diese Bilder die unvergleichlich besten«.[42] Während gemeinsamer langer Spaziergänge hatte er ihr von Tolstois Briefwechsel mit der Gräfin Alexandrine[43] gesprochen und gerühmt: »die reinen Kräfte seines ununterdrückbar schöpferischen Fühlens wehen in diesen Blättern, als könnte man sie athmen«.[44]

Wie stark ihn die Lektüre dieses »schönen Briefwechsels« – sein Handexemplar verwahrt das Rilke-Archiv in Gernsbach[45] – noch während der anschließenden Wochen im Seebad Heiligendamm vom 28. Juli bis 16. August bewegt, machen seine gleichzeitigen Empfehlungen des Buchs an Katharina Kippenberg und Fürstin Marie von Thurn und Taxis deutlich.[46] Auch auf dem *Grönwoldhof* bei Hamburg, wo er, von Heiligendamm kommend, Clara und Ruth Rilke,

---

[40] Geboren am 23. Juli 1888 in Berlin, umgekommen in Auschwitz am 27. Februar (?) 1943; vgl. Wolf Schmid, *Rilke in Rippoldsau. 1909 und 1913*. Freiburg i. Br. 1984; bes. S. 76–99 und S. 109f.
[41] In Rilke-Chronik (wie Anm. 17), S. 430, irrtümlich: »Villa Sonnenblick«.
[42] Vgl. Rilkes Briefe vom 26. Juli, 8. August und 5. Oktober 1913, zitiert bei Wolf Schmid (wie Anm. 40), S. 85, 90f., 93. Dort auch die Serie der Aufnahmen, ebenso bei Joachim W. Storck, »*... die Wälder sind herrlich...*«. *Rainer Maria Rilke in Bad Rippoldsau*. Marbach am Neckar 2000: Spuren 52. Siehe auch Rilkes Brief an Eva Cassirer vom 17. September 1913; in: Rilke – Cassirer (wie Anm. 18), S. 65f.
[43] *Leo Tolstoi's Briefwechsel mit der Gräfin A. A. Tolstoi. 1857-1903*. München bei Georg Müller 1913. Tolstoi-Bibliothek, Hrsg. von Ludwig Berndl. Erster Band. Am Schluss auf S. [475] der Vermerk: »Die russischen Briefe wurden übertragen von Ludwig und Dora Berndl, die französischen von Luise Wolf.« Gräfin Alexandra Andrejewna Tolstoi (1817-1904) versteht sich als Tolstois »Tante«, da dessen Vater Nikolaj Iljitsch, ein »leiblicher Neffe« ihres Vaters, ihr Vetter gewesen sei (vgl. ihre *Erinnerungen*, ebenda, S. 4f.). Rilke hingegen leitet aus dieser Verwandtschaftsbeziehung die Bezeichnung »Cousine« ab, so an Katharina Kippenberg (wie Anm. 9, S. 61) und Fürstin Taxis (wie Anm. 37, S. 309).
[44] Mit diesen Worten kommt er am 8. August auf das Rippoldsauer Gespräch zurück, wenn er Hedwig Bernhard aus Heiligendamm mitteilt, er lese »zwischendurch« »höchstens noch Tolstoi, den Briefwechsel mit seiner Cousine, der Gfn. Alexandrine, von dem ich Dir gesprochen habe. Du mußt auch eines Tages diese Briefe lesen« (Rilke-Chronik [wie Anm. 17], S. 433).
[45] Hans Janssen (wie Anm. 16), S. 316.
[46] Rilke – Katharina Kippenberg (wie Anm. 9), S. 61: 8. August; Rilke – Taxis (wie Anm. 37), S. 309: 14. August 1913.

die »gerade« dort sind,[47] am 17. und 18. August besucht, gehören diese Briefe zum Gespräch, das er mit seinen Gastgeberinnen Gertrud Woermann, geb. Krüger (1862–1945), zweiter Gattin des oben genannten Reeders Adolph Woermann, und deren 1895 geborener Tochter Irma führt. Gerade sie muss ihr Interesse bekundet haben, denn kaum in Berlin angekommen, gibt Rilke ein Exemplar für sie bei Jaffe in Auftrag:

3.
Berlin, Hospiz des Westens,
Marburgerstr. 4
am 20. August 1913.

Lieber Herr Jaffe,
zwar auf der Durchreise in Berlin und lauter Buchhandlungen gegenüber, nehme ich gleichwohl am Liebsten für eine kleine Besorgung wieder Ihre Freundlichkeit in Anspruch:
Haben Sie die Güte, <u>in meinem Auftrag und für meine Rechnung</u>, ein Exemplar (geheftet) von L. N. <u>Tolstoi</u>, Briefwechsel mit der Gräfin A. A. Tolstoi, kürzlich bei Georg Müller erschienen, zu senden an:
Fräulein Irma Woermann
p. A. Herrn von Heyden[48]
Breechen bei Jarmen
Vorpommern
Ich komme in Kurzem nach München und dann bei Ihnen vorbei, um diese neue Schuld zu begleichen.
Bestens grüßend
Ihr
RMRilke[49]

---

[47] Aus Heiligendamm hatte Rilke Lou Andreas-Salomé am »Freitag«, dem 15. August, mitgeteilt: »Ich fahre vielleicht übern Sonntag zu Woermanns in die Nähe von Hamburg, wo Ruth und Clara gerade sind, – und dann Montag nach Berlin« (Rilke-Lou Andreas-Salomé [wie Anm. 23], S. 296), eine Nachricht, die er am folgenden Tag im Brief an Anton Kippenberg bestätigt, er »gehe für den Sonntag nach dem nahen Grönwoldhof zu Woermanns, um diesen Tag mit meiner Frau und Ruth, die eben noch dort sind, zu verbringen. Montag fahre ich dann weiter nach Berlin« (Rilke – Anton Kippenberg [wie Anm. 25]. Bd. I, S. 432, 434). Nicht am genannten Montag, dem 18., sondern erst am 19. August wird er dann in Berlin eintreffen.
[48] Ernst Adam von Heyden (1876–1947).
[49] Von Jaffes (?) Hand am unteren Seitenrand die Notiz: »Brief vormerk«.

Die Beschäftigung mit diesem Briefwechsel lässt ihn auch in München nicht los, als er dort vom 7. September bis zum 4. Oktober im Hotel Marienbad logiert. Wie genau er damit umgeht, bezeugt sein Begleitschreiben vom 17. September an Eva Cassirer zu einem ihr zugedachten Exemplar: »Soweit Menschen sich einander über Ebbe und Fluth ihres Lebensgefühls unterrichten können, ist es in dieser Korrespondenz geschehen, die Grenzen der Hülfe sind abgesteckt und sehen recht eng aus im Vergleich zum Ganzen unseres Daseins, – und doch, innerhalb dieser Schranken, was für Größe des Liebenwollens. Dieser Briefwechsel gehört zu den aufrichtigsten und deshalb reinsten Zeugnissen des inneren Umgangs mit anderen und mit sich selbst, die Gestalt Tolstoi's ergibt sich aus diesen Blättern unmittelbarer, rührender als ich sie je einsah; was die persönliche Berührung mit ihm vermittelte,[50] sein Nichtanderskönnen, sein Im-Recht-Sein hinter allem Irrthum, dies alles, was mich damals so völlig ergriff, strömt von diesen Seiten, mit der natürlichen Wärme des mühvoll und freudig Lebendigen, unüberhitzt, auf einen über.«[51] Am 3. Januar 1914 fügt er hinzu, es sei »ja das schon wunderbar, daß zwei Menschen durch einen Zeitraum von fast fünfzig Jahren in wirklicher Auseinandersetzung sich zu erhalten vermögen, immer wieder in den Räumen ihres Entferntseins die Konstellation der Beziehung umbildend und erneuernd, so daß sie, über alle Umstürze und Bestürzungen hinaus, sich doch, wo nicht verständlich, durch unverwirrte Liebe erreichbar und durch hundert Seiten des Herzens rührend bleiben.«[52]

Den mitgeschickten Band hatte er, wie wir gern glauben wollen, bei Jaffe erworben, als er dort, wie am 20. August versprochen, seine »Schuld« beglichen und sich über weitere Neuerscheinungen hatte unterrichten lassen, darunter Tolstois Briefe an seine Frau Sophie Andrejewna, geb. Behrs, die, herausgegeben von Alexej Grusinskij, 1913 in Moskau erschienen waren. Darauf bezieht er sich, kurz nachdem er von Reisen nach Hellerau, ins Riesengebirge und Dresden am 18. Oktober 1913 in seine Pariser Wohnung zurückgekehrt war.

---

[50] Rilke hatte Tolstoi am 28. April 1899 in Moskau und 1. Juni 1900 in Jasnaja Poljana besucht.
[51] Rilke – Cassirer (wie Anm. 18), S. 64f.
[52] Ebenda, S. 85; in: Rainer Maria Rilke, *Briefe 1907–1914*. Hrsg. von Ruth Sieber-Rilke und Carl Sieber. Leipzig 1933, S. 324, irrtümlich auf den 2. Januar 1914 datiert.

4.
17 Rue Campagne Première.
Paris, am 21. Okt. 1913.

Lieber Herr Jaffe,
nun meld ich mich also in Paris, an der alten Stelle, 17, rue Campagne-Première.
Und habe da zunächst die Bitte um regelmäßige Zusendung der »Weissen Blätter« (Verlag der Weißen Bücher, Erich[53] Ernst Schwabach, Leipzig Kreuzstraße 3[b]); erscheinen seit September; vielleicht nimmt man vor der Hand ein halbjähriges Abonnement für Mk 10,-?
Was den Briefwechsel Tolstoi's mit seiner Frau angeht, den Sie mir schicken wollten, so erfahre ich, dass die russische Ausgabe eine stark eingreifende Censur durchzumachen hatte; es wird also rathsam sein, auf die deutsche Edition zu warten, die ja, bei der Fruchtbarkeit des Müller'schen Verlages, nicht lange auf sich wird warten lassen.
Dies wäre für heute alles Dringende.
Freundlich grüßend,
Ihr
RMRilke˙

Ungeachtet solcher Vorbehalte wird Jaffe, der wohl inzwischen erkundet hatte, daß eine deutsche Ausgabe in absehbarer Zeit nicht zu erwarten sei,[54] Rilke den Briefwechsel Tolstois mit seiner Frau in der Originalsprache zusenden.[55] Lou Andreas-Salomé erinnert sich in Tagebuchaufzeichnungen des Frühjahrs 1918 an »den dicken russischen

---

[53] Richtig: Erik Ernst Schwabach (1891–1938), als Inhaber des Verlags der Weißen Bücher in Leipzig redigiert er den 1. Jahrgang der Zeitschrift (1913/14), deren »Herstellung, Werbung und Vertrieb« der Verlag des befreundeten Kurt Wolff in Leipzig übernimmt (vgl. Kurt Wolff: *Briefwechsel eines Verlegers. 1911–1963.* Hrsg. von Bernhard Zeller und Ellen Otten. Frankfurt a. M. 1966, S. XXV). Ab dem 2. Jahrgang (1915) von René Schickele herausgegeben, erscheinen die *Weißen Blätter* von 1916 bis 1920 in der Schweiz und sind damit der deutschen Zensur entzogen.
[54] Sie wird erst zwölf Jahre später veröffentlicht, und zwar, entgegen Rilkes Erwartung, nicht im Rahmen der von Georg Müller betreuten *Tolstoi-Bibliothek*, sondern im Zsolnay-Verlag: Lew Nikolajewitsch Tolstoi: *Briefe an seine Frau.* Hrsg. von Dmitrij Umanskij, eingeleitet von Tatjana Suchotina-Tolstaja. Berlin, Wien, Leipzig 1925.
[55] Vgl. Rilkes folgenden Brief vom 3. Dezember 1913.

Rilkes Brief an Jaffe vom 21. Oktober 1913 (erste Seite)

Wälzer (den Rainer mir vor Jahren brachte) von Tolstoi's Briefen an seine Frau«.[56]
Auch das Abonnement der *Weißen Blätter* wird pünktlich ausgeführt. Ebenso wie das spätere der *Neuen Kunst* dient es Rilkes Ziel, sich aus erster Hand ein zuverlässiges Bild über neueste Strömungen und Entwicklungen in Literatur und Kunst zu verschaffen.[57] Was ihn an gerade dieser Monatsschrift reizt, die er »sehr aufmerksam« verfolgt,[58] belegt sein Urteil über die »recht remarquable Zeitschrift, in der die, oft so unbegreifliche Jugend sich ziemlich begreiflich und begrifflich benimmt«. Mit solchen Worten wird er Marie von Thurn und Taxis am 21. Januar 1914 das vierte Heft des ersten Jahrgangs überreichen und sie nachdrücklich auf das Gedicht *Der letzte Traum des Traurigen* der Fürstin Mechtild Lichnowsky hinweisen.[59] Um dessentwillen hatte ihm Kurt Wolff das Heft zukommen lassen, da er, wie er am 10. Januar anmerkt, »nach einem Gespräch« mit der Autorin Rilkes »Interesse« dafür »vermuten« dürfe.[60] Wenn Rilke seinen Dank am 10. Februar 1914 mit dem Zusatz verbindet, er habe das Heft »an jemanden weitergeben [können], zu dem es sonst nicht gekommen wäre«, ist zweifellos Fürstin Taxis gemeint.[61] Doch begnügt er sich nicht mit solchem Lob; vielmehr zeichnet er, ungewöhnlich genug und gegen seine Gepflogenheit, die Zeitschrift durch »ein kleines Manuskript« aus, »das ich«, wie er Kurt Wolff eröffnet, »gern durch Ihre Güte den Weißen Blättern zur Verfügung stellen würde [...] obgleich ich nur selten etwas aufbringe, was sich in Zeitschriften verwenden läßt.«[62] Am 19. Februar unterrichtet er auch Anton Kippenberg,[63] der sein

---

[56] Rilke – Lou Andreas-Salomé (wie Anm. 23), S. 597.
[57] Zu Rilkes regelmäßiger und genauer Lektüre deutschsprachiger und internationaler Zeitschriften, zu denen *Die Fackel, Das Litterarische Echo, Die Neue Rundschau* oder Kurt Wolffs Reihe *Der Jüngste Tag* gehören, vgl. Tina Simon: *Rilke als Leser. Untersuchungen zum Rezeptionsverhalten. Ein Beitrag zur Zeitbegegnung des Dichters während des ersten Weltkrieges.* Frankfurt a.M., Berlin, Bern et al. 2001, S. 126f.
[58] So an Kurt Wolff, 10. Februar 1914: Briefwechsel (wie Anm. 53), S. 139.
[59] Rilke-Taxis (wie Anm. 37), S. 348.
[60] Kurt Wolff an Rilke, 10. Januar 1914: Briefwechsel (wie Anm. 53), S. 139.
[61] Ebenda, S. 139f.
[62] Ebenda, S. 140.
[63] Rilke an Anton Kippenberg (wie Anm. 25), Bd. I, S. 487, mit dem Hinweis, er habe den Beitrag »durch Kurt Wolff, – der mir wiederholt in der aufmerksamsten Weise Bücher und eben jene Weißen Blätter schickt – den ›Weißen Blättern‹ anbieten« lassen.

»wirkliches Missbehagen« unverhohlen zur Sprache bringt, als der Aufsatz wenig später unter dem Titel *Puppen (zu den Wachspuppen von Lotte Pritzel)* erscheint.[64] Seine »besorgten Bedenken«, er sehe in den *Weißen Blättern* »so viel hilflosen Dilettantismus und sterile Ueberhebung neben herzlich wenig Gutem«, stoßen bei Rilke auf ein wenigstens verbales Verständnis – »es ist in einem noch weiteren Grade mein Bedenken als das Ihre« –, zugleich aber auf die selbstbewusste Feststellung: »Trotzdem, die Veröffentlichung in den Weißen Blättern macht mir Freude, auch jetzt noch, da sie vorliegt.«[65]

Als der Münchner Reinhardt-Verlag Ende 1913 Adalbert Freiherr von Schrenck-Notzings Buch *Materialisations-Phaenomene zur Erforschung der mediumistischen Telepastie* unter der Jahreszahl 1914 ausliefert, löst es sofort eine erbitterte öffentliche Diskussion aus.[66] Wohl nicht nur deshalb hält Jaffe es für geboten, das Werk auch Rilke anzubieten, von dem er weiß, dass er an Veranstaltungen des »IV. psychoanalytischen Congresses« vom 7. bis 25. September in München teilgenommen hatte, und dessen Hang zu spiritistischen Sitzungen er kennt. Rilke jedoch antwortet skeptisch:

5.

17 RUE CAMPAGNE-PREMIÈRE. XIV[e67]
Paris, am 3. Dez. 1913.

Lieber Herr Jaffe,
ich bin Ihnen sehr verbunden für den Hinweis auf die Schrenck-Nostzing'sche Publikation; aber ich interessiere mich doch zu sehr im Nebenfach für jene Erfahrungssphäre als dass ich mich zu einer Anschaffung des Buches entschlösse.
Dagegen wollte ich Ihnen längst sagen, dass ich den russischen

---

[64] *Die Weißen Blätter. Eine Monatsschrift.* 1. Jg., Nr. 7, März 1914, S. 635–642: *Sämtliche Werke.* Hrsg. vom Rilke-Archiv in Verbindung mit Ruth Sieber-Rilke besorgt durch Ernst Zinn. Sechster Band. Frankfurt a. M. 1966, S. 1063 bis 1074.
[65] Rilke – Anton Kippenberg (wie Anm. 25), Bd. I, S. 501-504: 28. März und 1. April 1914.
[66] Vgl. Schrenck-Notzings noch im gleichen Jahr in München veröffentlichte Schrift *Der Kampf um die Materialisations-Phänomene.*
[67] Gedruckte Straßenangabe.

Tolstoi (Briefe an seine Frau) doch gerne behalte, da er einmal hier ist. Und noch zweierlei:
Um über die jüngere Welt orientiert zu bleiben, möchte ich fest, außer den Weißen Blättern, die Sie mir schon schickten, auch noch die »Neue Kunst« abonnieren; man kommt sonst, draußen lebend, zu weit ins Nichtwissen–.
Außerdem erbitte ich ein geb. Exemplar von Dr Wilhelm Worringer, Abstraktion und Einfühlung, bei Piper, wenn ich nicht irre. Die »Neue Kunst« erscheint bei Bachmair – (das erste Heft besitze ich übrigens).[68]
Vielen Dank für Ihre aufmerksame Fürsorge und an Grüßen das Freundlichste.
Ihr
RMRilke·

Zwar lehnt er den Erwerb des Schrenck-Notzing-Bandes ab, richtet aber am 16. Dezember 1913 an Fürstin Taxis als jemand, der »etwas von diesen Dingen« weiß,[69] und als Initiatorin jener Séancen, die ihn im Herbst 1912 auf Schloß Duino so tief beeindruckt hatten,[70] die Frage: »Haben Sie Schrenck-Notzing's Buch gesehen, über das sich die Zeitungen in Deutschland, jetzt sogar auch hier [in Paris][71] aufregen: es heißt *Materialisations Phänomene*, (mit 150 Abbildungen und 30 Tafeln)?« Die Antwort folgt postwendend am 21. Dezember: »Natürlich habe ich das Buch [...] gelesen – und zwar gestern gerade, bin ich fertig geworden. Es ist das merkwürdigste, entsetzlichste, grauslichste, unwahrscheinlichste was ich je gelesen habe. [...] *C'est dégoûtant à vous donner des nausées – mais si c'était vrai??*« Während sie vorübergehend sogar erwogen hatte, den Autor in München zu besuchen und »zu interviewen«, fasst er am 27. Dezember noch einmal zusammen: »Das Buch hab ich nicht kommen lassen, der Buchhändler meldete

---

[68] Heinrich F. S. Bachmair (1889–1960) hatte 1911 in München den gleichnamigen Verlag sowie eine Buchhandlung eröffnet; 1913 gründet er die Zeitschrift *Die Neue Kunst*; vgl. *Der Verleger Heinrich F. S. Bachmair, 1889–1960: Expressionismus, Revolution und Literaturbetrieb*. Katalog der Ausstellung der Akademie der Künste in Berlin, 6. Oktober bis 19. November 1989.
[69] Rilke – Taxis (wie Anm. 37), S. 344.
[70] Vgl. die *Protokolle der vier Séancen*, Duino, Herbst 1912: ebenda, S. 897–914.
[71] Am 27. Dezember 1913 schickt er ihr »so ein Zeitungsblatt mit einer widerwärtigen Abbildung, – es ist das einzige, was ich in Sachen Schrenck-Notzing gesehen habe« (ebenda, S. 342).

Rilkes Brief an Jaffe vom 3. Dezember 1913 (erste Seite)

mirs beim Erscheinen an, ich überlegte, – aber für mich ist das alles doch nicht das Rechte.«[72] Anders verhält es sich mit Wilhelm Worringers *Abstraktion und Einfühlung. Ein Beitrag zur Stilpsychologie*, das, 1908 im Münchner Piper-Verlag erschienen, seit 1911 in dritter »um einen Anhang vermehrter« Auflage greifbar ist. Er hatte das Buch im Juli 1913 bei Lou Andreas-Salomé in Göttingen entdeckt, und die Freundin hatte es ihm beim Abschied zur Lektüre mitgegeben. Dass sie damit »das Rechte« getroffen hatte, bestätigt Rilke schon am 22. Juli: »Auf der Reise las ich den Worringer, mit unbedingter Zustimmung; endlich ist diese Frage nach dem ›Stil‹, vor der auch ich so halbwissend war, zu Ruhe gedacht, schön und einfach, es thut wohl. Im Wesentlichen begreif ich den Weg, den er nimmt, einzelne Wendungen kann ich nicht ganz mitgehen, das liegt an meinem denklichen Nichtschritthaltenkönnen. Die letzte Zusammenfassung ist mir eine Spur zu rasch, auch ist für mich ›Stil‹ immer wieder da, auch nach der Renaissance, wie sollte er nicht, im Greco, zum Beispiel.« Obwohl die Freundin, der Worringers »Auffassung der orientalischen Kunst mehr, als die der westlichen« entgegenkommt, am 24. Juli mahnt, den Band »ja nicht« zurückzuschicken (»drüber wär das Buch ebenso ärgerlich wie ich, – Du sahst doch, daß es wartete und Dir entgegensprang«), und Rilke selbst noch am 2. Dezember betont hatte, er behalte »den Worringer«, hatte er am nächsten Tag – vorsorglich – den Auftrag erteilt, falls Lou Andreas-Salomé das Buch doch einmal »brauche«.[73]

---

[72] Ebenda, S. 336, 339, 342f. Vgl. ferner Rilkes kritische Fußnote im Brief vom 2. Februar 1914 (S. 355), dass »inzwischen [...] das Medium als Betrügerin bloßgestellt worden« sei.« Vier Jahre später, am 15. Januar 1918, wird er auf das Buch zurückkommen, wenn er der Fürstin aus München mitteilt: »Schrenck-Notzing [...] ist auch in nächster Nachbarschaft und hat mich [zu seinen Sitzungen] sehr eingeladen, aber ich zögere, eingedenk seiner Materialisations-Phänomene« (S. 534f.). Nicht zu belegen ist die Behauptung von Klaus W. Jonas (Eine Begegnung, die nicht stattfand: Rilke und Thomas Mann; in: *Modern Austrian Literature*. Vol. 2, No. 2. Summer 1969, S. 16-22; hier S. 17 mit Anm. 10), Rilke habe an solchen Sitzungen teilgenommen. Hingegen weist Rilke Fürstin Taxis am 7. März 1924 auf den »sehr amüsante[n] und merkwürdige[n] Bericht von Thomas Mann über eine, im Hause Schrenck-Notzing mitgemachte Séance, unter dem Titel ›Okkulte Erlebnisse‹« in der *Neuen Rundschau* (März 1924) hin und mahnt: »Bitte gleich lesen, nicht vergessen!« (Rilke-Taxis [wie Anm. 37], S. 795).

[73] Rilke – Lou Andreas-Salomé (wie Anm. 23), S. 288f., 291, 306.

Während des Münchner »Psychoanalytischen Congresses« war Rilke im September 1913 mit dem niederländischen Arzt und Schriftsteller Frederik van Eeden (1860–1932)[74] zusammengetroffen, der von seinem Freund Rabindranath Tagore (1861–1941) erzählt hatte.[75] Den »Aufsatz über [...] den bengalischen Dichter, von dem van Eeden gesprochen hat«, hatte Rilke am 20. September zu Lou Andreas-Salomé gebracht und angemerkt: »Wichtig, wie mir scheint.«[76] Auf diesen Beitrag hatte van Eeden kurz zuvor Tagore selbst hingewiesen und am 4. September gemeldet: »My brother, [...] I read an article about you in the Mercure de France[77] which will establish your fame for good. This is important and good, for it will not harm you and it will give you power to do good.«[78] Dank dieser Studie[79] und der, wie man anneh-

---

[74] Vgl. Rilkes Brief an Hedwig Bernhard vom 15. September 1913, zitiert bei Adolf Schmid (wie Anm. 40), S. 91.

[75] Im selben Jahr erscheint seine holländische Übertragung der *Gitanjali*: Rabindranath Tagore: *Wij-Zangen (Gitanjali)*. Vertaald door Frederik van Eeden. Amsterdam 1913.

[76] Rilke – Lou Andreas-Salomé (wie Anm. 23), S. 300.

[77] Henry-D. Davray, Un Mystique hindou: Rabindranath Tagore; in: *Mercure de France*, CIV, Nr. 388. 1. Août 1913, S. 673-698.

[78] Freundlicher Hinweis von Dr. Martin Kämpchen, Santiniketan, West-Bengalen, Indien; ihm verdanke ich die Zitate aus der Korrespondenz Tagores mit van Eeden, die im Rabindra Bhavan Archiv von Visva-Bharati (Universität) in Santiniketan verwahrt wird.

[79] Wenn Ernst Pfeiffer, der Herausgeber des Briefwechsels zwischen Rilke und Lou Andreas-Salomé, zu Rilkes Wort vom 19. September – »Ich bringe Dir [...] (inliegend) den Aufsatz, von dem ich Dir gestern sprach« – anmerkt, es handele sich um den besagten Beitrag über Tagore, setzt er unnötig voraus, Rilke habe die ausdrückliche Ankündigung im gleichen Moment nicht ausgeführt und auf den nächsten Tag verschoben. Hier muss ein anderer Artikel gemeint sein. Denn zugleich erweist sich Pfeiffers Erklärung, der Aufsatz stamme aus der *Frankfurter Zeitung*, als falsch (wie Anm. 23, S. 299, 573). Zwar hat van Eeden dort, in »the best German paper«, auf Bitten der Reaktion einen geradezu emphatischen »article« anläßlich der Verleihung des Nobel-Preises geschrieben (so an Tagore, 17.11.1913), doch wird dieser Text erst am Dienstag, dem 18. November 1913, S. 1-2, im Feuilleton der *Frankfurter Zeitung* (68. Jg.; Nr. 320: *Erstes Morgenblatt*) veröffentlicht: Rabindrana Nath Tagore / Der indische Nobelpreisträger / Von Frederik van Eeden. Dort heißt es, mit Zitaten aus *Gitanjali* und Briefen Tagores an den Verfasser bereichert, in hohem Ton und persönlichem Anruf: »Ach, du mein lieber königlicher Bruder!«: »Die Kommission in Stockholm hat den Würdigsten gewählt, den einen, von dem ich sagen möchte: der ist wahrlich gottbegnadet. [...] Tagore ist ein Dichter im höchsten Sinne [...].« Am 9. Februar 1914 teilt Tagore daraufhin dem »dear Friend« mit: »I have read your article in the Frankfürter ›sic‹ Zeitung and was touched by the deep friendship it showed. I have received your translation [...].«

men darf, enthusiastischen Fürsprache van Eedens war Rilkes Blick auf den fremden Dichter gelenkt worden, und er hatte bei Jaffe ein Exemplar des englischen *Gitanjali* erstanden, das in seiner Bibliothek erhalten ist.[80]

6.
              17 RUE CAMPAGNE-PREMIÈRE. XIV[e81]
                            Paris, am 16. Dez. 1913

Lieber Herr Jaffe,
Dank wollte ich längst sagen für Ihren schönen Katalog,[82] *ferner für den Worringer; heute belästige ich Sie mit einer etwas dringenden Bitte; Sie werden sich erinnern, mir, während meines münchener Aufenthalts*[83] *die englische Ausgabe von Gitanjali des Rabindranath Tagore besorgt zu haben. Damals war es etwas mühsam, da aber inzwischen der Nobell-Preis auf dieses Werk gefallen ist, so wird es jetzt, denk ich, schnell und leicht zu verschaffen sein und hege die Hoffnung, dass Sie mir zwei Exemplare, wiederum der englischen Edition (Macmillan & C°, St. Martin's Street, London) so rasch könnten kommen lassen, dass sie am 23. Dez. etwa hier wären. Ich würde sie gern noch zum Weihnachtsabend verschenken, ginge das? Ich wäre Ihnen sehr dankbar.*
Die französische Ausgabe, in der Übertragung André Gide's, erscheint dieser Tage und machte mir, nach den Proben, die er daraus vorlas, einen hohen und reinen Eindruck.
Sie bestens grüßend,
Ihr
RMRilke˙

Tagore hatte eine Auswahl seiner 1911 auf Bengali veröffentlichten Lieder frei ins Englische übertragen und, zusammen mit anderen Gedichten, im November 1912 zunächst bei der India Society in London

---

[80] Hans Janssen (wie Anm. 16), S. 316.
[81] Gedruckte Straßenangabe.
[82] *Literarischer Katalog für das Jahr 1914.* Buchhandlung Heinrich Jaffe/München Briennerstraße 54; vgl. Erber-Bader, *Verlagsalmanache* (wie Anm. 2), S. 234, Nr. 1140; nachgewiesen in: Bayerische Staatsbibliothek München: Cat. 313f (1914).
[83] Vom 7. September bis 4. Oktober 1913.

herausgebracht. Im März 1913 von MacMillan in London übernommen, wird das Buch noch vor Verleihung des Nobel-Preises zehnmal nachgedruckt.[84] Rilke gelingt es allerdings nicht, anhand dieser englischen Ausgabe einen authentischen Eindruck von der Dichtung zu gewinnen. Er liest sie eingestandenermaßen nie wirklich[85] und rezipiert sie eher aus zweiter Hand, trotz seiner Beteuerung vom 14. Dezember 1913, er habe »schon seit dem Sommer mehreres von den Gedichten dieses Bengalen in der englischen Übertragung [gekannt], die von ihm selbst herstammt.«[86] Jedenfalls teilt er der Fürstin Taxis am 16. Dezember gleichsam vom Hörensagen mit, dass Tagore die Lieder »selbst ins Englische so merkwürdig ausdruckvoll soll übertragen haben«;[87] und am 7. Januar 1914 räumt er im Brief an Kurt Wolff ein: »Zwar kommt mir manches aus diesen Strophen sehr nahe, aber es wird mir, sozusagen, von einer Woge von Fremdheit zugetragen, deren Bewegung ich kaum wiederzugeben verstünde, ohne mir irgendwie Zwang anzuthun. Das mag zum Theil in dem geringen Verhältnis begründet sein, das ich zur englischen Sprache empfinde; ich entfremde ihr so rasch, daß ich mich immer wieder ohne vielfachen Beistand in ihr nicht zurechtfinden kann.«[88]

Die überraschende Verleihung des Nobel-Preises an Tagore – und nicht, wie allgemein erwartet, an Peter Rosegger – war am 14. November 1913 bekannt geworden.[89] Auch Rilke hat sie zustimmend zur Kenntnis genommen, noch ehe sich ihm, knapp drei Wochen später, über die englische Fassung hinaus, ein neuer und entscheidender Zu-

---

[84] Vgl. Krishna Dutta, Andrew Robinson: *Rabindranath Tagore – A Myriad-Minded Man*. London 1995, S. 163-179. – Die im Brief genannten bibliographischen Angaben hat Rilke vom Titelblatt seines Exemplars übernommen: Rabindranath Tagore, *Gitanjali. Song Offerings*. A collection of prose translations made by the author from the original Bengali. With an introduction by W. B. Yeats to William Rothenstein.
[85] Vgl. Anm. S. 102 mit Anm. 105.
[86] Rainer Maria Rilke: *Briefe an die Mutter*. Hrsg. von Hella Sieber-Rilke. Zweiter Band. Frankfurt a. M. und Leipzig 2009, S. 249f.
[87] Rilke – Taxis (wie Anm. 37), S. 336.
[88] Kurt Wolff, Briefwechsel (wie Anm. 53), S. 138.
[89] Vgl. Martin Kämpchen: *Rabindranath Tagore in Germany. Four Responses to a Cultural Icon*. Shimla 1999, S. 68f. – Die kritische öffentliche Meinung über »den weichen, allzu weichen indischen Dichter aus dem Morgenland« (Hermann Bahr: *Liebe der Lebenden. Tagebücher 1921/23*. Bd. I. Hildesheim o. J., S. 216) gipfelt bald schon in dem spitzen Wort vom »Gangeshofer«, das von Fall zu Fall der Journalistin und Übersetzerin Lucy von Jakobi (so Bahr, a. a. O.) oder dem »Münchner Volksmund« zugeschrieben wird (Arthur Schurig: *Tagore. Seine Persönlichkeit, seine Werke, seine Weltanschauung*. Dresden 1921, S. 54).

gang zu *Gitanjali* eröffnen sollte: Am 4. Dezember 1913, seinem 38. Geburtstag, besucht er in Paris »in dem Kleinen Théâtre du Vieux-Colombier« eine »Conference Gide's über Tagore«, von der er am folgenden Tag Anton Kippenberg berichtet, ihm scheine »Gide's Übertragung des ›Gitanjali‹« »sehr schön [...] nach den von ihm enthusiastisch gegebenen Proben.«[90] Ganz ähnlich hatte Kurt Wolff am 6. Dezember erfahren: »Eben hat uns hier André Gide mit seiner Empfindung dieses Dichters vertraut gemacht, und seine Übertragung des Gitanjali, daraus er einige Proben enthusiatisch vorbrachte, scheint von der Strömung dieser Gedichte wirklich getragen zu sein.«[91] Auch die Mutter kann am 14. Dezember lesen, dass er an seinem Geburtstag »in ein nahegelegenes kleines Theater« gegangen sei, »wo André Gide [...] vor einem kleinen Nachmittagspublikum über Rabindranath Tagore sprach, den Träger des heurigen Nobelpreises für Litteratur [...]; man kann nicht anders als Bewunderung haben für viele seiner ruhigen und reichen Verse und sich freuen, daß die auffällige Auszeichnung der stockholmer Preisrichter sein Werk, das sonst nur schwer herübergedrungen wäre, mit einem Schlage der ganzen Welt zugänglich gemacht, ja geradezu auferlegt hat.«[92] Diese wie andere Briefzeugnisse bestätigen, dass Rilkes Faszination auf dem persönlichem Erlebnis der von Gide präsentierten französischen Fassung beruht, zumal der sich seiner »Aufgabe mit ganz besonderer Gluth überlassen« habe; denn »grade bei diesem Werke« möchte es »lohnen, die fremde Strahlung auch durch das reinfarbige Fenster einer europäischen Begeisterung, eigens gesammelt, aufzunehmen.«[93] Auch später wird er daran erinnern, dass ihn »›Gitangiali‹, das André Gide bewundernd übersetzte«, »in der französischen Ausgabe erstaunt« habe.[94] Vorderhand steht er ganz im Banne des Gehörten, dessen gedruckte Form er ungeduldig herbeiwünscht. Seine Hoffnungen[95] erweisen sich jedoch

---

[90] Rilke – Anton Kippenberg (wie Anm. 25), Bd. I, S. 463.
[91] Kurt Wolff, Briefwechsel (wie Anm. 53), S. 137.
[92] Rilke an die Mutter (wie Anm. 86), Bd. I, S. 249f.
[93] *Rainer Maria Rilke – Helene von Nostitz, Briefwechsel.* Hrsg. von Oswalt von Nostitz. Frankfurt a. M. 1976, S. 59.
[94] An Lily Ziegler, 3. Februar 1921: Rainer Maria Rilke: *Briefe an Schweizer Freunde.* Erweiterte und kommentierte Ausgabe. Hrsg. von Rätus Luck. Unter Mitwirkung von Hugo Sarbach. Frankfurt a. M. und Leipzig 1994, S. 191.
[95] Ähnliche Mitteilungen wie an Jaffe über das baldige Erscheinen waren am 5. und 6. Dezember 1913 an Anton Kippenberg (Rilke – Anton Kippenberg [wie Anm. 25], Bd. I, S. 463) und Kurt Wolff gegangen (Briefwechsel [wie Anm. 53], S. 137).

sämtlich als voreilig, denn noch am 25. Dezember muß Mathilde Vollmoeller lesen: »Das Buch war seit drei Wochen bestellt – gestern spät theilte mir der Buchhändler mit, es sei durch das Gedräng der Weihnachtssachen im Erscheinen aufgehalten worden, komme erst in acht Tagen zur Ausgabe. Da war nichts zu machen.«[96] Wenn er den Band – Rabindranath Tagore: *L'Offrande Lyrique (Gitanjali). Traduction d'André Gide*[97] – dann doch am 27. Dezember als »heute erschien[en]« melden und verschenken kann,[98] widerspricht dieses Datum der mehrfach geäußerten Vermutung, er habe es schon am 4. Dezember Kurt Wolff zugeschickt.[99] Der jedenfalls dankt am 10. Januar für die Sendung, die er kurz vor dem 7. Januar erhalten haben muss, und bekennt im Nachhinein, er habe bei der Lektüre »empfunden, wieviel der von mir publicierten deutschen Ausgabe noch fehlt«. Diese am 6. Dezember »mit Spannung« erwartete deutsche Ausgabe lag seit dem 13. Dezember in Rilkes Hand – allerdings nicht als »publicierter« Band, sondern vermutlich in Gestalt der Druckfahnen, die Rilke freilich zunächst beiseite legt. Erst als Wolff, unter dem Eindruck der Gideschen Übertragung, ihm telegraphisch anbietet, das Werk, ungeachtet der vorliegenden deutschen Version, selbst ins Deutsche zu bringen, erwidert Rilke am 7. Januar zurückhaltend: »In der deutschen Ausgabe hab ich noch nicht genug gelesen, um die Nothwendigkeit zu beurtheilen, die Ihre Anfrage zur Voraussetzung hat; ist es wirklich nöthig, dieses doch immerhin erhebliche Vorhandene abzusetzen? Wenn ich an bekannte Stellen denke, die ich, einzeln, aufschlug, so wüßte ich aus dem Stegreif nicht zu sagen, ob sie besser zu geben seien.« Nach reiflicher Überlegung lehnt er Wolffs

---

[96] *»Paris tut not«. Rainer Maria Rilke – Mathilde Vollmoeller, Briefwechsel.* Hrsg. von Barbara Glauert-Hesse. Göttingen 2001, S. 114; gemeint ist fraglos Rilkes Pariser Buchhändler und nicht Jaffe, was die Herausgeberin (ebenda, S. 214) alternativ für möglich hält.
[97] Der 1913 in »500 exemplaires seulement« ausgelieferte Band nennt im Impressum: »Achevé d'imprimer le 26 novembre 1913«. Eine Auswahl war als Vorabdruck im Dezemberheft 1913 von *La Nouvelle Revue Française*, Tome X, S. 833–851, erschienen mit der Vorbemerkung: »La traduction complète, et seule autorisée, de l'ouvrage par M. André Gide paraîtra très prochainement aux éditions de la Nouvelle Revue Française. Cette traduction a été faite d'après la version anglaise que l'auteur a donné lui-même de ses poèmes hindous, originairement écrits en bengali.« Im Gegensatz zu anderen Werken Gides fehlt das Buch in Rilkes Restbibliothek; vgl. Hans Janssen (wie Anm. 16), S. 302.
[98] Rilke – Nostitz (wie Anm. 93), S. 59.
[99] Rilke-Chronik (wie Anm. 17), S. 446; Rilke – Anton Kippenberg (wie Anm. 25), Bd. I, S. 670; Rilke, Briefe in zwei Bänden (wie Anm. 11), Bd. II, S. 545.

Vorschlag, in dem »eine Menge Versuchung« gelegen habe, ausführlich begründend ab und führt dabei, neben grundsätzlichen Bedenken, vor allem seine mangelnden Englisch-Kenntnisse ins Feld.[100] So bleibt es bei der Übersetzung von Marie Luise Gothein, die, wie Wolff schon am 15. November 1913 gemeldet hatte, »fertig« vorliegt,[101] aber erst Anfang 1914 ausgeliefert wird.[102]

Eines der beiden von Jaffe, wie Rilkes folgender Brief zeigt, rasch versandten englischen Exemplare ist für Pia di Valmarana (1881–1948) bestimmt, Freundin der Fürstin von Thurn und Taxis, die das »Mezzanino« des Palazzo Valmarana als ihr venezianisches pied-à-terre gemietet und im Sommer 1912 Rilke überlassen hatte. Ihr teilt Rilke am 30. Dezember 1913 mit: »J'ai quelques livres pour vous, chère Pia, que je vous adresse avec ce même courier. Du 'Gitanjali' de Tagore je vous envoie, en plus de la version anglaise, qui provient du poète lui-même, la traduction que vient de composer, avec enthousiasme et conviction, André Gide.«[103] Damit hat Rilkes begeisterte Zustimmung zu dieser Dichtung ihr Ende erreicht. Erst nach Jahren wird er darauf zurückkommen und am 3. Februar 1921 warnen, »es macht mich mißtrauisch wenn ein Östliches uns Europäern zu leicht fällt, sei's auch in der Bewunderung.«[104] Und nach

---

[100] Kurt Wolff, Briefwechsel (wie Anm. 53), S. 138–139, vgl. oben S. 98. Daraus wird deutlich, dass beide Männer an eine Übersetzung aus dem englischen Original und nicht »aus Gides französischer Übertragung« denken, wie Barbara Glauert-Hesse vermutet (Rilke – Vollmoeller [wie Anm. 96], S. 213).

[101] Wolffs Zuversicht, das Buch »in 10 Tagen heraus[zu]bringen« (Briefwechsel [wie Anm. 53], S. 102), erfüllt sich freilich nicht, obwohl die *Frankfurter Zeitung* im Abendblatt vom 25. November 1913, S. 1, zum Vorabdruck dreier Gedichte anmerkt: »Aus der in diesen Tagen bei Kurt Wolff in Leipzig erscheinenden Sammlung ›Hohe Lieder‹ (›Gitanjali‹).«

[102] Rabindranath Tagore: *Hohe Lieder (Gitanjali)*. Deutsche Nachdichtung von Marie Luise Gothein. Einzig autorisierte deutsche Ausgabe. Leipzig 1914 (vgl. Deutsches Bücherverzeichnis 1911–1914. II. Band. Nachdruck Graz 1962, S. 1154). Noch im selben Jahr folgen weitere Auflagen; ab der 5. Auflage (1914) ist der Titel zu *Gitanjali (Sangesopfer)* geändert. Zu den von Legenden umwobenen Umständen dieser Publikation im Kurt Wolff Verlag vgl. Martin Kämpchen (wie Anm. 89), S. 66–77.

[103] Rainer Maria Rilke, *Briefe*. Hrsg. von Karl Altheim. Wiesbaden 1950, S. 429.

[104] Wie Anm. 94. – Im Lichte solcher Äußerungen und des Umstands, dass sich in Rilkes Bibliothek außer der englischen und deutschen Ausgabe von *Gitanjali* noch *Der Gärtner* (übersetzt von Hans Effenberger. Leipzig: Kurt Wolff 1914) und *Der Geist Japans* (übersetzt von Helene Meyer-Franck. Leipzig: Der Neue Geist [1918]; vgl. Hans Janssen [wie Anm. 16], S. 316) befinden, ist Martin Kämpchens Feststellung zu modifizieren, es sei »not known whether Rilke read any subsequent translated works by Rabindranath, or how he reacted to the

weiteren fünf Jahren heißt es: »Tagore: [...] j'ai commencé autrefois par l'aimer, lorsque – il y a bien des années – Gide m'envoya sa traduction, si sensible, de ›Gitanjali‹«, um dann seine inzwischen grundlegend veränderte Haltung gegenüber dem indischen Dichter zu erläutern: »après, d'ouvrage en ouvrage, je me suis éloigné du poète (que, il est vrai, je n'ai jamais lu qu'en français; l'anglais m'échappe depuis longtemps). Je vais vous étonner en vous disant que je me sens infiniment opposé à la poésie consciemment ›poétique‹ et qui, par son programme même, prétend être tout spécialement bonne et ›humaine‹.«[105]

7.
17 RUE CAMPAGNE-PREMIÈRE. XIVe[106]
Paris, am Dreikönigstage 1914.

Lieber Herr Jaffe,
es war sehr aufmerksam von Ihnen, mir den englischen Tagore mit solcher Beschleunigung zuzusenden, er kam wirklich noch rechtzeitig in die Hände, denen ich ihn bestimmt hatte.
Vielen Dank für diese und alle andere Fürsorge und, da das Jahr doch erst in seinen Anfängen sich versucht, schnell noch den Wunsch, dass es Ihnen, buchhändlerisch wie persönlich, zu einem erfreulichen sich entwickeln möge.
Bitte heut nur eine einzige:
1 Dostojewskij, »Idiot«, gebunden, senden zu wollen an Frau Eva Cassirer, <u>Rom,</u> Via Gregoriana 38,[107] eingeschrieben, in meinem Auftrage und für meine Rechnung (die ich, nebenbei gesagt, gleichfalls bald hierher erbitte, dass sie nicht zu sehr anwachse.) Ich selbst besitze vom Idioten die bei Bruno Cassirer erschienene Edition,[108]

Tagore euphoria in the 1920s« (*Rabindranath Tagore and Germany: A Documentation*. Calcutta 1991, S. 27).
[105] An Aurelia Gallarati-Scotti, 17. Januar 1926: Rilke, Briefe in zwei Bänden (wie Anm. 11), Bd. II, S. 390f.
[106] Gedruckte Straßenangabe.
[107] Rilke benutzt in seinen Briefen an Eva Cassirer die genannte Adresse »Via Gregoriana 38/IV ^{piano}« zum ersten Mal am 1. Dezember 1913. Zuvor hatte sich das Ehepaar, von Berlin kommend, in »San Gervasio, presso Firenze« beziehungsweise »presso Fiesole« aufgehalten (Rilke – Cassirer [wie Anm. 18], S. 81 mit S. 236f.).
[108] Fjodor M. Dostojewski: *Der Idiot*. Übersetzt von August Scholz. Berlin: Bruno Cassirer 1905; es folgen mehrere Auflagen; vgl. Hans Janssen (wie Anm. 16), S. 300, der allerdings eine Ausgabe mit dem Druckvermerk »Leipzig 1914« anführt.

aber vielleicht ist die Übertragung der großen deutschen Gesammtausgabe vorzuziehen?[109] *Ich kenne sie nicht, verfahren Sie nach Ihrem Ermessen.*
Den besten Dank und herzliche Grüße,
Ihr
RMRilke

Die Bestellung gilt Eva Cassirer, geb. Solmitz (1885-1974). Mit ihr steht Rilke in Verbindung, seit er im Dezember 1904 von dem neunzehnjährigen »Mädchen«, auf Wunsch der schwedischen Reformpädagogin Ellen Key, ein Päckchen mit Narzissen erhalten hatte. Seine damals ausgesprochene Hoffnung, »von Ihrem wachsenden Leben, von dem ich nun weiß, nicht wieder die Spur [zu] verlieren«, hatte sich erfüllt. Er hatte die Rolle eines Mentors übernommen und auch gewahrt, als sie im August 1909 den Kunsthistoriker Kurt Cassirer (1883-1975) heiratet. Beide lassen sich zunächst in Berlin nieder, halten sich aber jährlich für längere Zeit in Rom auf, wo Rilke sie im April 1910 besucht.[110] Seinem Auftrag liegt eine verlorene Bemerkung Eva Cassirers[111] zugrunde, die er am 3. Januar 1914 aufgegriffen hatte: »Aber ich sehe aus Ihrer Frage nach dem Fürsten Myschkin, daß Sie das vielleicht schönste Buch Dostojewskij's, den ›Idioten‹ nicht kennen: so darfs ein kleiner nachträglicher Weihnachtsgruß sein von mir zu Ihnen, er wird Ihnen eine wunderbare Figur ins Herz legen.«[112] Bereits am 3. April 1912 hatte er einer unbekannten Empfängerin (»Liebes Kind«) zu ihrer Dostojewski-Lektüre geraten: »[...] fangen Sie an mit den Armen Leuten (seiner ersten Arbeit, die er achtzehnjährig

---

[109] F. M. Dostojewski: *Sämtliche Werke*. Unter Mitarbeiterschaft von Dmitri Mereschkowski Hrsg. von [Arthur] Moeller van den Bruck. Übersetzt von E. K. Rahsin. 22 Bände. München: Piper 1906-1919. *Der Idiot.* Roman in zwei Bänden. Mit einer Einleitung von Moeller van den Bruck, war 1909 als 3. und 4. Band der I. Abteilung erschienen. Am 4. April 1911 hatte Rilke, unsicher über die Qualität der von ihm stets als unzureichend eingestuften deutschen Fassungen, Anton Kippenberg gebeten, den Roman in »der besten Übersetzung« für ihn zu kaufen, als Geburtstagsgeschenk für die damalige Freundin Jenny Oltersdorf (Rilke – Anton Kippenberg [wie Anm. 25], Bd. I, S. 249; vgl. Rilke – Hellingrath [wie Anm. 18], S. 27).
[110] Vgl. Rilke – Cassirer [wie Anm. 18], S. 39f., 281.
[111] Eva Cassirers Briefe an Rilke, die sie »nach seinem Tode gebündelt zurückerhielt«, sind »während des Krieges in Berlin zugrunde gegangen« (ebenda, S. 277, Fußnote).
[112] Ebenda, S. 86.

schrieb; ich habe die schönste Episode daraus vor Jahren übersetzt[113] [...]). Dann, mit ganzem Herzen, den Idiot, diese Herrlichkeit«; und, abweichend vom jetzigen Urteil, hatte er ergänzt: »die Traduktion bei Cassirer scheint mir besser als die Gesamt-Ausgabe« bei Piper.[114] Am 29. Januar kommt er auf das Buchgeschenk zurück und schreibt an Eva Cassirer: »Inzwischen wird der Name des Fürsten Myschkin sich Ihnen mit Bedeutung erfüllt haben, es geht eine Welt hinein, und diese Welt ist eine künftige Welt.«[115]

Drei Wochen später wendet sich Rilke erneut an Heinrich Jaffe und verbindet seinen Dank für die erledigten Aufträge mit einer Bestellung, die er unmittelbar zuvor der Fürstin Marie von Thurn und Taxis mit den Worten gemeldet hatte: »Wieder ein Heft der »*Weißen Blätter*« erhalten Sie nächstens, Fürstin, – diesmal um Werfels willen: es stehen von ihm ein paar wiederum herrliche Gedichte drin.« Das »Heft lasse ich Ihnen vom münchner Buchhändler schicken, es möchten ein paar Tage hingehn, eh er's besorgt.«[116]

8.
17 RUE CAMPAGNE-PREMIÈRE. XIVe[117]
Paris, am 2. Februar 1914
Bester Herr Jaffe,
vielen Dank für Ihre guten Worte und alle aufmerksamst zugesagten Besorgungen; von den Weißen Blättern N° 5 (Januar) hätte ich gern noch eine Nummer hier, (wegen der sehr schönen Gedichte Werfel's) und eine andere desgleichen wollen Sie gütigst (in meinem Auftrag und für meine Rechnung) an:
Ihre Durchlaucht
Frau Fürstin Marie von Thurn und Taxis=Hohenlohe,
Schloss Lautschin ^{b}/Nimburg
Böhmen

---

[113] Am 2. Dezember 1899 hatte Rilke mit Blick auf Dostojewskis *Arme Leute* notiert: »– ich weiß kein Buch, welches ich daneben nennen könnte« (*Tagebücher aus der Frühzeit*. Hrsg. von Ruth Sieber-Rilke und Carl Sieber. Leipzig 1942. Neuausgabe durch Ernst Zinn: Frankfurt a. M. 1973, S. 173). Das Manuskript der von ihm übersetzten »Episode« aus *Arme Leute* ist verloren.
[114] Rainer Maria Rilke, *Briefe aus den Jahren 1907-1914*. Hrsg. von Ruth Sieber-Rilke und Carl Sieber. Leipzig 1939, S. 231.
[115] Rilke – Cassirer (wie Anm. 18), S. 86, 88.
[116] Rilke – Taxis (wie Anm. 37), S. 355f.
[117] Gedruckte Straßenangabe.

schicken lassen. Ich habe der Fürstin die Sendung schon angekündigt, so wärs angenehm, wenn sie sich recht rasch bewerkstelligen ließe.
Ich vermuthe, das ist alles für heute außer meinen Dank nebst freundlichen Grüßen.
Ihr
RMRilke

Rilke bewundert Werfels Kunst, seit er sich am 22./23. Juli 1913 dessen eben erschienenes Buch *Wir sind* mit begeisterter Zustimmung erschlossen hatte. Aus der Beschäftigung mit dem Werk war im Spätsommer seine Schrift *Über den jungen Dichter* erwachsen;[118] und in Briefen jener Zeit hatte er nachdrücklich und staunend Freunde und Bekannte auf den Autor hingewiesen, mit dem er seit 14. August in Korrespondenz steht. Die mit allzu großen Erwartungen belastete persönliche Begegnung am 6. und 7. Oktober in Dresden hatte auf beiden Seiten zu einer Enttäuschung geführt, die Rilke in seinem »Brief über Werfel« am 22. Oktober Hofmannsthal gegenüber zur Sprache bringt. Doch nun – »Seit damals« hatte er »die werfelschen Bücher nicht wieder aufgeschlagen« – ist er von den Gedichten in den *Weißen Blättern* aufs neue überrascht und ergriffen zugleich und muss, wie es an Hofmannsthal heißt, »diesem Ton, da er wiederkommt, auf der Stelle und unbedingt Recht gebe[n]«.[119]

Das Heft enthält auf den Seiten 433 bis 441 unter dem Titel *Franz Werfel, Neue Gedichte* neun Stücke,[120] die Rilke am 3. Februar auch Anton Kippenberg als »wieder ein paar einfach herrliche Gedichte Werfel's« rühmen wird.[121] Einen Tag später offenbart er Hugo von Hofmannsthal seinen gegenwärtigen Blick auf den Dichter: »Wie im

---

[118] Rilke, *Sämtliche Werke*. Sechster Band (wie Anm. 64), S. 1046–1055 und S. 1479-1483 (Anmerkungen).
[119] *Hugo von Hofmannsthal – Rainer Maria Rilke, Briefwechsel*. Hrsg. von Rudolf Hirsch und Ingeborg Schnack. Frankfurt a. M. 1978, S. 77–80.
[120] *Hekuba, Eines alten Lehrers Stimme im Traum, Die Prozession, Der Held, Der gute Mensch, Das Jenseits, Ein Abendgesang, Tempel-Traum, Mitternachtsspruch*. Rilke lehnt *Der gute Mensch* »als unvollkommen durchgesetzt« ab; hingegen »beschämen« ihn »beinah durch ihre unerschöpfliche Haltung« die Gedichte »*Hekuba, Eines alten Lehrers Stimme, Jenseits*« und der »schwere und doch noch eben schwebende« *Abendgesang* (Hofmannsthal - Rilke [wie Anm. 119], S. 79f.).
[121] Rilke – Anton Kippenberg (wie Anm. 25), Bd. I, S. 479.

Sommer über dem Buche ›Wir sind‹, so erhebt sich auch jetzt wieder mein Gemüth in einer einzigen Woge der Zustimmung, ich sehe mich bereit, viel eher eines jungen Menschen Ausdruck, Verhältnis und Figur für Zufall zu nehmen, als daß ich zufällig nennen könnte, was in diesen Gedichten – wie ich sofort wieder einzusehen meine –, zu einer wunderbar prädisponierten Constellation des Gelingens, des Daseins, zusammentritt.«[122]

Dem Dank für die *Weißen Blätter* folgt eine Woche später der für weitere Bücher, deren vorangegangene Bestellung nicht überliefert, aber aus Rilkes Hinweisen zweifelsfrei abzuleiten ist.

9.

17 RUE CAMPAGNE-PREMIÈRE. XIV[e123]
Paris, am 9. Februar 1914

Lieber Herr Jaffe,
Danke: vorgestern kamen die Weißen Blätter, heute 2 Hölderlin und die »Plastik der Aegypter«:[124] *somit stimmt alles, nur, ich sehe in der Begleit=Note, dass nur ein Exemplar von Fechheimers Plastik der Aegypter in Rechnung gestellt worden ist: ich bat Sie, ein ebensolches, zweites an Frau Rilke (München, Trogerstr. 50*[125]*) zu senden; nun fürcht ich, dies ist entweder nicht geschehen, oder es ist auf Kosten der Frau Rilke gegangen: beides wäre nicht das Richtige. Wollen Sie gütigst nachsehen lassen, wie es sich damit verhält? Sollte das Buch dorthin noch nicht geschickt worden sein, es wäre mir lieb, wenn es gleich geschähe –, und dann bitte ich es noch mit zur Schuld zu setzen.*

---

[122] Hofmannsthal – Rilke (wie Anm. 119), S. 79f. – In Rilkes Bibliothek finden sich folgende Werfel-Bände: *Der Weltfreund* (Berlin 1911), *Wir sind* (Leipzig 1915), *Einander* (Leipzig 1915), *Gesänge aus den drei Reichen* (Leipzig 1917) und das Drama *Nicht der Mörder, der Ermordete ist schuldig* (München 1920); vgl. Hans Janssen (wie Anm. 16), S. 318.
[123] Gedruckte Straßenangabe.
[124] Hedwig Fechheimer: *Die Plastik der Ägypter*. Mit 156 Abbildungen. Berlin: Bruno Cassirer 1913; 2. Auflage 1914.
[125] Clara Rilke-Westhoff (1878–1954) war bereits Anfang Mai 1911 nach München gezogen; dort wohnt sie – zeitweilig zusammen mit Tochter Ruth – zunächst in der Pension »Ethos«, Ottostraße 1, ehe beide im September 1913 in den 4. Stock der Trogerstraße 50 ziehen; vgl. Rilke – Hellingrath (wie Anm. 18), S. 74–76.

Darüber ist schon wieder ein Bedürfnis aufgetreten, das ich Ihnen hiermit anvertraue, nicht eines, sogar drei, nämlich: Friedrich Gundolfs (Gundolfinger's) Buch »Shakespeare und der Deutsche Geist« (das ich mir längst vorgenommen hatte zu lesen und immer vergaß),[126] den Roman Die Galeere von Ernst Weiss, bei S. Fischer, –[127] und ein kleines Bändchen von Übertragungen magyarischer Lyrik, erschienen in der, im Buchhandel sonst nicht namhaften Stadt Nagybecskerek, Verlag Fr. Paul Pleitz, – Herausgeber Dr Lajos Brajjer, Titel: Moderne ungarische Dichter.[128] – Damit hat es die wenigste Eile. Am frühsten hätte ich gerne Gundolfs Buch über Shakespeare, von dem ich nicht weiß, wer es verlegt hat.
Fängt man an, in München Marcel Proust zu kennen? Es ist ein sehr merkwürdiges, ja bedeutendes Buch von ihm da: Du côté de chez Swann, (bei Bernard Grasset). Ich denke, Sie darauf hinweisen zu sollen.[129]
Dankbar und aufs freundlichste
Ihr
RMRilke˙

Die Order der zwei Hölderlin-Bände geht auf eine Unterredung bei André Gide in Paris zurück, in deren Verlauf am 26. Januar 1914 Hölderlins Dichtung zum Thema geworden war, da die von Gide geleitete Redaktion der *Nouvelle Revue Française* eine Übertragung erwägt. Zwar hatte Rilke von Hellingraths grundlegend neuer Edition gesprochen, doch kann sie dem an der reifen Lyrik interessierten Gide nicht genügen, weil ja bisher nur der erste und fünfte Band mit den Jugendgedichten und den Übertragungen erschienen sind.[130] Deshalb muss Rilke auf eine andere Ausgabe

---

[126] Friedrich Gundolf: *Shakespeare und der deutsche Geist*. Berlin: Georg Bondi 1911.
[127] Das Erstlingswerk des 1882 in Brünn geborenen Arztes und Schriftstellers Ernst Weiss – 1940 nimmt er sich in Paris beim Einmarsch deutscher Truppen das Leben – war 1913 bei S. Fischer in Berlin veröffentlicht worden.
[128] *Moderne ungarische Dichter ins Deutsche übertragen von Lajos Brajjer*. Nagybecskerek: Fr. Paul Pleitz 1914.
[129] Marcel Proust: *Du côté de chez Swann*. Paris: Editions Bernard Grasset 1914.
[130] Friedrich Hölderlin, *Sämtliche Werke*. Historisch-Kritische Ausgabe unter Mitarbeit von Friedrich Seebaß besorgt durch Norbert von Hellingrath: Erster Band: *Jugendgedichte und Briefe 1784–1794*. Besorgt durch Friedrich Seebaß. München und Leipzig 1913; zum fünften Band (*Übertragungen*) vgl. oben S. 85.

ausweichen, die er dem Freund am 9. Februar insgesamt als »une bonne édition de Hölderlin« und als »bonne et assez complète pour les poésies« vorstellt: »En tout cas, c'est la meilleure en ce moment, car l'autre, dont je vous ai parlé, se fera encore attendre et peut-être longtemps.«[131] Wenn er ergänzt, er habe sie »dans un catalogue de librairie« entdeckt, bezieht er sich aller Wahrscheinlichkeit nach auf Jaffes Literarischen Katalog für das Jahr 1914, dessen Empfang er am 16. Dezember 1913 bestätigt hatte. Der Katalog verzeichnet im Abschnitt »Gesamtausgaben« auf Seite 82 neben der Hellingrathschen die von Dr. Marie Joachimi-Dege in Bongs Goldener Klassiker-Bibliothek sowie die 1905 von Paul Ernst begonnene und im weiteren Verlauf von Wilhelm Böhm besorgte Ausgabe, die 1911 in »zweiter, vermehrter Auflage« bei Eugen Diederichs herausgekommen war. Von dieser Edition hatte Rilke zwei Exemplare des zweiten Bandes mit den »Gedichten« bestellt, der, wie es an Gide am selben 9. Februar heißt, »m'arrive cet instant«. Während das eine Exemplar Gide zugeht, behält Rilke das zweite für sich,[132] stellvertretend für den erwarteten vierten Bandes der Hellingrathschen Ausgabe, der, laut Hellingrath, »Herz, Kern und Gipfel des Hölderlinschen Werkes« enthält und in Gestalt eines »vertraulich mitgeteilten« limitierten Vorabdrucks im Frühsommer 1914 nur an ausgewählte Freunde vergeben wird. Er gelangt Ende Juli 1914 in Rilkes Hand und löst bei ihm das aus, was Bernhardt Böschenstein den »Hölderlinschock« genannnt hat.[133]

Über Hölderlin hinaus macht dieser Brief Rilkes umfangreiches Leseprogramm in seinen weitgefächerten Facetten besonders deutlich. Alte Vorlieben und neueste Publikationen kommen gleicherweise zu ihrem Recht. Zu den ersten zählt die altägyptische Plastik, die in sein Blickfeld gerückt war, nachdem er im Sommer 1913 im Ägyptischen Museum zu Berlin den neugefundenen Kalksteinkopf des Amenophis IV./Echnathon[134] als »Wunder« für sich entdeckt hatte.[135] Er regt ihn zur vertieften Auseinandersetzung mit der Kunst und Kultur des alten Ägypten

---

[131] Rainer Maria Rilke – André Gide, Correspondance 1909-1926. Introducton et Commentaires par Renée Lang. Paris 1952, S. 92f.
[132] Das Buch ist im Rilke-Archiv erhalten geblieben; vgl. Rilke – Hellingrath (wie Anm. 18), S. 92. In der Bestandsliste von Hans Janssen (wie Anm. 16) fehlt es.
[133] Bernhard Böschenstein: Von Morgen nach Abend. Filiationen der Dichtung von Hölderlin zu Celan. München 2006, S. 83; vgl. insgesamt Rilke – Hellingrath (wie Anm. 18), S. 97-125.
[134] Abgebildet bei Fechheimer (wie Anm. 124), Tafel 79.
[135] Vgl. Rilke – Lou Andreas-Salomé (wie Anm. 23), S. 293: 1. August 1913; Rilke – Taxis (wie Anm. 37), S. 309: 14. August 1913.

an, und so treibt er am Pariser Collège de France und beim Leipziger Ägyptologen Hugo Steindorff ägyptologische und arabistische Studien und lässt sich von Fürstin Taxis seine Ägypten-Bücher nachsenden.[136] Ohne, dass Kippenberg von dieser erneuten Beschäftigung wüsste, wird er Rilke einen Monat später, geradezu hellsichtig, ein Projekt vorschlagen, das in eben diesen Zusammenhang gehört: »Wäre es«, so schreibt er am 13. März 1914 an Rilke, der sich inzwischen in München aufhält, »nicht vielleicht lockend für Sie, die nahe Beschäftigung, die Sie schon seit langem mit der ägyptischen Plastik verknüpft hält, zum Anlass zu nehmen, den Text für ein solches Buch mit 80 Abbildungen zu schreiben?«[137] Dazu freilich wird es nicht kommen. Am 18. März schiebt Rilke eine Antwort auf »den sehr bedeutenden Vorschlag« bis zur Rückkehr nach Paris hinaus, geht aber auf Kippenbergs abermaligen Vorstoß vom 19. März – »Es wäre überaus herrlich, wenn Sie alle Erfahrungen Ihres Herzens und Ihres Auges über die ägyptische Plastik in einem Buch, wie ich es mir denke, aussprächen« – nicht ein. Erst sechs Jahre später, als er liest, »es gäbe von Hedwig Fechheimer einen neuen Band (wiederum im Verlage von Bruno Cassirer) Klein-Plastik der Aegypter, 158! Abbildungen«, bittet er Kippenberg am 19. Dezember 1920 aus Berg am Irchel,[138] ihm dieses Buch »gütigst besorgen zu lassen.«[139]

Auf Friedrich Gundolfs 1911 erschienene Studie *Shakespeare und der deutsche Geist* war Rilke vermutlich bei erneuter Durchsicht des Jaffeschen *Katalogs auf das Jahr 1914* gestoßen, wo sie in der Rubrik »Literatur/Essays« (S. 119) angezeigt wird. Dabei mag er sich erinnert haben, dass er sich schon im Juni 1913 während eines Besuchs im Leipziger Hause seines Verlegers »eingehend« mit dem Werk »beschäftigt« hatte.[140] Doch wird, die üblich rasche Sendung durch Jaffe vorausgesetzt, noch geraume Zeit verstreichen, bis er am 24. Juli 1914 Norbert von Hellingrath berichten kann, er habe »ein Buch [gelesen], von dem ich mir vorstelle, dass es auch Ihnen von der schönsten Bedeutung sei: Gundolf's Shakespeare und der deutsche Geist; dieses Werk, dessen sicherer Aufbau auf den umfassendsten Unterlagen, meinem Geiste eine ganz neue

---

[136] Rilke – Taxis (wie Anm. 37), S. 330: 31. Oktober 1913.
[137] Rilke – Anton Kippenberg (wie Anm. 25), Bd. I, S. 495.
[138] Siehe S. 122.
[139] Rilke – Anton Kippenberg (wie Anm. 25), Bd. II, S. 191. Das Buch kommt unter der Jahreszahl 1921 bei Bruno Cassirer als dritter Band der von William Cohn herausgegebenen Reihe *Die Kunst des Ostens* heraus.
[140] Katharina Kippenberg: *Rainer Maria Rilke. Ein Beitrag.* Leipzig 1935, S. 111.

Erscheinung bot und ihm die weitesten Zusammenhänge zeigte und zusagte, wird in mir für lange hin Wirkung um Wirkung thun.«[141]

Besonderes Gewicht gewinnt der Brief durch Rilkes Hinweis auf Marcel Proust und dessen *Du côté de chez Swann*. Von André Gide aufmerksam gemacht, war er seit Anfang 1914 zu einem der ersten deutschsprachigen Leser und Bewunderer Prousts geworden. Er lebt geradezu in dessen literarischer Welt, die er den Freunden unverzüglich nahezubringen sucht. In diesem Sinne hatte er am 21. Januar 1914 Fürstin Taxis den Roman zugeschickt,»von dem Sie vielleicht schon Gutes gehört haben, möglicherweise sogar Ausgezeichnetes –. Ich weiß nicht, was es verdient, aber ich empfehle Ihnen den ganzen ersten Theil und den ganzen dritten und bin gewiß, Sie werden ein vielfaches Vergnügen daran haben.« Er weist sie auf »ein paar prachtvolle Sachen« und »eine psychoanalytische *trouvaille*« hin und unterrichtet sie am 2. Februar ausführlich »über den Autor«.[142] Ähnlich hatte er Anton Kippenberg am 3. Februar dieses »<u>sehr</u> bedeutende«, »unvergleichlich merkwürdige Buch von einem neuen Autor« ans Herz gelegt und geraten: »sollte eine Übersetzung angeboten werden, wäre sie unbedingt zu nehmen.«[143] Kurz nach dem 9. Februar hatte er es – »2. Theil meistens nur Roman, aber das Andere wunderbar, voll unerschöpflicher Einfälle und Beziehungen und für die Psych[-o] Anal[yse] sehr interessant!« – Lou Andreas-Salomé gesandt;[144] und Hedwig von Boddien empfiehlt er es am 23. Februar gar zum Vorlesen im Kreis ihrer Sommergäste.[145] Heinrich Jaffe indes hat Rilkes Hinweis wohl nicht an seine Kunden weitergegeben, jedenfalls nicht an einen für das »Neue« so empfänglichen Leser wie Thomas Mann. Der nämlich notiert mehr als sechs Jahre später völlig überrascht am 28. Juli 1920 ins Tagebuch, Annette Kolb habe bei ihrem Besuch »sehr einen franz. Romancier« gepriesen, »der Proust o. ä. heißen soll«.[146]

---

[141] Rilke – Hellingrath (wie Anm. 18), S. 97. – Das Exemplar findet sich unter Rilkes Büchern; vgl. Hans Janssen (wie Anm. 16), S. 303.
[142] Rilke – Taxis (wie Anm. 37), S. 348-350; 353-355.
[143] Rilke – Anton Kippenberg (wie Anm. 25), Bd. I, S. 480.
[144] Rilke – Lou Andreas-Salomé (wie Anm. 23), S. 311.
[145] Rilke, Briefe, ed. Altheim (wie Anm. 103), S. 451f.
[146] Thomas Mann: *Tagebücher 1918-1921*. Hrsg. von Peter de Mendelssohn. Frankfurt a.M. 1979, S. 456. – In Rilkes Bibliothek fehlt die Erstausgabe der beiden Bände *Du côté de chez Swann* von 1914. Sie war ohne Zweifel bei seiner Abreise nach Deutschland im Sommer 1914 in Paris geblieben und wird dort im April 1915 mit seiner – bis auf persönliche Papiere und Briefe – gesamten Habe

Zwei Wochen nach diesem Schreiben, am Abend des 25. Februar
1914, verlässt Rilke Paris. Er reist zunächst nach Berlin, um dort die
bisher nur aus einem leidenschaftlichen Briefwechsel bekannte Pianistin Magda von Hattingberg (»Benvenuta«) kennenzulernen. Mit ihr
fährt er dann über Jena nach München und kommt schließlich über
Innsbruck, Zürich, Winterthur und Basel am 26. März nach Paris zurück. Vom 20. April bis 4. Mai sind beide zu Gast auf Schloß Duino
bei Fürstin Taxis. Anschließend verbringt Rilke allein vierzehn Tage in
Assisi, ehe er am 26. Mai in seine Pariser Wohnung heimkehrt.

10.

Paris, 17. rue Campagne Première,
am 13. July 1914

Lieber Herr Jaffe,
es ist dadurch, dass ich viel von Paris fort war,[147] *eine ziemliche*

---

versteigert, um aufgelaufene Mietschulden zu begleichen. In der Schweiz wird
er das Buch samt den folgenden Bänden erneut erwerben (vgl. Rainer Maria
Rilke: *Briefe an Nanny Wunderly-Volkart*. Im Auftrag der Schweizerischen
Landesbibliothek und unter Mitarbeit von Niklaus Bigler besorgt durch Rätus Luck. Frankfurt a.M. 1977, S. 792, 843, 852, 1181 u.ö.). Es findet sich
unter den Büchern in Muzot als II. Band des Gesamtwerks *A la recherche du
temps perdu*, und zwar in der 44. Auflage des Jahres 1919. *A l'ombre des jeu-
nes filles en fleurs* ist dort in der 68. Auflage von 1924 erhalten; *Le côté des
Guermantes 2 – Sodome et Gomorrhe 1* in der 3. Auflage von 1921 (mit handschriftlichen Eintragungen Rilkes); *La prisonnière = Sodome et Gomorrhe 3* in
der 10. Auflage von 1923 (ebenfalls mit Marginalien Rilkes) und *Albertine dis-
parue* in der 9. Auflage von 1925; vgl. die Inventarlisten des Schweizerischen
Rilke-Archivs in Bern: Muz_30–34, sowie Hans Janssen (wie Anm. 16), S. 312f.
– Zu Rilkes Proust-Lektüre und seiner Auseinandersetzung mit dessen Werk vgl.
Dorothea Lauterbach: *Kontakte und Kontexte: Frankreich*; in: Manfred Engel
(Hrsg.), *Rilke-Handbuch. Leben – Werk – Wirkung*. Stuttgart 2004, S. 79–82;
E. F. N. Jephcott, *Proust and Rilke. The Literature of Expanded Consciousness*.
London 1972.

[147] Rilke hatte Paris am Abend des 25. Februar 1914 verlassen und war zunächst
nach Berlin gereist, um dort die bisher nur aus einem leidenschaftlichen Briefwechsel bekannte Pianistin Magda von Hattingberg ('Benvenuta') kennenzulernen. Mit ihr war er, über Jena, nach München gefahren und von dort über
Innsbruck, Zürich, Winterthur und Basel schließlich am 26. März nach Paris
zurückgekommen. Vom 20. April bis 4. Mai hatten sich beide auf Schloß Duino
an der Adria aufgehalten und schließlich in Venedig getrennt. Daraufhin hatte
Rilke vierzehn Tage in Assisi verbracht und war, über Mailand, am 26. Mai
wieder nach Paris heimgekehrt.

Unordnung in unseren geschäftlichen Beziehungen eingerissen, sehr mit Recht kam Ihre Note mich daran erinnern. Da ich aber Ende dieses Monats oder längstens Anfang August nach München komme, sind Sie sicher nicht unwillig, wenn ich meine Schuld noch so lange bei Ihnen anstehen lasse.
Alles inzwischen ist gut in meine Hände gelangt; ich freue mich, bei Ihnen manches Neue, wohl gar Unerwartete, einzusehen und hoffe, Sie, wie immer, wohlauf und im erfreulichsten Sinne thätig zu finden.
Unter bester Begrüßung
Ihr
RMRilke˙

Sechs Tage später macht Rilke seine Ankündigung wahr und bricht zu einer, wie er annimmt, kurzen Deutschlandreise auf. Nach Besuchen in Göttingen bei Lou Andreas-Salomé und in Leipzig bei Anton und Katharina Kippenberg wird er vom Ausbruch des Krieges überrascht und kommt am 1. August 1914 in München an, wo er während der nächsten fünf Jahre, mit gelegentlichen längeren oder kürzeren Unterbrechungen, in verschiedenen Hotels und Unterkünften ausharren muss. Sie alle – das Hotel Marienbad in der Barerstraße, die Pension Pfanner in der Finkenstraße, Hertha Koenigs Etage in der Widenmayerstraße, die Villa Alberti in der Keferstraße am Englischen Garten, das Hotel Continental in der Ottostraße oder die Atelierwohnung in der Ainmillerstraße – liegen in Gehweite zur Buchhandlung Jaffe; und so nimmt es nicht wunder, dass aus dieser Zeit keine schriftlichen Bestellungen, Anfragen und Aufträge überliefert sind. An ihre Stelle sind persönliche Besuche und Gespräche getreten. Als Rilke dann am 11. Juni 1919 auf Einladung des Lesezirkels Hottingen nach Zürich aufbricht, tut er das im Glauben, schon bald nach München zurückzukommen, und behält deshalb seine Wohnung in der Ainmillerstraße bei. Die anfangs nur für zehn Tage geltende schweizerische Bleibeerlaubnis wird jedoch von Mal zu Mal verlängert und so gelangt er, nach unstet wechselnden Aufenthaltsorten und Lesestationen,[148] am 7. Dezember 1919 nach Locarno. Hier logiert er zunächst im Grand-Hôtel, dann, vom 17. Dezember 1919 bis 27. Februar 1920, in der Villa Muralto.

---

[148] Vgl. dazu S. 122.

11.

z. Zt. Locarno (Tessin) Schweiz,
Pension Villa Muralto.
am 27. Dezember 1919

Sehr geehrter Herr Jaffe,
Sie sehen mich immer noch in der Schweiz,[149] ich konnte also diesmal meine Weihnachtsbesorgungen nicht bei Ihnen bewerkstelligen –, haben Sie recht heiße dringende Wochen gehabt?
Dagegen komme ich doch noch mit weihnachtlichen Aufträgen, wennauch nachträglich:
Wollen Sie die Freundlichkeit haben, den Gundolf'schen Goethe[150] (in meinem Auftrag und für meine Rechnung) an Frau Clara Rilke gelangen zu lassen, – möglichst umgehend? An dieselbe Adresse hätte ich gerne auch das große Keyserling'sche Reisetagebuch[151] geschickt, von dem, wie mir der Verlag Reichl eben schreibt,[152] auch die zweite Auflage schon wieder vergriffen ist. Ich bezweifle nun, ob Sie noch ein Exemplar haben? Ist das der Fall, so senden Sie es gleich (ebenfalls auf meine Kosten) nach Fischerhude; denn die Adresse von Frau Rilke kennen Sie doch, nichtwahr? Fischerhude Bezirk Bremen, Frau Clara Rilke.[153]
Vielen Dank.
Und damit nehmen Sie für sich und die Ihrigen gute Jahreswünsche; auch den Fräuleins im Geschäft und Herrn Schuler[154] übermitteln Sie gütigst mein freundlich wünschendes Gedenken. Seien Sie mir herzlich gegrüßt.
In alter guter Gesinnung
Ihr ergebener
RMRilke·

---

[149] Dass dem Brief entsprechende Nachrichten vorausgegangen sind, ist möglich; gleichwohl könnte sich das »immer noch in der Schweiz« auch auf Bemerkung vor Reiseantritt beziehen.
[150] Friedrich Gundolf: *Goethe*. Berlin: Georg Bondi 1916.
[151] Graf Hermann Keyserling: *Das Reisetagebuch eines Philosophen*. München und Leipzig 1919, mit mehreren folgenden Auflagen.
[152] Eine schriftliche Anfrage beim Reichl-Verlag nach entsprechenden Briefen Rilkes blieb ohne Antwort.
[153] Clara Rilke hatte sich am 21. März 1918 endgültig von München nach Fischerhude bei Bremen abgemeldet und dort mit Tochter Ruth ihr kleines Atelierhaus bezogen.
[154] Der Mysterienforscher Alfred Schuler (1865-1923); zur Beziehung zwischen Rilke und Schuler vgl. Rilke – Hellingrath (wie Anm. 18), S. 126–134.

Die erste Auflage von Friedrich Gundolfs umfangreicher Goethe-Studie war 1916 erschienen. Rilke hatte sie sogleich erworben – vermutlich bei Jaffe, dessen Rat und Urteil man aus jenen ein wenig konventionell und werbemäßig klingenden Sätzen herauszuhören meint, die Rilke Anton Kippenberg, dem ausgewiesenen Goethekenner und -sammler, am 18. September 1916 aus der Münchner Keferstraße übermittelt: »Seit vorgestern bin ich nun im Besitz von Gundolf's großem ›Goethe‹; es ist gewissermaaßen ein Lehrbuch, der Art seiner Behauptung nach, aber eines von wirklichem Übergewicht und von jener Genauigkeit und Lauterkeit im Geiste, die vielleicht das Wirkendste wird gewesen sein, was aus der Verpflichtung und Weihe des george'schen Gedichtes seine Gesetze hat.« Allerdings hatte er »seit vorgestern« den Band wohl nur durchblättert, war bei den »schönen Seiten über die ›Pandora‹« hängengeblieben und zu dem etwas summarischen Schluss gelangt, dass »dieses Buch durch sein reines Rechthaben bedeutend ist, als Anregung zum Wieder- und Weiterlesen in Goethe unschätzbar«.[155] Noch drei Monate später, am 31. Dezember 1916, muss er Helene von Nostitz eingestehen: »Gundolfs Goethe war dasjenige [von neuen Büchern], worauf ich die meiste Erwartung gesetzt hatte; aber das weitläufige Buch verlangt eine Kontinuität, Ausdauer und Gleichmäßigkeit des Lesenden, zu der ich mich leider noch nicht zusammenzunehmen vermochte.«[156] Zu gleicher Zeit hatte er das Werk an Aline Gräfin Dietrichstein geschickt,[157] jedoch auch ihr am 30. April 1917 eröffnet: »[...] den Gundolf im Ganzen spare auch ich mir auf, erst dacht ich, er wäre schön am Kamin zu lesen, nun stell ich mir Wiesen und schattige Bäume dafür vor, ohne rechte Vorstellung, wo die sich finden werden.«[158] Das seitdem nicht mehr genannte Buch war Rilke möglicherweise erst durch Gespräche mit Frau Gudi Nölke über Goethe und neue Goethe-Lektüren[159] wieder in Erinnerung geraten und hatte so zur Bestellung für Clara Rilke geführt. Bei dem im Rilke-Archiv zu Gernsbach verwahrten Exemplar der 9. Auflage von 1920[160] dürfte es sich um dieses Clara Rilke zugedachte Exemplar handeln.

---

[155] Rilke – Anton Kippenberg (wie Anm. 25), Bd. II, S. 53.
[156] Rilke – Nostitz (wie Anm. 93), S. 99.
[157] Vgl. Rilke an Alexander Graf Dietrichstein-Mensdorff, 1. Januar 1917; in: *Mesa*, Nr. 4, Spring 1952, S. 26.
[158] 30. April 1917; zitiert in: Briefe zur Politik (wie Anm. 8), S. 164.
[159] Rilke-Chronik (wie Anm. 17), S. 648, 649.
[160] Hans Janssen (wie Anm. 16), S. 303.

Viel entscheidender als mit Gundolfs unter Vorbehalt aufgenommenem *Goethe* hatte sich Rilke mit Hermann Graf Keyserlings *Reisetagebuch eines Philosophen* eingelassen. Das zweibändige im Krieg versteckt gehaltene Werk war im Dezember 1918 unter der Jahreszahl 1919 im Verlag Duncker und Humblot in München und Leipzig veröffentlicht worden. Am 3. Dezember 1918 hatte Fürstin Taxis »das neue Buch« angekündigt; doch läßt es, wie Rilke am 13. Januar 1919 klagt, »noch weiter auf sich warten«.[161] Dass er es knapp zwei Monate später hat studieren können, bezeugen die eigenhändigen Lektüredaten »2.–9. März 1919« in seinem Handexemplar.[162] Im Otto Reichl Verlag in Darmstadt kommt 1919 eine zweite Auflage heraus, welche, laut der auf »August 1919« datierten »Vorbemerkung« des Autors »gegenüber der ersten nur geringfügige Änderungen und Nachbesserungen erfahren« hat. Die folgende – dritte – Auflage erscheint im Frühjahr 1920.[163] Für Rilke, der sich seit Sommer 1915 mit Hermann von »Keyserling beschäftigt« hatte,[164] gehört dieses Buch zu den wichtigsten Leseerfahrungen der unmittelbaren Nachkriegszeit; er nimmt es wiederholt vor – »das 3te Mal« »lang-sam« und aufmerksam im Dezember 1920[165] – und empfiehlt es, zustimmend und ausführlich begründend, innerhalb weniger Monate mehr als zehn Personen, unter ihnen Karl von der Heydt, Lou Andreas-Salomé, Katharina Kippenberg, Fürstin Taxis und Erwein von Aretin: »Es ist das europäischeste Buch von heute und das freieste, erlebendste, vorurtheilsloseste, von diesem Standpunkte aus«, heißt am 8. März 1921 an Lily Ziegler.[166] In seiner »Bewunderung« läßt er sich auch dann nicht beirren, als er schmerzlich entdecken muß, dass Keyserling ihn »an einer Stelle des II^{ten} Bandes« »mit so harter und (wie mir scheint) ungerechter Zurechtweisung erwähnt! Warum eigentlich? – Was er mir dort so schroff und bloßstellend vorwirft, kann ich versichern nie behauptet noch empfunden zu haben, eine solche Einpassung Gottes ins Geringfügige widerspräche mir im innersten Grunde---, hätte ich sie aber selbst je in einem falschen dichterischen Bilde für einen Moment zur Schau gestellt, - so begriffe ich auch dann nicht diese

---

[161] Rilke – Taxis (wie Anm. 37), S. 564, 571.
[162] Rilke-Archiv, Gernsbach; vgl. Hans Janssen (wie Anm. 16), S. 307.
[163] Vgl. Thomas Seng: *Weltanschauung als verlegerische Aufgabe.* Der Otto Reichl Verlag 1909–1954. St. Goar 1994, S. 388, 301.
[164] Vgl. Rilke – Taxis (wie Anm. 37), S. 425: 9. Juli 1915.
[165] Rilke – Wunderly-Volkart (wie Anm. 146), S. 350f.: 30. November 1920; Rilke – Taxis (wie Anm. 37), S. 629: 15. Dezember 1920.
[166] Briefe an Schweizer Freunde (wie Anm. 94), S. 204.

harte Abfertigung und Einrangierung ins Mindere, in einem Werke von solcher Unparteilichkeit, das, soviel ich weiß, sonst nirgends eine persönliche Verwerfung enthält.«[167] Keyserling hatte – auf S. 564 der zweiten beziehungsweise S. 662 der dritten Auflage – geschrieben: »Rainer Maria Rilke, eine feinfühlige, zarte Natur, hat gelegentlich, wo er von fallendem Herbstlaub sang, die Gottheit geoffenbart. Doch wo er direkt von dieser spricht, dort redet er an ihr vorbei. Rilke gehört zu denen, welchen die Blume der greifbarste Ausdruck des Ewigen ist. Vom Göttlichen unmittelbar zu künden, sollte er großzügigeren Geistern überlassen.« Erst in späteren Jahren weicht Rilkes Hochschätzung einer kritischeren Distanz, ohne dass sein Interesse an Keyserlings Produktion je erlahmt wäre.[168]

Auf Rilkes Brief hatte Heinrich Jaffe zu Gundolfs *Goethe* den Vermerk: »E« (= erledigt) und zu Keyserling eine nicht zu entziffernde Notiz eingetragen. Wie das auf der ersten Briefseite mit Blei notierte Datum »9/I/19« (statt richtig: »9/1/20«) zeigt, hatte er am 9. Januar 1920 geantwortet und von der Entwicklung seines Unternehmens berichtet.

12.
z. Zt. Locarno (Tessin) Schweiz
Pension Villa Muralto,
am 20. Januar 1920

Lieber Herr Jaffe,
es war sehr freundlich von Ihnen und mir sehr willkommen, dass Sie mir einige Nachrichten zukommen ließen. Vor allem hat es mich gefreut, zu vernehmen, dass Ihnen so schöne Wochen erholender Gastfreundschaft vor den Stürmen des Weihnachtsgeschäfts vergönnt gewesen sind.[169]
Die Fortschritte der »Lesestube« haben meine beste Theilnehmung und es thut mir recht an, die Vorträge versäumt zu haben, die Sie da nennen: besonders der des Grafen H. Keyserling und Oswald Spenglers Vorlesung wären für mich von größter Bedeutung gewesen. Ob ich selbst mich je dazu entschließen könnte? Vielleicht jetzt

---
[167] Rilke – Taxis (wie Anm. 37), S. 628–630: 15. Dezember 1920.
[168] Vgl. insgesamt Tina Simon (wie Anm. 57), S. 236–240.
[169] Nichts Näheres ermittelt.

eher seit ich in der Schweiz mit sieben Abenden meine so lang unterbrochene öffentliche Mittheilung – nicht ohne Freude – wieder aufgenommen habe.
Aber über diese Frage können wir uns erst mündlich auseinandersetzen, nach meiner Rückkehr.
Ich danke Ihnen für die Versendung von Gundolfs Goethe an die angegebene Adresse, und dass Sie es ich nicht verdrießen lassen, das Keyserlingsche Buch weiterzusuchen. Im Februar oder März, schreibt mir Reichl, käme die neue Auflage; schlimmsten Falles müssen wir eben so lange uns gedulden.
Die abonnierten Zeitschriften (man fragte von Ihnen aus bei mir an) mögen ruhig in die Ainmillerstraße weiter gehen und sich dort anhäufen;[170] *die Post ist so langsam, es hätte keinen Sinn, sie hierher zu senden, wo ich doch zu dieser Art Lektüre wenig Zeit finde.*
Dagegen hätte ich sehr gerne, so rasch als möglich, (Drucksache Express: bitte!) das neue Heft der Blätter für die Kunst (Stefan George), wo ein Dialog zwischen Rodin und St. G. zu finden sein soll, für den ich das dringendste Interesse habe.[171]
Bitte nehmen Sie sich dieses Wunsches in gewohnter Umsicht an.
Und damit seien Sie mir aufs Beste gegrüßt!
Ihr
ergebener
RMRilke

P.S.
Zur Überweisung des Betrages von Mk 71,50 an Sie (laut Rechnung vom 31. XII. 19.) ist die »Deutsche Bank« von mir beauftragt worden!

---

[170] Bei seiner Abreise in die Schweiz hatte Rilke die Wohnung in der Ainmillerstraße 34 beibehalten und sie Freunden und Verwandten zu gelegentlicher Nutzung überlassen. Erst im Sommer 1920 wird er sie, aus Furcht vor Beschlagnahmung, an den Psychiater und Schriftsteller Dr. med. Hans Feist (1887–1952) untervermieten; vgl. S. 123 mit Anm. 190.

[171] »Der Abend von Meudon/Rodin · George«; das Zwiegespräch in Versen war Mitte Dezember 1919 in der XI./XII. (und damit letzten) Folge der *Blätter für die Kunst*, S. 281–284, erschienen. Der – wie bei allen Beiträgen dieser Folge – ungenannte Verfasser ist Ernst Morwitz; er hatte den Dialog aufgrund der Begegnung zwischen George und Rodin in Meudon im Jahre 1908 dichterisch gestaltet.

Jaffes seit April 1919 vorbereitete »Lesestube« war am Vormittag des 17. September 1919 spektakulär mit einer Lesung Thomas Manns aus dem *Zauberberg* eröffnet worden.[172] Die *Münchner Neuesten Nachrichten* hatten dazu am 16. September auf Seite 2 angekündigt: »Thomas Mann wird am Mittwoch, 17. ds. vorm. 11 Uhr bei der Eröffnung von Heinrich Jaffes ›Lesestube‹ aus einem unveröffentlichten Manuskript lesen.« Weitere Vorträge waren in kurzem Abstand gefolgt. So hatten die *Münchner Neuesten* in der Morgenausgabe vom 4. Oktober 1919 gemeldet: »Heute 7 ½ Uhr in Jaffes Lesestube (im Rahmen der Goethe-Gesellschaft) Vortrag Hermann Gf. Keyserling über ›Goethes Vorbildlichkeit‹« – ein Ereignis, zu dem ein Anonymos ›N.‹ in der Morgenausgabe vom 17. Oktober unter dem Titel *Goethes Vorbildlichkeit* berichtet, Keyserling habe, »eingeleitet« von Professor Friedrich von der Leyen, »einen nach Form und Inhalt vollendeten Vortrag« gehalten. Dabei habe er Goethe als den »typischen Deutschen« vorgestellt, »dessen ewig lebender Geist fortwirkend suggestive Kraft ausübe und durch die Jahrhunderte ausüben werde. In ihm habe die deutsche Natur eine Neufassung gefunden. [...] Er sei den Weg von der Selbstentfremdung zur Selbstbewußtheit gegangen, denselben Weg, den jetzt auch Europa gehen müsse. [...] Darin eben sei Goethe vorbildlich, daß er ›immer strebend sich bemüht‹ habe, so daß er eigentlich die Vorwegnahme des Zukunftsmenschen gewesen sei.« Im lapidaren Tagebuchrückblick vom 21. Oktober 1919 merkt Thomas Mann an: »In der ›Goethegesellschaft‹ bei Jaffe, wo Graf H. Keyserling sprach. Am nächsten Nachmittag war er mit seiner Frau, einer Enkelin Bismarcks,[173] bei uns, gefräßig und gesprächig.«[174] Auch Friedrich von der Leyen erinnert sich: »Nach dem Vortrag [...] saßen wir und seine Frau [...], Oswald Spengler, Heinrich Wölfflin, Hugo und Elsa Bruckmann, meine Frau und ich zusammen. Wölfflin und Keyserling sprachen über indische Philosophie und Kunst, vom Großvater Bismarck wurde erzählt, und der Graf Keyserling umwarb Oswald

---

[172] Thomas Mann notiert am 2. April 1919: »Vormittags [...] bei Jaffe, der eine Lesestube einrichtet und Vorlesungen veranstalten will, zu denen er mich aufforderte.« Unter dem 17. September heißt es dann: »[...] ging zu Jaffe, wo ich die neue Lesestube mit meiner Vorlesung aus dem Zbg. einweihte. [...] Jaffe selig« (Tagebücher 1918-1921 [wie Anm. 146], S. 184 und 303; eine gedruckte Einladungskarte an Karl Wolfskehl verwahrt das Deutsche Literaturarchiv in Marbach a.N.).
[173] Goedela, geb. Gräfin von Bismarck-Schönhausen.
[174] Thomas Mann, Tagebücher (wie Anm. 146), S. 308.

Spengler charmant, trotzdem er auf liebenswürdige Zurückhaltung stieß, nicht locker lassend: Er wollte vom Untergang des Abendlandes nichts hören, er glaubte an den Anfang.«[175]
Nicht nur Keyserlings, sondern auch Spenglers Rede weckt Rilkes Interesse; denn mit beiden Hauptwerken hatte er sich im Laufe des vergangenen Jahres beschäftigt. Während er noch auf das Keyserlingsche *Reisetagebuch* wartet, hatte er sich »en attendant« Oswald Spenglers *Untergang des Abendlandes* beschafft und mit der Lektüre dieses »merkwürdigen« Buches in der Neujahrsnacht 1919 begonnen – »ein Buch für lange Abende«, das, wie er Fürstin Taxis voraussagt, »Sie mit bedeutendem Einfluß festhalten wird«.[176] Er hatte es im Februar während seiner sich langsam hinziehenden, gründlichen Lektüre Lou Andreas-Salomé – vermutlich von Jaffe – »durch Eilboten« zuschicken lassen und ihr bekannt: »Der Spengler war seit Langem das Erste, was mich wieder zusammennahm«,[177] ohne daß es einen vergleichbar tiefen Eindruck wie das Keyserlingsche *Reisetagebuch* hinterlassen hätte. In den *Münchner Neuesten Nachrichten* vom 22./23. November 1919 war zu lesen: »Morgen, Sonntag, 11 Uhr in der Lesestube Jaffe: Vortrag von Oswald Spengler über ›Goethes philosophische Form‹.« Anders als im Falle Keyserling bringt das Blatt in den folgenden Tagen keine Besprechung; und Thomas Mann stellt am 23. November la-

---

[175] Friedrich von der Leyen: *Leben und Freiheit der Hochschule. Erinnerungen.* Köln 1960, S. 149.
[176] Rilke-Taxis (wie Anm. 37), S. 571f.: 13. Januar 1919. Beide Werke stellt er auch im Brief an Katharina Kippenberg vom 7. März 1919 nebeneinander. Er sei, so schreibt er, jetzt »vollauf« »mit dem sehr merkwürdigen, großen Reisetagebuch Hermann Keyserlings (: das ich Ihnen sehr nahelege)« beschäftigt, und fährt fort: »Was für Bücher da um das unselige Jahr 1914 entstanden sind: wirkliche Bücher, die Welt hatten; wie Spenglers Untergang des Abendlandes, dessen überragende Bedeutung ich Ihnen doch wohl längst gerühmt habe? Ach lesen Sie, lesen Sie!« (Rilke – Katharina Kippenberg [wie Anm. 9], S. 337). Von Oswald Spenglers kulturphilosophischem Hauptwerk *Der Untergang des Abendlandes. Umrisse einer Morphologie der Weltgeschichte* liegt damals nur der 1918 im Verlag Braumüller in Wien erschienene Erste Band *Gestalt und Wirklichkeit* vor; auf dieses, wie Spengler im Vorwort zum Zweiten Band (1922) einräumt: »Fragment nach außen und innen« beziehen sich Rilkes Äußerungen. Der zweite Band *Welthistorische Perspektiven* kommt erst 1922 bei der C. H. Beck'schen Verlagsbuchhandlung in München heraus, die alle weiteren Auflagen des Gesamtwerks betreut. Ihn hat Rilke, soviel ich sehe, nicht mehr zur Kenntnis genommen.
[177] Rilke – Lou Andreas-Salomé (wie Anm. 23), S. 391; 395f.: 7. Februar und 21. Februar 1919.

konisch fest, der Redner habe in »einer rigoros-schematischen Art« Goethes »›platonische‹ Aspirationen als sehr modern-sentimentalisch [ge]kennzeichnet«.[178]

Rilkes zweifelnde Frage, ob er selbst sich je zu einem solchen Vortrag »entschließen könnte«, legt die Vermutung nahe, dass Jaffe ihn dazu eingeladen habe. Schon in vorangegangenen Jahren hatte Rilke sich gelegentlich mit entsprechenden Gedanken getragen, die freilich alle unverwirklicht blieben. So hatte er am 13. Juli 1915 spontan angeboten, sein *Stunden-Buch* im Rahmen der von Elsa Bruckmann mitbegründeten »Kriegshilfe für geistige Berufe« »öffentlich vorzulesen«, allerdings schon sechs Tage später diesen aus »unverantwortlichster Voreiligkeit« geborenen Plan erschrocken zurückgezogen.[179] Ein Jahr später, am 13. November 1916, hatte er erwogen, »eines Tages einen Trakl-Abend für einige Menschen [zu] geben an dem runden Tisch der Stobbe'schen Bücherstube, selbst lesend oder wenigstens eine Einführung sprechend, wenn sich für das Lesen ein junges Mädchen geeignet zeigte.«[180] Andererseits hatte er am 13. Oktober 1918 Axel Junckers Anfrage abgelehnt und auf »merkwürdig viele Vortrags-Einladungen« verwiesen, »die in diesen letzten Wochen bei mir eingelaufen.« »Gestern ging eine Ablehnung ab, heute oder morgen werden drei andere erledigt werden. Zwar entschlösse ich mich in diesem Jahr eher, vorzulesen als in den letzten Jahren, überwände mich dazu, um es genauer zu sagen, aber die Schwierigkeit liegt im Reisen und in der Festsetzung eines Termins.«[181] Am 11. November 1918 bescheidet er auch Friedrich Burschells Vorschlag einer »Ansprache an die Studenten« in München negativ, ohne eine spätere Gelegenheit völlig auszuschließen.[182] Wenn er Jaffe nun, angesichts der Erfahrungen, welche er soeben mit seinen sieben Schweizer Leseabenden vom 27. Oktober bis 28. November 1919 in Zürich, St. Gallen, Luzern, Basel, Bern und Winterthur gemacht hatte,[183] auf spätere Gespräche vertröstet, bleibt zu bedenken,

---

[178] Thomas Mann, *Tagebücher* (wie Anm. 146), S. 325.
[179] Vgl. Rainer Maria Rilke, *Briefe aus den Jahren 1914 bis 1921*. Hrsg. von Ruth Sieber-Rilke und Carl Sieber. Leipzig 1937, S. 57-61.
[180] Rilke – Münchhausen (wie Anm. 17), S. 53.
[181] Rainer Maria Rilke, *Briefe an Axel Juncker*. Hrsg. von Renate Scharffenberg. Frankfurt a. M. 1979, S. 201f.
[182] Rilke, *Briefe 1914 bis 1921* (wie Anm. 179), S. 210; Briefe zur Politik (wie Anm. 8), S. 232.
[183] Vgl. Rainer Maria Rilke. *Schweizer Vortragsreise 1919*. Hrsg. von Rätus Luck. Frankfurt a. M. 1986, S. 179-277.

dass er nach November 1919 konsequent jeder Lesung vor großem Publikum ausweicht. Ähnlich hinhaltend entzieht er sich im Dezember 1919 einem Vortrag über Bildende Kunst in Winterthur[184] und drei Jahre später einer Lesung in Bern.[185] Daneben macht dieser Verweis auf mögliche künftige Begegnungen deutlich, dass Rilke nach wie vor davon ausgeht, in absehbarer Zeit in die Ainmillerstraße zurückzukehren, wohin die abonnierten Zeitschriften wie gewohnt zu schicken seien. Sein Wort von der »zu langsamen Post« zeigt, mit welch kurzer Zeitspanne er rechnet.

Ende Februar 1920 begibt Rilke sich von Locarno nach Basel, wo er, mit kurzen Unterbrechungen, bis zum 10. Juni bei Hélène Burckhardt-Schazmann, der Mutter Carl J. Burckhardts und Theodora von der Mühlls, auf Gut Schönenberg bei Pratteln in der Nähe von Basel zu Gast ist. Nach anschließenden Aufenthalten in Venedig, der Schweiz und Paris bewohnt er vom 12. November 1920 bis zum 10. Mai 1921 das Schlößchen Berg am Irchel in der Nähe von Zürich, »diese außerordentliche ja wunderbare Zuflucht«, die ihm durch Vermittlung von Nanny Wunderly-Volkart Oberst Richard Ziegler und dessen Frau Lily für den Winter zur Verfügung stellen.[186] Hier hatte ihn Jaffes Brief, dem nicht überlieferte Buchaufträge Rilkes für seine Frau Clara vorausgegangen waren, mit der Information erreicht, dass er, anstelle der »Lesestube«, seit 1. Januar 1921 mit Otto Mittler ein »Antiquariat & Versandbuchhandel« in der Finkenstraße 7 betreibe.[187]

---

[184] Ebenda, S. 275f.
[185] Ebenda, S. 21f.
[186] Vgl. Rilke an Lily Ziegler, 17. Oktober 1920, in: *Briefe an Schweizer Freunde* (wie Anm. 94), S. 115.
[187] Laut Münchner Gewerbeliste eröffnen Heinrich Jaffe und Otto Max Mittler – geb. in Wien am 1. April 1883 und als österreichischer Staatsbürger seit 1918 in München als »Buchhändler« gemeldet – am 1. Januar 1921 ein Antiquariat mit Versandbuchhandlung; Jaffe wird am 10. Januar 1925 als Mitinhaber »von Amtswegen abgemeldet, da verstorben«, und der Firmeneintrag am 25. April 1925 gelöscht (freundliche Auskunft von Archivamtsrat Anton Löffelmeier, Stadtarchiv München).

13.

Schloss Berg am Irchel
Kanton Zürich
Schweiz,
am 18. April 1921

Werther und lieber Herr Jaffe,
das ist ja sehr erfreulich, dass alle meine Wünsche auf der Stelle erfüllbar waren, und ich danke Ihnen gleich für den raschen und aufmerksamen Vollzug.
Frau Rilke hat mir auch schon das Eintreffen der Bücher erfreut angezeigt.
Außerordentlich freundlich war es von Ihnen, mich in einigen Worten über das buchhändlerische Ergehen bei ihnen zu unterrichten. Für die schöne Lesestube war es wohl doch ein zu vielfältig ablenkender Moment.
Es ist aber sehr rühmlich, dass Sie, thätig und entschlossen, wie ich Sie kenne, diesen Ausfall sofort durch die Begründung des Antiquariates Jaffe und Mittler wett gemacht haben. – Sicher werde ich auch diese Seite Ihre Bücherlagers gelegentlich in Anspruch nehmen.
Für dieses Mal, lieber Herr Jaffe, den Dank für die eben erwiesene Bethätigung und alle freundlichen Grüße.
Ihr
RMRilke[188]

Obwohl Rilke seine Ausreise weiter in Betracht zieht – in diesem Zusammenhang hatte er fünf Tage früher Marianne (Mieze) Weininger nach einem Ort im Schwarzwald gefragt, »der für ein paar Wochen gut und räthlich wäre? [...]. Ich unterrichtete mich gerne für den Fall, daß ich auf der Rückreise nicht gleich nach München wollte oder könnte«[189] –, gelingt es, seinen Aufenthalt nachhaltig und endgültig zu verlängern. Er wird nie nach Deutschland zurückkehren und schließlich Mitte Februar 1921 seine Münchner Wohnung in der Ainmillerstraße auflösen.[190] Mit dem Verbleib in der Schweiz und – ab Juni

---

[188] Auf der Rückseite Jaffes Entwurf einer Antwort an den »Hochverehrte[n] Herr[n] Rilke«.
[189] Rilke-Chronik (wie Anm. 17), S. 677.
[190] Vgl. Rilkes Korrespondenz mit Anton Kippenberg aus diesen Tagen in: Rilke –

1921 – mit Muzot als festem Lebensort lockert sich die Verbindung zu Jaffe, der am 2. Oktober 1922 im Alter von nur 60 Jahren stirbt. Rilkes letztes überliefertes Schreiben an die Buchhandlung datiert vom 16. März 1922 und sagt dem »Herrn Jaffe jun.« Dank für eine nicht näher bestimmte Lieferung.[191] Fortan wird Rilke seine Buchgeschäfte über schweizerische oder französische Häuser abwickeln, bevorzugt über die französische Buchhandlung in der Züricher Rämistraße, deren Leiter Paul Morisse – er hatte ihn schon Mitte Juni 1919 in Zürich kennengelernt – ihm bald zum literarischen Freund und Berater wird.[192]

Anton Kippenberg (wie Anm. 25), Bd. II, S. 199–214. Kippenberg läßt die Wohnung von einem Mitarbeiter räumen und Rilkes Möbel und weitere Habe nach Leipzig zum Insel-Verlag bringen. Vgl. Gerhard J. Bellinger und Brigitte Regler-Bellinger: *Schwabings Ainmillerstraße und ihre bedeutendsten Anwohner.* Norderstedt. Books on Demand 2003, S. 289–304.

[191] S. oben S. 83 mit Anm. 24.
[192] Rilke-Chronik (wie Anm. 17), S. 636; vgl. Jean R. von Salis: *Rainer Maria Rilkes Schweizer Jahre. Ein Beitrag zur Biographie von Rilkes Spätzeit.* Frauenfeld 1952, S. 32-33.

Reinhard Baumann
Das kurze Leben des Mathias Kneißl und sein letzter Brief

Ob der Hiasl in Himmi kemma is,
Dös ko ma neahmat sagn,
Ob er in da Höll drunt Hoaza is –
Dös müassat ma erst derfrogn.
Ma büaßt, was ma vabrocha hot,
Vom Herrgott wern ma alle g'richt',
Wenns g'nau geht, san ma alle gleich
Und Sünder vor Gottes Angesicht.

(Letzte Strophe des Kneißl-Liedes)

In München haben sie ihn hergerichtet und in Augsburg hingerichtet.« Dieser bekannte Spruch über den Kneißl entstand, als der von zwei ganzen Kompanien bayerischer Gendarmerie in der »Kneißl-Schlacht von Geisenhofen« zur Strecke Gebrachte in der Münchner Chirurgischen Klinik wieder zusammengeflickt wurde, um dann unter dem Fallbeil des Scharfrichters zu enden.

Denn am Räuber Kneißl mussten sich Rechts- und Ordnungsgewalt des Staates erweisen. Er, der selbst einmal den »Bayerischen Hiasl« zu seinem Vorbild erklärt hatte, war wie der Mathias Klostermayer schon zu Lebzeiten zur Sagenfigur geworden, unerschöpflicher Erzählstoff für Wirtshausgespräche und Bänkelsänger. Bewunderung schlug ihm entgegen. Schon unverhohlene Freude darüber wurde laut, dass er immer wieder die Gendarmerie an der Nase herumführte. Die aber stand stellvertretend für die Obrigkeit ...

Zugrunde gerichtet haben den Kneißl gewiß nicht Triebhaftigkeit und instinktmäßiges Handeln, wie das ein am 30. April 1933 erschienener Artikel in der *Süddeutschen Sonntagspost* unterstellt, schon gar nicht das »gärende, italienische Blut der Mutter«, deren Bruder der berüchtigte Bandit Pascolini war. Mathias Kneißl war ein Opfer seiner

Umwelt, des Milieus, in dem er aufwuchs, und der Reaktion der Gesellschaft und des Staates auf einen Menschen seinesgleichen.

Geboren wurde er am 4. August 1875 in Unterweikertshofen, wo seine Eltern eine Gastwirtschaft betrieben. Dass dort seine Mutter, die »Baschkalini-Res«, das Bier zapfte und mit der Ziehharmonika oft lustig aufspielte, zog viele Gäste an, auch solche, die mit den Gendarmen nicht auf gutem Fuß standen. Und dass die Mutter das Wildbret ohne Jagdschein besorgte, ist sicher auch bald dem kleinen Hiasl nicht mehr verborgen geblieben.

Als die Kneißls 1886 ihre Wirtschaft verkauften und dafür die einsame Schachermühle zwischen Altstetten und Sulzemoos erwarben, war der Bub elf Jahre alt. Über die neue Heimat gingen bereits Räuber- und Wilderergeschichten um, bevor die Kneißl-Familie sich dort einrichtete. Es ist aber nicht von der Hand zu weisen, dass sich dort nun vermehrt Leute ein Stelldichein gaben, die die Res von früher her kannten und das Auge des Gesetzes scheuten. Andererseits steht fest, dass der Kneißl-Vater in diesen Jahren wacker gerackert und sich redlich bemüht hat, als Müller, als Ackerbauer, als Schreiner. Dem Hiasl gefiel natürlich das freie, ungebundene Leben in der Mühle und um sie herum viel besser als das disziplinierte Stillsitzen auf der Schulbank von Sulzemoos. Er war ein problematischer Schüler: unaufmerksam, nachlässig, faul. Je älter er wurde, desto häufiger fehlte er in der Schule. Die Sonntagsschulpflicht bis zum siebzehnten Lebensjahr drückte ihn, wie damals die Landjugend allgemein. Das Schwänzen trug ihm deshalb neben Wildern die ersten Vorstrafen ein. Für beides hatte er kein Unrechtsbewußtsein entwickelt, seine Schulversäumnisse fanden väterliche Unterstützung. Ein solches Schulgesetz erkenne man bei den Kneißls ganz einfach nicht an, erklärte der alte Kneißl dem Lehrer Wagner.

Und dieser Lehrer Wagner spielte eine wichtige Rolle in den letzten Lebensstunden des Mathias Kneißl. Dem Lehrer aus ungeliebten Schulzeiten galt sein letzter Brief, den er in der Nacht vor der Hinrichtung in der Augsburger Gefängniszelle geschrieben hat. Ob dieser Brief sein eigener Entschluß war, oder ob er durch die beiden, ihn in den letzten Tagen betreuenden Geistlichen angeregt wurde, ist nicht mehr zu klären. Es wäre allerdings durchaus möglich, dass der Lehrer Wagner bei seinem Schüler trotz dessen geringer Neigung zum Schulbesuch tiefen Eindruck hinterlassen hat. Der Hiasl hat nämlich offensichtlich viel gelernt auf der Schulbank in Sulzemoos. Dafür sprechen ein überraschend sauberes Schriftbild, ein nahezu fehlerloses Beherrschen der Rechtschreibung und ein bemerkenswert guter Stil.

Der Lehrer Wagner hatte ihn schon immer für durchaus begabt gehalten: »Fähigkeiten sind ihm nicht abzusprechen.« Der Schüler von der Schachermühle scheint ihm für seine Bemühungen in einem stillen Winkel seines Herzens Dankbarkeit bewahrt zu haben. Warum sonst hätte er, den sicheren Tod vor Augen, diesen Brief verfasst? Und warum musste es überhaupt sein, dass ein Siebenundzwanzigjähriger diesen Brief schrieb? Beim Schachermüller-Hiasl ist da einiges zusammengekommen: Mit den Vorstrafen fing es an, und die Verhaftungsaktion der Gendarmen gegen seinen Vater trieb den Mathias hinein in die Kriminalität. Ob der Vater tatsächlich an dem Kirchenraub in der Herrgottsruh bei Odelzhausen beteiligt war oder die Kneißls nur als Hehler fungierten, ist nicht erwiesen. Als man den alten Kneißl verhaften wollte, floh er und stürzte in den Mühlbach. Die anschließende Gefangennahme scheint wenig zimperlich verlaufen zu sein. Die eigene Tochter auf dem eigenen Müllerwagen brachte einen Sterbenden ins Dachauer Gefängnis.

Das war 1892. Der Rest ist schnell erzählt: Der Hiasl, Halbwaise, die Mutter im Gefängnis, rebellierte gegen Gesetz und Ordnung: Wildern, Diebstahl, Einbrüche, Schüsse auf einen Gendarmen ... Fünf Jahre und neun Monate brachte ihm das schließlich ein. Als er 1899 die Mauern der Amberger Haftanstalt hinter sich ließ, nach sechs langen Jahren, die zu den schönsten seines Lebens hätten zählen können, hätte noch einmal alles gut werden können. Der Hiasl hatte im Gefängnis das Schreinerhandwerk gelernt und fand bei einem Meister in Nußdorf Arbeit. Doch als man im Dorf erfuhr, dass der geschickte, tüchtige Geselle ein Zuchthäusler war, und noch dazu einer aus der Pascolini-Sippschaft, musste er weg. Sein Ruf und seine Vorstrafen schlichen ihm nach. In München geriet er auf die schiefe Bahn. Und die führte nun unaufhaltsam bergab: Raubüberfälle, Flucht ins Moos, Steckbrief und Suchaktionen, Husarenstückchen und ein armseliges Gehetztendasein zwischen Entkommen, Sichersein und Verratenwerden, das in dem Schußwechsel beim Fleckbauern gipfelt. Weil einer der beiden dabei verwundeten Gendarmen unter unglücklichen Umständen später im Krankenhaus stirbt, ist der Kneißl fortan tausend Mark wert.

Die große Jagd im Land zwischen Dachau, Aichach und Nannhofen endet am 4. März 1901 in Geisenhofen. Da war eigentlich auch die Hinrichtung schon beschlossene Sache. Umsonst waren deshalb die Gnadengesuche an das Reichsgericht in Leipzig und an den Prinzregenten. Umsonst auch die Erkenntnis, dass er bei Geisenhofen gar nicht geschossen hat.

So setzte er sich denn in der letzten Nacht an den kargen Tisch in seiner Zelle und schrieb Briefe, an seine Mutter, an seinen Verteidiger, an die Ärzte, die ihn fürs Schafott operiert, an die Schwestern, die ihn gepflegt hatten, und eben an den Lehrer Wagner in Sulzemoos, der ihm fürs Leben Dinge beigebracht hatte, die er nun nicht mehr gebrauchen konnte ...

Umschrift des Kuverts
An
Hochwohlgebornen Herrn Lehrer
L. Wagner
Sulzemoos Oberbayern Post selbst

Umschrift des Briefes
Augsburg den 20/II. 1902
Hochverehrter Herr Lehrer!
Schmerzliche erinnerungen drängen mich, Ihnen meinen aufrichtigsten Dank, für alle hinopfernde Mühe deren sie sich während der Jahre meines Schulbesuches, für mich unterzogen haben, auszusprechen. Ich glaube bei einer Bitte um Ihr Gebet, auf geneigte Erhörung rechnen zu dürfen. Unser lieber Gott wird gewiß Sie und Ihre werthe Familie reichlich segnen, wenn Sie diesem meinem Herzenswunsche entsprechen.
  Mit dem Gefühl aufrichtigster Verehrung bin ich Ihr dankbarer Schüler
  Mathias Kneißl

Literatur

Wilhelm Lukas Kristl: *Das traurige und stolze Leben des Mathias Kneißl*. Pfaffenhofen/Ilm 1972.
Garsten Küther: *Räuber und Gauner in Deutschland. Kritische Studien zur Geschichtswissenschaft*. Bd. 20. Göttingen 1976.
Martin Sperr: *Der Räuber Mathias Kneißl. Textbuch zum Fernsehfilm*. Frankfurt am Main 1970.

Original des Kneißl-Briefes in der Handschriften-Sammlung der Stadtbibliothek München

Jubiläen und Gedenktage

Sven Hanuschek
Beim fiktionalen Schreiben weiß ich nicht, wohin es mich führt
Ein Lorbeerkranz für Uwe Timm zum Siebzigsten

Raymond Chandler meinte, er schreibe Kriminalromane, damit er sich nicht langweile – beim Schreiben wisse er schließlich nie, was auf der nächsten Seite passiere. Das ist natürlich pure Koketterie; wenn es einen Krimi-Autor gibt, der sich einer »mediokre[n] Form« angenommen, sie durchgefeilt »und so etwas wie Literatur« daraus gemacht hat, dann war das Chandler.[1] Noch erstaunlicher ist ein ganz ähnlicher Gedankengang bei Uwe Timm in den Frankfurter Poetik-Vorlesungen *Von Anfang und Ende* (2009): »In der letzten Vorlesung erwähnte ich, dass ich, fange ich an zu schreiben, keine Vorstellung vom Ende habe, also bei dem fiktionalen Schreiben nicht weiß, wohin es mich führt.«[2] Nun ist bekannt, dass Timm lange recherchiert und relativ langsam schreibt, um größtmögliche Genauigkeit bemüht, zwischen zwei Romanen liegen mindestens zwei Jahre, meistens mehr: zwischen *Heißer Sommer* (1974) und *Morenga* (1978) waren es vier, zwischen *Johannisnacht* (1996) und *Rot* (2001) sogar fünf, wenngleich in diesen fünf Jahren auch noch einige Erzählungen und Drehbücher entstanden sind. Es handelt sich um einen Autor, der versichert, er sei »der Aufklärung verpflichtet und Feind jeder Spökenkiekerei und Geniefaselei«.[3] Was heißt es denn vor diesem Hintergrund, wenn Uwe Timm behauptet, zu Beginn der Arbeit an einem Roman wisse er nicht, wo er enden werde? Bei ihm ist das keine Koketterie: Von jedem Roman gibt es verschiedene Anläufe, bis der Ton ›stimmt‹; in der Ausstellung zu seinem 60. Geburtstag im Münchner Literaturhaus (2000) waren

---
[1] Raymond Chandler: *Die simple Kunst des Mordes. Briefe, Essays, Notizen, eine Geschichte und ein Romanfragment.* Hrsg. von Dorothy Gardiner und Katherine Sorley Walker. Neu übersetzt von Hans Wollschläger. Zürich 1975, S. 114.
[2] Uwe Timm: *Von Anfang und Ende. Über die Lesbarkeit der Welt.* Frankfurter Poetikvorlesung. Köln 2009, S. 129.
[3] Timm: *Von Anfang und Ende* (Anm. 2), S. 117.

zehn unterschiedliche erste Seiten von *Der Schlangenbaum* (1986) zu sehen, in dem Timm-Lesebuch *Die Stimme beim Schreiben* (2005) sind drei Versionen des Anfangs von *Rot* abgedruckt.[4]

Im Kontext der Poetikvorlesungen will er mit dieser Offenheit suggerieren, seine Figuren behielten ihr eigenes Recht, manchmal auch gegen den Autor; Ullrich Krause, der Protagonist in *Heißer Sommer*, hatte im ersten (ungedruckten) Schluss des Romans gewissermaßen seinen Autor aufgegeben, war seltsam leer und widerstandslos geworden, so dass Timm zurückgehen und finden musste, wo das eigentliche Ende gewesen war, das er mit seinem Weiterschreiben übergangen hatte: Ullrich sitzt im Zug von Hamburg nach München und freut sich; warum er sich freut, bleibt in diesem auch so veröffentlichten Ende der Imagination der Leser überlassen. Später, im Kontext von *Rot*, dem Erinnerungsbuch an die Achtundsechziger-Bewegung, hat sich Ullrich Krause erneut gezeigt und kommt, nun als Nebenfigur, wieder in den Blick. Auf dieser Unabhängigkeit erfundener Figuren hat wohl am Eindrücklichsten Uwe Johnson bestanden, der in Interviews ja nur von seinen »Personen« sprach und sie wie lebende Menschen behandelte, es sei nur an den ›Erzählvertrag‹ mit Gesine Cresspahl in den *Jahrestagen* (1970-83) erinnert. Für Timms Bücher heißt das, ihr Verfasser war stets offen genug, sich in die Ansprüche seiner Figuren verwickeln zu lassen, sich wenigstens ein Stück weit auch tragen zu lassen von dem, was durch die ersten Seiten einer Figur zugeschrieben wird; es geht also gerade nicht um erzählerische Freiheit, sondern um erzählerische Konsequenz. Das gilt nicht für die Entwicklung von Timms literarischem Werk über die Jahrzehnte hin, hier kann man den Eindruck großer, ja immer noch zunehmender Freiheit im Umgang mit den eigenen erzählerischen Mitteln gewinnen.

Timm ist kein Autor, der das immer gleiche Buch immer wieder schreibt, aller Verweisungen der Bücher untereinander zum Trotz. Forciert gesagt: Uwe Timm hat sich zunehmend zu einer Art Woody Allen der deutschen Literatur entwickelt. Nicht hinsichtlich der Komik, obwohl auch über die einiges zu sagen wäre, vielmehr hinsichtlich der Erwartungen an das nächste Buch, die immer wieder angenehm enttäuscht werden – hier ist der seltene Fall eines deutschen Schriftstellers, dem daran gelegen ist, sein Publikum zu überraschen. Bei Woody

---

[4] *Uwe Timm Lesebuch. Die Stimme beim Schreiben.* Herausgegeben von Martin Hielscher. München 2005, S. 412–417.

Allen können seine Zuschauer seit 1975, seit *Love and Death*, nicht mehr wissen, was mit dem nächsten Film auf sie zukommt: Komödie, Tragödie, Slapstick, Ingmar Bergman auf amerikanische Art, immer wieder auch Verbindungen aller Tonlagen wie in *Crimes and Misdemeanors* (1990), singuläre Filme wie die pseudoautobiographischen *Radio Days* (1987) oder die Biographie eines fiktiven Jazzgitarristen (*Sweet and Lowdown*, 1999), Allen hat ein Musical gedreht (*Everyone Says I Love You*, 1996), spät kamen auch noch europäische Filme des New Yorker Stadtneurotikers hinzu und ›britische‹ Krimis wie *Match Point* (2005) und *Scoop* (2006).

Woody Allen wird in *Von Anfang und Ende* erwähnt und immerhin von der Gestaltung seiner Filmschlüsse her – dem »Halb-Happy End« – mit dem Goethe der *Wahlverwandtschaften* verglichen, der »am Schluss zwei glückliche Tote« zu bieten habe.[5] In Interviews hat Uwe Timm zwar erklärt, wie wichtig das Kino für ihn gewesen sei, da ist aber nicht von Allen die Rede – der ja nur ein paar Jahre älter als Timm ist, fast noch dieselbe Generation –, sondern von dem italienischen *neorealismo*, den amerikanischen und französischen Filmen nach Kriegsende, die für das Montage-Prinzip und den Mut zum Fragmentarischen mitverantwortlich sind, der sich zuerst in *Morenga* ablesen lässt. (Das Montageprinzip ist natürlich nicht nur dem Film verpflichtet, sondern mehr noch der ((frühen)) Moderne, und der avancierten dokumentarischen Literatur von Peter Weiss und Heinar Kipphardt). Die Allen-Parallele soll also nicht überstrapaziert werden, und die Behauptung, dass Timms erzählerisches Werk über die Maßen ausgerechnet mit amerikanischer Kunst und Kultur zu tun hat, wäre sicher übertrieben, auch wenn einige seiner Bücher in den USA in Übersetzung erschienen sind, auch wenn er Don DeLillo gerühmt hat, auch wenn seine Einstellung zur amerikanischen Kultur sich seit dem Vietnamkrieg und der Invasion der Schweinebucht eher zum Positiveren verschoben hat.[6] Immerhin ließe sich aber auch das Werk von Uwe Timm als eine durchgehende Erwartungsenttäuschung rekonstruieren, von Buch zu Buch, die in der gebotenen Kürze hier Revue passieren sollen: Angefangen hat er als Lyriker, mit Langgedichten, die die Leichtigkeit des späteren Prosawerks nicht haben und in poetolo-

---

[5] Timm: *Von Anfang und Ende* (Anm. 2), S. 19.
[6] Vgl. *Timm-Lesebuch* (Anm. 4), S. 350–356.

gischen Texten nicht wieder erwähnt werden. Auch sie zeigen aber die Suche nach dem möglichst exakten Ausdruck, ohne dabei umständlich zu werden. Hier ist vielleicht noch stärker ein Bildungs- und Anspielungsgeblinzel am Werk, das Timm später nicht mehr wichtig ist; für das Verständnis des Gedichts *Tahiti* (1977) ist es beispielsweise nicht von Schaden, wenn man einigermaßen über die *Meuterei auf der Bounty* Bescheid weiß.[7] Später äußern sich Timms Lektüre-Begeisterung, sein Umgang mit literarischen Hallräumen, entweder explizit im essayistischen Werk, oder stärker funktional, bezogen auf Figuren oder strukturelle Momente der eigenen Prosa.

Auf diese Gedichte folgt mit *Heißer Sommer* ein zeitgeschichtlicher Roman über die 68er-Bewegung, bei dem die satirischen Passagen nicht als solche erkannt wurden, und mit *Morenga* ein historischer Dokumentarroman, der einige Details enthält, die in diesem Genre nicht zu erwarten waren: die sprechenden Ochsen, die eine Nebenfigur hört, sind eine Reminiszenz an die lateinamerikanische Tradition, an Gabriel García Márquez vor allem. Timm hat dessen Werk durch seine Frau Dagmar Ploetz früh kennengelernt, sie ist Deutsch-Argentinierin und seit den frühen 80er Jahren auch die Übersetzerin von García Márquez', Rafael Chirbes, Gioconda Belli und anderen. Lassen sich *Morenga* und *Heißer Sommer* noch einigermaßen synchronisieren – es sind beides politische Stoffe, beide sind, wenn auch mit ganz unterschiedlichen ästhetischen Verfahren, Chroniken –, stellt *Kerbels Flucht* (1980) einen Sprung dar: die ungleich privatere Geschichte eines Liebeskummers, montiert aus Tagebuchauszügen und Briefen des Selbstmörders Kerbel, der an seiner Liebesbeziehung ebenso scheitert wie an der Erstarrung der 68er-Bewegung. Seine Selbstmord-Methode hätte nur in den Jahren der Terroristen-Hysterie funktionieren können: Er durchfährt eine Polizeisperre und lässt sich ›auf der Flucht‹ erschießen. Das stellt drastisch die Demokratiefähigkeit des Staates Bundesrepublik Deutschland in Zweifel, in dem eine solche Todesart möglich gewesen wäre – obwohl sie nach einigen ruhigeren Jahren vielleicht seit dem 11. September 2001 auch wieder möglich geworden ist. Der ausgebildete Kürschner Timm, der sein Abitur im zweiten Bildungsweg nachgeholt, in München und Paris studiert, über Camus promoviert und in der Studentenbewegung mitdemonstriert hat, sieht aber in *Kerbels Flucht* gerade das Ende seines parteipolitischen En-

---

[7] *Timm-Lesebuch* (Anm. 4), S. 34–37.

gagements, war er bis dorthin ein ›Linksabweichler‹, segelte er aber hinfort »als Freibeuter jeglicher ideologischer Konterbande, das heißt, [...] unter eigener Flagge.«[8]

Tatsächlich werden ideologische Debatten wie in *Heißer Sommer* nicht mehr geführt noch vorgeführt, die Publikationsfolge wird sprunghafter, das Repertoire immer breiter: die vier Kinder- und Jugendbücher (1981–95) werden von Timm als privat angeregte Gattung deklariert, jedem seiner Kinder war eines dieser Bücher gewidmet (vielleicht können wir also auf weitere hoffen, wenn die Enkel groß genug sind). Als Zugabe zu *Morenga* stellt Timm den Band *Die deutschen Kolonien* (1981) zusammen, Fotografien aus der Kolonialzeit des Deutschen Reichs mit minimalistischem Kommentar, geradezu das Gegenteil zu den ausführlichen Reflexionen um die Veterinäre Gottschalk und Wenstrup im Roman.

Der Mann auf dem Hochrad (1984) wird als »Legende« publiziert, wieder ein historischer Stoff, nun aber aus Familienerinnerungen und -mythologien gespeist: Ein Großonkel Timms soll das Vorbild gewesen sein, ein Tierpräparator, der den Klammergepäckträger erfunden hat und das Hochrad in Coburg einführen wollte, als Speerspitze technischer Revolution, die allerdings vom Niederrad überholt worden ist – ein »Märtyrer des Fortschritts«, ein »Mann von kolossalem Eigensinn«.[9] Dieses Buch ist innerhalb des Timmschen Werks vielleicht am ehesten neben *Johannisnacht* (1996) ein humoristischer Roman, mit skurrilen, tragikomischen Figuren wie dem Hoffräulein Götze und grotesken Effekten durch die ausgestopften Tiere; der Autor erfindet seinem Großonkel ein allegorisches Alterswerk aus entstellend ausgestopften Tieren: »[E]inen Fuchs, der wie ein Pudel hübsch machte, ein Wildschwein grinste seinem Auftraggeber, einem Oberforstrat, verschmitzt entgegen, ein zierlicher Strandläufer reckte sich wie ein Hoheitsadler, und ein Mops blickte, man kann es nicht anders sagen, ausgesprochen geil schräg nach oben.«[10] Eine verzerrte Wirklichkeit, womöglich vom alten Präparator gegen die verzerrte Wirklichkeit des beginnenden ›Dritten Reichs‹ gesetzt. Uwe Timm beschreibt in seinen Frankfurter Vorlesungen, dieser Roman sei der am schnellsten geschriebene, innerhalb eines halben Jahres; und er sei eine Unterbre-

---

[8] Timm: *Von Anfang und Ende* (Anm. 2), S. 109.
[9] Timm: *Von Anfang und Ende* (Anm. 2), S. 45.
[10] Uwe Timm: *Der Mann auf dem Hochrad. Legende.* Köln 1986, S. 213f.

chung der stockenden Arbeit an *Der Schlangenbaum* (1986) gewesen, der dasselbe Thema, die Frage nach dem Fortschritt, eher nach dem Ende des Fortschritts, mit jeweils anderen Mitteln stellt. Die Geschichte des Ingenieurs Wagner, der in einem ungenannten lateinamerikanischen Land eine Fabrik baut, die im sumpfigen Boden versinkt, knüpft wieder stärker an *Morenga* an: Der Protagonist, durch eine kriselnde Ehe besonders empfänglich für neue Eindrücke, verändert sich, ähnlich dem Veterinär des früheren Romans, unter dem Einfluss der fremden Kultur zunehmend. Alles, was er zu sein und zu wissen glaubte, steht auf dem Prüfstand, auch seine politischen Überzeugungen werden in Frage gestellt. Ästhetisch ist dieser Roman keine große Montage wie *Morenga* aus echten, erfundenen und nachempfundenen Dokumenten, sondern ein traditionell erzählter Roman, der sogar Thriller-Qualitäten entwickelt – und dies anscheinend in einem Ausmaß, dass sogar ein Finanzbeamter eingesehen hat, man müsse für ein solches Buch reisen und recherchieren, und die Flugkosten nach Paraguay und Argentinien anerkannt hat.[11] Überhaupt scheint Timm in den folgenden Büchern ›populärer‹ zu werden, das Programm einer Ästhetik des Alltags bringt eben auch eine Fülle ›verständlicher‹ Details mit sich, allerdings verweigert Timm nicht die ungewöhnlichen Aspekte von Alltag, sondern forciert sie gerade.

Die Höhepunkte dieser Phase, *Kopfjäger* (1991) und *Die Entdeckung der Currywurst* (1993), spielen mit dieser Wechselwirkung eines sensationellen Rahmens und der beiläufig mimetischen Wiedergabe einer Lebenswelt, entdecken dadurch oft gerade das Sensationelle im Alltäglichen: In *Kopfjäger* ist der Erzähler ein Broker, der seine Kunden um einige Millionen betrogen hat und während der Gerichtsverhandlung fliehen konnte; sein Alltagsleben im spanischsprachigen Exil wird ebenso präsent wie sein Vorleben als Wirtschaftskrimineller im großen Stil. Seine Betrügereien funktionieren vor allem durch psychologisches Geschick und die punktgenau eingebrachten sensationellen, novellistisch ›ungeheuren‹, unalltäglichen Geschichten, mit denen er seine Kunden einwickelt.

In der *Currywurst*-Novelle ist der Gegensatz umgekehrt gesetzt: hier ist es ein alltäglicher Rahmen, ein Ich-Erzähler, der mehrmals zu Lena Brücker ins Altersheim geht und mit ihr Kaffee und Kuchen zu sich nimmt, angeblich, um von ihr zu erfahren, wie sie die Currywurst entdeckt hat, ein Lebensmittel von äußerster Alltäglichkeit wie die Ku-

---

[11] *Timm-Lesebuch* (Anm. 4), S. 187f.

chenstücke, die Brücker beim Erzählen verspeist. Unerhört ist hier aber die Binnengeschichte: Brücker erzählt durch das Medium des Ich-Erzählers, der ihr die Geschichte abverlangt, wie sie als junge Frau 1945 einen Deserteur in ihrer Wohnung versteckt und ihm das Kriegsende verschweigt, um ihn noch ein paar Tage länger als Liebhaber halten zu können.

Seit den 80er Jahren hat sich Uwe Timm an autobiographische Stoffe herangetastet, er ist sich dabei immer näher getreten, hat sich in seinen Büchern immer weniger geschützt. *Vogel, friß die Feige nicht. Römische Aufzeichnungen* (1989) ist der erste autobiographische Band, Aufzeichnungen aus einem längeren Rom-Aufenthalt mit seiner Familie, der starke essayistische Einlagerungen hat – Aufzeichnungen eben, in denen ein Autor zwar eine Episode seines Lebens berichtet, aber mindestens im gleichen Umfang über Gott und die Welt nachdenkt, über seine Ästhetik und die »Ästhetik des Spaghetti-Essens«,[12] über den Schriftsteller als Ethnologen, über theoretische, künstlerische, literarische, auch freundschaftliche Fixpunkte wie Gramsci, Caravaggio, besonders berührend der *Versuch über Kipphardt* unter dem Titel *Die Utopie der Sprache*. Diesem Band folgten bislang zwei weitere autobiographische Bände, in großem Abstand, *Am Beispiel meines Bruders* (2003) und *Der Freund und der Fremde* (2005). Beide handeln vorgeblich von anderen, von dem an den Folgen seiner Verwundungen an der Ostfront gestorbenen älteren Bruder und von dem Freund Benno Ohnesorg, mit dem Timm am Braunschweig-Kolleg war; beide sind aber zugleich Kippfiguren, mindestens ebenso sehr Selbstporträts wie Porträts: *Am Beispiel meines Bruders* fragt, kaum verdeckt, ob der erzählende Reflekteur ein ebenso folgsamer Soldat geworden wäre wie sein Bruder: »Woher komme ich? Was für eine Erziehung habe ich genossen? Was steckt davon heute noch in mir? Und, ganz wichtig: Wie hätte ich gehandelt? Ich würde es mir zwar wünschen, aber ich kann leider nicht sagen, ich hätte mich ganz verweigert.«[13]

Rot (2001), die große Bilanz der 68er-Revolte aus der Distanz von einem Dritteljahrhundert, wirkt auch wie eine Bilanz des bis dorthin

---

[12] Uwe Timm: *Vogel, friß die Feige nicht. Römische Aufzeichnungen*. Köln 1989, S. 75-78.
[13] *Ich wollte das in aller Härte*. Ein Interview von Gerrit Bartels mit dem Schriftsteller Uwe Timm über sein Buch *Am Beispiel meines Bruders* und die Aufarbeitung deutscher Vergangenheit am Beispiel seiner eigenen und überaus normalen Familie. Erstdruck in: Die Tageszeitung, 13./14. September 2003, S. 17f.

vorgelegten Schreibens: Ein Beerdigungsredner, der auch als Jazzmusiker und -kritiker arbeitet, erzählt sein Leben, seine letzten Monate besonders, während er nach einem Unfall im Sterben liegt. Figuren aus früheren Romanen tauchen wieder auf, trotz der melancholischen Grundierung gibt es hier plötzlich Scherze über die Entwicklung der Protest-Generation, die man von Uwe Timm nicht erwartet hätte – zur Farbe Rot gehört nicht nur das linke politische Spektrum und die Lebensfreude, sondern zum Beispiel auch das Spezialistentum der Ex-Revolutionäre, die sich nun ganz kundig mit dem Rotwein aus Italien und Frankreich befassen. Dass die letzte Geliebte des Protagonisten Thomas Linde ausgerechnet Licht-Designerin ist, macht die Licht-Metaphorik der Aufklärung ebenfalls zur ironischen Reminiszenz; bei aller Trauer über die immer wieder missratene und misslingende Geschichte gewinnt dieser Roman durch solche unverhofften Ironisierungen eine unerhörte Leichtigkeit. Ist in *Rot* die Erzählsituation, die Rahmung komplex, wird die Handlung doch einigermaßen konsistent vorgebracht.

Es gibt zwei Romane, die aus dem Timmschen Erzählkosmos sehr viel mehr herausfallen: *Johannisnacht* (1996) und *Halbschatten* (2008). *Johannisnacht* ist ein geradezu verrücktes Buch, ein episodisches Satyrspiel am Tag der Sonnenwende 1995, der in die Zeit der Reichstags-Verhüllung durch Christo und Jean-Claude fiel: Ein von der Schreibblockade befallener Münchner Ich-Erzähler soll einen Artikel über die Kartoffel schreiben und jagt dem Kartoffel-Katalog eines verstorbenen Experten in Berlin hinterher, dabei gerät er von einer fatalen Situation in die nächste, streitet sich mit einem Taxifahrer, gerät an eine Telefonsex-Studentin, wird von einem Friseur verschnitten, von einem Händler mit Designer-Jacken betrogen und weiteres dieser Art. Der Roman liefert das Porträt einer Stadt zwischen DDR-Reliquien und Hyperkapitalismus, die dem Reisenden ihre Vergangenheit rüde und dabei mit einiger Komik um die Ohren schlägt – ein Roman der durchdrehenden Alltags-Ästhetik, durch alle Schichten, Zeiten und Viertel dieser Stadt. Nun mag das Risiko eines solchen ›experimentellen‹ Schreibens in der komischen Gattung geringer sein, hier ist ja manches erlaubt, bevor es im ernsten Genre den Romanciers von der weitgehend humorfreien Literaturkritik verstattet wird. Aber mit *Halbschatten*, dem Roman über die Pilotin Marga von Etzdorf und den Berliner Invalidenfriedhof, hat Uwe Timm den früheren Roman noch um einiges übertroffen. Formal erfüllt dieses Buch geradezu den Tatbestand der Altersradikalität: Der recherchierende Ich-Erzähler, angezogen und irritiert vom frühen Selbstmord der Fliegerin nach einer Bruchlandung in Syrien, lässt sich von einem Friedhofsführer ihr Grab zeigen und den ganzen Friedhof erklären; und die Toten aus zweihundert Jahren, die hier liegen, sprechen gelegentlich dazwischen. *Halbschatten* ist der erste Roman von Timm, in dem es immer wieder Sätze gibt, die nicht sofort einem identifizierbaren Sprecher zuzuordnen sind, eine experimentelle Form also und eine erneute Herausforderung seiner Leser.

Heinar Kipphardt hat mehrfach betont, das Finden eines Stoffes sei eine ästhetische Kategorie, einmal auch in einer Rede auf Uwe Timms *Morenga*: »Es ist ein ästhetisches Mittel, den richtigen Stoff zur richtigen Zeit zu finden.« Das könne man nicht am Schreibtisch tun, sondern nur mit seinem Leben als Autor, und mit einer gehörigen Portion Rücksichtslosigkeit gegenüber sich selbst; diese Rücksichtslosigkeit sei »schön«, auch sie also eine ästhetische Kategorie.[14] Diese Bemerkungen anlässlich des zweiten Romans von Timm lassen sich im Fortgang des Werks verifizieren; offenbar *hat* Uwe Timm fast immer den richtigen Stoff zur richtigen Zeit gefunden, die einzige Ausnahme, was die Aufnahme durch das breite Publikum betrifft, ist der *Mann auf dem Hochrad*, auch nachdem der Deutsche Taschenbuch Verlag die Gattungsbezeichnung »Legende« in das ubiquitäre »Roman« umgeändert hat – das Buch sei, »obwohl mich so bewegend, [...] ein Schläfer« geblieben.[15] Auch die Überraschung ist eine ästhetische Kategorie, und die nun gerade in einer umfassenden Alltagsästhetik unterzubringen, die sich für Wanderlegenden, die einfache Volksküche, Redensarten und Wohnküchenklatsch interessiert – dies hat Timm ausführlich in den frühen Poetikvorlesungen *Erzählen und kein Ende* (1993) entworfen –, ist von besonderer Raffinesse. Alle haben ihren Alltag, alle glauben, sich darin auszukennen, und dann kommt dieser Erzähler und zeigt, was noch alles in unserem Konzept von Alltäglichkeit stecken könnte. Das Wort ›Überraschen‹ ist von ›rasch‹ abgeleitet, das etymologische Wörterbuch erklärt, es komme von »rascher als jmd. sein, rasch über jmd. herfallen«.[16] Die ästhetische Überraschung

---

[14] Heinar Kipphardt: *Laudatio auf Uwe Timm (»Morenga«)*. In: H. K.: *Ruckediguh, Blut ist im Schuh. Essays, Briefe, Entwürfe.* Band 2: 1964–1982. Gesammelte Werke in Einzelausgaben, Hrsg. Uwe Naumann unter Mitarbeit von Pia Kipphardt. Reinbek bei Hamburg 1989, S. 261–265, hier S. 261.
[15] Timm: *Von Anfang und Ende* (Anm. 2), S. 49.
[16] Kluge. *Etymologisches Wörterbuch der deutschen Sprache.* 23., erweiterte Auflage. Bearbeitet von Elmar Seebold. Berlin, New York 1999, S. 844.

hängt also unmittelbar mit dem frühzeitigen Finden des geeigneten Stoffs zusammen; allerdings überwältigt, überfällt uns der Erzähler Uwe Timm nicht, sondern er hat mit den Jahren ein solches Vertrauen in sein Erzählen erzeugt, dass man auf diese Überraschungen, wie bei Woody Allen, geradezu begierig ist. Und man kann von ihm in *Von Anfang und Ende* erfahren, dass das Schreiben von fiktionaler Literatur ein langer, oft auch langwieriger Prozess ist, in dessen Verlauf ein Erzähler sich auch selbst überraschen kann. Vielleicht können wir auch bei Uwe Timm noch mit einem Musical rechnen. Oder mit einem Kriminalroman.

Gunna Wendt
Herz mit doppeltem Boden
Zum 50. Todestag von Liesl Karlstadt

Liesl Karlstadt liegt auf dem Alten Bogenhausener Friedhof in München begraben. Das Pilgern an die Gräber ist keine sentimentale Angelegenheit der Alten und nicht nur den dafür vorgesehenen Feiertagen vorbehalten. Spätestens wenn man sich das Grab Jim Morrisons auf dem Pariser Friedhof Père Lachaise und seine jungen Besucher anschaut, wird das deutlich. Allmählich wird es den Wächtern zu viel, dass dieser Unruhige im Leben sogar im Tod keine Ruhe geben kann. Der Begriff Friedhofsruhe wird einmal mehr Lügen gestraft, wie auch Helmut Qualtingers Witwe beklagt. Auf dem Zentralfriedhof in Wien, dieser Stadt, die bekanntlich eine besondere Liaison mit dem Tod eingegangen ist, sei sie am Grab ihres verstorbenen Mannes noch nie allein gewesen ist.

Ruhelose, Fremde im Glauben, in der Sprache und im Denken hat der a-katholische Friedhof in Rom aufgenommen, den italienischen Kommunisten Antonio Gramsci genauso wie die jungverstorbenen englischen Dichter John Keats und Percy Bysshe Shelley. »Du kannst, begreifst du es?, nur in diesem Ort der Fremden ruhen, noch immer verbannt«, heißt es in Pasolinis Gedicht *Gramscis Asche*. Unversöhnt, wie der im Alter von 25 Jahren verstorbene Keats, der nicht wollte, dass sein Name auf seinem Grab erscheint, sondern die Aufschrift: »Here lies one whose name was writ in water«. So zahlreich wie die Nationalitäten seiner Bewohner und die Schriften auf ihren Gräbern, darunter kalligraphische Kunstwerke aus arabischen und kyrillischen Schriftzügen, so zahlreich waren auch die Namen, die man dem Friedhof gab: a-katholischer Friedhof, Friedhof der Nicht-Katholiken am Testaccio, protestantischer Friedhof, Friedhof der Ausländer.

Der Alte Bogenhausener Friedhof in München nimmt nur Persönlichkeiten auf, die im Leben der Stadt eine besonders wichtige Rolle gespielt haben, kulturell, wirtschaftlich, in der Wissenschaft. Menschen, die durch ihre Arbeit das Leben der Stadt geprägt haben, versöhnte wie unversöhnte. Und so finden sich Erich Kästner, Annette Kolb, Helmut Fischer, Oskar Maria Graf, Hans Lietzau, Walter Sedlmayr, Rainer Werner Fassbinder, Helmut Fischer genauso dort wie Liesl Karlstadt.

Gerade noch das schöne Grab Fassbinders betrachtet, den Feldstein, still, geborgen, meditativ, beschützt von einem kleinen Baum, zieht es mich hin zu dem roten Herz an der Friedhofsmauer, das so gar nichts mit Trauer und Tod zu tun zu haben scheint. Nur kurz kommt der Gedanke an flammende Herzen, Marienverehrung und Herz-Jesu-Anbetung auf, wenn man vor dem schwarzen schmiedeeisernen Grabkreuz steht, an dem das Herz befestigt wurde. Rasch wird dieser Gedanke jedoch abgelöst durch solche an Lebkuchenherzen vom Christkindlmarkt oder vom Oktoberfest, und die Schrift, mit der der Name Liesl Karlstadt aufgeschrieben ist, tut ein Übriges dazu. Es ist die kindliche Schreibschrift, mit der auf Zuckerguss »Ich hab dich lieb« oder »Schatzi« geschrieben ist. »Die Liesl« – ein Münchner Kindl, das keine Schwierigkeiten hatte, auf diesem Münchner Friedhof seine Ruhe zu finden. Kein Enfant terrible wie Fassbinder schräg gegenüber, bei dem man sicher überlegt hat, ob er wirklich ein würdiger Sohn der Stadt sei.

Liesl Karlstadt. Volksschauspielerin. Eine von uns. Identifikationsfigur. Wie Sedlmayr, der wenige Gräber weiter liegt. Zwar führte der ein Leben, das mit der Rolle, für die er geliebt wurde, wenig zu tun hatte, und das hat ausgerechnet sein Tod unübersehbar werden lassen. Aber vielleicht bedeutet Volksschauspieler ja ein breites Spektrum, um das ganze Volk anzusprechen ...

Plötzlich, mitten in der Assoziation, fällt auf, dass das rote Herz eine Tiefe hat. Es ist dreidimensional, keine Fläche, Grabtafel, sondern ein Körper, ein Kästchen mit einer Tür, an dem links ein Riegel angebracht ist, der die Tür verschließt. Aufklappen und nachschauen! Die Herztür öffnet sich, zeigt einen hellen, schimmernden Hohlraum und an der Rückwand die Inschrift: Elisabeth Wellano 1892–1960. Moment des Innehaltens. Irritation.

Ein rotes Herzerl, fröhlich, putzig, so wie es allen gefällt. Bonbonherz. Mit der Aufschrift Liesl Karlstadt. Das Herz hat einen doppelten Boden. Es wirkt wie ein großes Medaillon, wenn man den seitlichen Riegel zum Öffnen und Verschließen entdeckt hat. In einem Medaillon trägt man das, was man liebt, das, was einem wert und teuer ist. Bilder eines geliebten Menschen.

In dem großen roten Medaillon auf Liesl Karlstadts Grabkreuz steht ihr Geburtsname Elisabeth Wellano. Da hat also jemand, der als Elisabeth Wellano zur Welt kam, seinen Namen geändert in Liesl Karlstadt. Aus der Distanz und ohne Kenntnis der Hintergründe betrachtet, schwer vorstellbar. Der umgekehrte Weg wäre der wahrscheinlichere. Kommt man Liesl Karlstadt näher und begibt sich in den Kontext ihrer Lebensgeschichte hinein, kann man nachvollziehen, dass der exotische Name wahrscheinlich nicht so recht gepasst hätte auf die Münchner Volkssängerbühnen zu Beginn des Jahrhunderts und dass die Trägerin ihn gar nicht ungern aufgegeben hat, war er doch in ihrer Kindheit für sie mit Anderssein, Fremdheit verbunden – in einem Lebensalter, in dem man sich nichts sehnlicher wünscht als wie alle anderen zu sein.

Gründe, Kausalitäten lassen sich im Nachhinein immer ausmachen, scheinbar erhellende, die uns der Wirklichkeit näher bringen wollen. Die Summe der Fakten und Zusammenhänge lässt die Realität einer Lebensgeschichte entstehen. Sie erzeugt Wirklichkeit, aber der erste, unvoreingenommene Eindruck ist vielleicht der Wahrheit näher. Mich hat er immer wieder zurückgeholt zu dem ersten Geheimnis, das über dem Leben dieses Menschen, wie über dem Leben eines jeden Menschen liegt. Immer dann, wenn ich in den verschiedenen Archiven objektiv verwert- und interpretierbare Funde machte, schriftliche wie mündliche Zeugenaussagen fand, belegbare Ergebnisse vorweisen konnte und doch gleichzeitig spürte, dass sie den Blick mehr verstellen als erhellen, fiel mir das Herz mit dem doppelten Boden ein. Das lodernde, knallrote Herz mit dem Namenszug in kindlicher Schreibschrift, appetitlich, zum Anbeißen, niedlich, fröhlich. Lebhaft und munter – an einem Ort der Ruhe und Besinnung. Das Herz fiel mir ein und vor allem das, was es verbarg: einen anderen fremden Namen in seiner Tiefe, hell und durchschimmernd, sehr weit weg, aber präsent.

Nachdem ich das Herz an Liesl Karlstadts Grab aufgeklappt hatte, wurde die Tätigkeit des Aufklappens zu einem Leitmotiv für mich. Das knallrote, fröhliche, robuste Lebkuchenherz barg in seinem Innern einen fremden, entfernten, schimmernden Namen.

Vom Alten Bogenhauser Friedhof aus führte mich mein Weg in verschiedene Archive, in denen ich Liesl Karlstadts Lebensspuren fand. Und auch in ihrem Nachlass in der Monacensia fand ich viel Geschlossenes, was zum Öffnen aufforderte – einiges von ihr selbst so eingerichtet. Da ist das Aufsatzheft aus dem Jahre 1906, das die Schulaufsätze enthält, die sie im Alter von 13 Jahren geschrieben hat.

Liesl Karlstadt hat es bis zu ihrem Lebensende aufgehoben. Es zeigt sie schon früh als Schreibende, die über eine erstaunliche Beobachtungsgabe verfügt. Und über eine Art der Differenzierung in der Betrachtung, die es ihr erlaubt, verschiedene, einander widersprechende Ebenen einzubringen, zu entwickeln und trotzdem zu einem versöhnlichen Schluss zu gelangen. Da ist das Heft, in dem die ersten Rollen notiert sind, eng und genauso sorgfältig beschrieben wie das Aufsatzheft, und da ist das Heft mit den Couplets aus der ersten Theaterzeit als Soubrette. Alle drei Hefte ähneln sich äußerlich. Wenn man sie jedoch aufklappt, findet man ganz unterschiedliche Inhalte vor.

Ein weiteres Buch, das zum Aufklappen einlädt, ist die *Familienchronik von Elisabeth Wellano genannt Liesl Karlstadt*. Sie erzählt ausführlich von der Goldenen Hochzeit der Bäckers-Eheleute Ignatz und Anna Wellano in Osterhofen, den Großeltern väterlicherseits. Die Eltern sind nebeneinander abgebildet und mit ihren Lebensdaten versehen. Ein Familienbild der Wellanos. mit vier Kindern. Elisabeth Wellano genannt Liesl Karlstadt – im Kommunionskleid, als Verkäuferin im Warenhaus Tietz, beim ersten Auftreten im Frankfurter Hof in München, beim ersten Auftreten mit dem Partner Karl Valentin am selben Ort. Daneben Zeugnisse, Verträge und die für das Kalenderjahr 1914 erteilte »stets widerrufliche ortspolizeiliche Erlaubnis«, gewerbsmäßig in öffentlichen Wirtschaftslokalitäten innerhalb des Stadtbezirkes München Gesangsaufführungen darzubieten.

Und dann sind da die Alben, immer wieder Alben unterschiedlicher Größe und Inhalts. Zunächst einmal Fotoalben, wie man sie kennt. Angefüllt mit Erinnerungsbildern von Reisen, immer wieder in die Berge, Innsbruck, Garmisch, Ehrwald, Liesl Karlstadts geliebte Berge – geschmückt durch Edelweißarrangements, um wenigstens etwas von der Liebe zu ihnen festzuhalten. Wenige Menschen, immer wieder Naturaufnahmen.

Die Alben, die die Menschen zeigen, sehen von außen ganz ähnlich aus. Fotoalben mit Szenenfotos, Film stills und Bühnenaufnahmen. Ein ganzes Album zum Thema *Sturm im Wasserglas* und *Die 3 Gschpusi der Zenta*. Immer wieder ihr eigenes Bild in den verschiedensten Szenen. Die anderen als Statisten. Alle.

Die Alben werden größer. Enthalten plötzlich nicht mehr nur Fotos, sondern schriftliche Spuren der künstlerischen Tätigkeit. Und da steht der Name nicht mehr allein, sondern zusammen mit dem des Partners Karl Valentin. Auf einer Seite ungefähr dreißigmal, immer wieder aus der Zeitung ausgeschnitten und kunstvoll zu einer typographischen Collage arrangiert und aufgeklebt. Variationen solcher Wort- und Bildinszenierungen kommen häufig vor, erinnern an Dada und tschechische Bildgedichte. Vervielfältigung, Wiederholung, Steigerung.

Fünf große Alben fallen auf. Die berühmten Bühnenalben, die die Geschichte ihrer Karriere detailliert, chronologisch und persönlich erzählen. Da finden sich ebenso die ersten Auftrittsfotos als Soubrette wie glanzvolle Theaterprogramme der triumphalen Berlin-Gastspiele in den Golden Twenties, ausführliche Kritiken und Interviews, Plakate zu den Wohltätigkeitsveranstaltungen aus der Zeit des ersten Weltkriegs und Programmzettel der »Kraft durch Freude«-Abende der Nazizeit. Auf jeder Seite kommentiert durch handschriftliche Notizen, die Jahreszahl und Ort nennen und manchmal lakonisch vermelden: Karlstadt krank. Eine Urkunde über die 99 Jahre währende Ehrenmitgliedschaft in einer skurrilen Gesellschaft, ein Billet von Thomas Mann, der seinen Besuch nach der Vorstellung ankündigt, Glückwunschtelegramme, eine Annonce, die den Verlust ihrer Klarinette im Zug von München nach Garmisch meldet und um Anrufe auf der Ehrwalder Alm bittet, viele Bilder aus den Sketchen und Szenen: Der coole junge Typ mit der Zigarette im Mundwinkel, der alte Kapellmeister, der sich die Haare rauft, der großäugige Bub mit der Firmungskerze und die elegante junge Frau im Halbprofil mit Seidenstola. Ist das wirklich ein und dieselbe Person? Ein und dieselbe Frau? Große Märchenbücher, die von einer märchenhafte Karriere erzählen. Zeitweise. Immer wieder die rätselhafte Eintragung »krank«, nach der dann eine Zeitspanne in der Chronologie übersprungen wird.

Ab und zu ein Motto. Klappt man Bühnenalbum 2 auf, leuchtet einem auf der rechten Seite in großen strahlendblauen Buchstaben der Name »Liesl Karlstadt« entgegen, der mit einem dicken blauen Punkt sein i-Tüpfelchen erhalten hat. Links daneben, auf der Innenseite des Umschlags, ist ein Wilhelm Busch-Zitat eingeklebt:

»Humor kann nur aus Leid erwachsen.
Daß du des Lebens Ernst erfaßt,
beweist du nicht durch Trauerfaxen,
Nein, dadurch, daß Humor du hast!«

Im Theater zählt der Augenblick. Das Nicht-Wiederholbare, Nicht-Reproduzierbare. Das ist ein Teil seiner Magie. Flüchtigkeit, die zur

Ewigkeit werden kann. Ein Augenblick kann alles verändern. Man darf ihn nur nicht festhalten wollen. Aber manchmal braucht man etwas, um sich daran festzuhalten. Erinnerungen. Einzelne Kritiken sind ein schlechtes Gedächtnis. Sie suggerieren Objektivität, aber eine Vielzahl von ihnen, kombiniert mit Programmen, Fotos, Plakaten und persönlichen Kommentaren kann weit über das Dokumentarische hinausgehen. Exakte Dokumentation ist nicht beabsichtigt, denn die einzelnen Zeitungsartikel sind weder durch Ort noch Zeit ausgewiesen. Der Name der jeweiligen Zeitung und ihr Erscheinungsdatum ist in den meisten Fällen abgeschnitten worden, bevor der Artikel eingeklebt wurde. Auf einigen Seiten ihrer Bühnenalben gelingt es Liesl Karlstadt, die Atmosphäre eines Theaterabends und der Zeit, in der er stattfand, aufscheinen zu lassen. Sie inszeniert ihn mit anderen Mitteln nach und bewahrt seinen Zauber. Man klappt das Album auf und sitzt plötzlich im Zuschauerraum, das Licht geht aus, man spürt die Spannung vor der Vorstellung, hält den Atem an und wartet, bis sich der Vorhang öffnet.

Der Nachlass Liesl Karlstadts in der Monacensia enthält in sieben Kassetten 24 Briefe, acht eigene Manuskripte und die von 476 anderen Personen (darunter über 350 Manuskripte von Karl Valentin), 23 biographische Dokumente, ein Konvolut mit Pressestimmen sowie 254 Fotos und zwei Fotoalben.

Elisabeth Tworek
Gedenktafel zur Erinnerung an Elisabeth Braun

Das Hildebrandhaus, seit 1977 Sitz der Monacensia, Literaturarchiv und Bibliothek, hat eine sehr wechselvolle Geschichte hinter sich. Besonders während des Dritten Reiches legten sich dunkle Schatten über die Künstlervilla. In Erinnerung an die ehemalige Besitzerin Elisabeth Braun enthüllte Kulturreferent Dr. Hans-Georg Küppers am 26. November 2009 eine Gedenktafel im Eingangsbereich des Hildebrandhauses.

Die Anbringung dieser Tafel rückt einen bis vor wenigen Jahren kaum bekannten, von manchen wohl auch verdrängten, Aspekt der Geschichte des Hildebrandhauses in den Blick. Denn das Haus, vom Bildhauer Adolf von Hildebrand während der glanzvollen Prinzregentenzeit erbaut, bewohnt und belebt, ist auch Zeuge eines düsteren Kapitels deutscher Vergangenheit und gemahnt durch seine spezifische Geschichte an die systematische Enteignung, Verfolgung, Entrechtung, Deportation und Ermordung von Münchner Juden während der NS-Zeit.

Die Schriftstellerin Elisabeth Braun erwarb 1934 das Hildebrandhaus. Sie zog im November 1938 hier ein, wo ihre Stiefmutter Rosa Braun bereits seit vier Jahren wohnte. Die Nationalsozialisten enteigneten Elisabeth Braun 1941 wegen ihrer jüdischen Herkunft. Mit 1000 weiteren jüdischen Männern, Frauen und Kindern aus München wurde Elisabeth Braun im November 1941 im litauischen Ort Kaunas ermordet.

Von der Lebensgeschichte von Elisabeth Braun war bis vor wenigen Jahren so gut wie nichts bekannt. Ihre Familie wurde durch den NS-Terror nahezu komplett ausgelöscht. Zeugnisse des persönlichen Lebens sind kaum erhalten, die NS-Machthaber versuchten, weitgehend alle Lebensspuren ihrer Opfer zu vernichten. Erst die Rekonstruktion der Geschichte des Hildebrandhauses in den Jahren nach 1933 führte in verschiedenen Behörden und Archiven zur Spurensuche nach Elisabeth Braun, die das Hildebrandhaus 1934 von Adolf von Hildebrands Kindern, Dietrich und Irene, erworben hatte. Dietrich von Hildebrand, der einzige Sohn von Adolf von Hildebrand, musste aufgrund seiner offenkundigen Gegnerschaft zum NS-Regime aus München fliehen. Durch seine Emigration konnten die Erben das Künstlerhaus nicht mehr halten und beschlossen den Verkauf.

Elisabeth Braun stammte aus einer wohlhabenden, alteingesessenen jüdischen Münchner Kaufmannsfamilie. Sie wurde am 24. Juli 1887 in München als Tochter von Julius und Fanny Braun geboren. Julius Braun war Textilhändler und Inhaber eines Schneiderateliers in der Theatinerstraße. Vom bürgerlichen Wohlstand der Familie zeugt auch die Wohnadresse am Promenadeplatz 3. Nach dem frühen Tod von Fanny Braun heiratete Julius Braun deren jüngere Schwester Rosa, die dadurch Elisabeth Brauns Stiefmutter wurde. Als einziges Kind der Familie erbte Elisabeth Braun nach dem Tod ihres Vaters 1929 ein Immobilienvermögen, darunter auch das Anwesen an der Theatinerstr. 52, das es ihr offenbar erlaubte, aus den Erträgen ihren Lebensunterhalt zu bestreiten. Wir wissen heute, dass sie eine sehr gebildete Frau war und mehrere Ausbildungen absolviert hatte: Nach einem Lehrerinnenexamen studierte sie an der Münchner Ludwig-Maximilians-Universität die Studiengänge Philosophie, Staatswissenschaften und Rechtswissenschaft. Als Beruf gab Elisabeth Braun bei verschiedenen Gelegenheiten »Schriftstellerin« an. Aus amtlichen Dokumenten ist ersichtlich, dass sie von 1919 bis 1923 und von 1927 bis 1938 in Tegernsee gemeldet war.

Im Jahr 1920 verließ Elisabeth Braun im Alter von 33 Jahren die israelitische Kultusgemeinde und trat in die evangelisch-lutherische Kirche ein. Über die persönlichen Beweggründe, die zu dieser Entscheidung geführt haben, sind keine Zeugnisse erhalten.

In den Jahren 1937 bis 1941 nahm Elisabeth Braun 15 Juden und Christen jüdischer Herkunft im Hildebrandhaus auf: Getti Neumann, Victor Behrend, Heinemann Edelstein, Jeanette Edelstein, Albert Marx, Sophie Marx, Klara Rosenfeld, Lilly Rosenthal, Valerie Theumann, Charlotte Carney, Simon Schmikler, Franziska Schmikler, Maria Schmikler, Käthe Singer, Helene Sulzbacher. Sie alle sind im *Biographischen Gedenkbuch für Münchner Juden* des Stadtarchivs München nachgewiesen. Sie wurden ebenfalls ermordet oder nahmen sich das Leben.

Aktenfunde belegen weiterhin, wie Elisabeth Braun seit 1938 durch ein engmaschiges Zusammenspiel staatlicher und städtischer Ämter und Behörden ruiniert und ihres Vermögens und Besitzes beraubt wurde. Diese sind beispielhaft für den Prozess der »Arisierung«, d. h. die von NS-Behörden und Gestapo in aller Öffentlichkeit durchgeführte Beraubung und Vernichtung von Münchner Juden. Mutig versuchte sich Elisabeth Braun mit einer Beschwerde an den Reichswirtschaftsminister gegen die »Zwangsarisierung« ihrer Immobilien durch die »Arisierungsstelle« zur Wehr zu setzen. 1940 wurde das Hildebrandhaus unter Zwangsverwaltung gestellt. Im August 1941 mussten Rosa und Elisabeth Braun das Hildebrandhaus verlassen. Sie wurden in die »Heimanlage für Juden« in Berg am Laim eingewiesen. Von dort aus brachte man Elisabeth Braun in das Barackenlager in Milbertshofen. Dorthin wurde ihr eine Verfügung der Münchner Gestapoleitstelle zugestellt, mit der ihr gesamtes Vermögen durch das Deutsche Reich eingezogen wurde. Dies war eine übliche Form, die Deportationsopfer auszurauben. Elisabeth Braun war unter den 1 000 Münchner Juden, die am 20. November von München nach Kaunas in Litauen deportiert wurden. Am 25. November 1941 wurde Elisabeth Braun in Kaunas erschossen. Ihre Stiefmutter Rosa Braun wurde 1945 in Theresienstadt ermordet. Keiner der jüdischen Bewohnerinnen und Bewohner des Hildebrandhauses überlebte den Holocaust.

1940 hatte Elisabeth Braun ihr Testament zugunsten der Evangelisch-Lutherischen Kirche in Bayern verfasst, das beim Nachlassgericht München hinterlegt wurde. 1967 entschloss sich die Evangelisch-Lutherische Kirche zum Verkauf des Hildebrandhauses.

Viele der aufgefundenen Dokumente sind einem Akt von Zivilcourage zu verdanken: Franz Feiner, städtischer Oberbaurat in der Lokalbaukommission und Vertrauter der Familie Braun, vergrub wichtige Unterlagen, die ihm Elisabeth und Rosa Braun kurz vor ihrer Verschleppung anvertraut hatten, darunter ihr Testament. Nach dem Untergang des NS-Regimes barg er die Dokumente und übergab sie 1946 dem Staatskommissar für die Betreuung für rassisch, religiös und politisch Verfolgte in Bayern. Diese Akten und Briefe, die sich inzwischen im Landeskirchlichen Archiv in Nürnberg befinden, geben uns heute genaue Auskunft über das erfolgte Unrecht. In Kopie sind diese Dokumente jetzt in der Monacensia zugänglich.

Im Jahr 2004 vergaben die Monacensia, das Kulturreferat der Landeshauptstadt München und die Evangelisch-Lutherische Kirche in Bayern einen Forschungsauftrag zur Geschichte des Hildebrandhauses und seiner Bewohner in der Zeit zwischen 1933 und 1967. Die bedrückenden Ergebnisse der Recherchen, die von den Historikern Dr. Christiane Kuller und Dr. Maximilian Schreiber durchgeführt wurden, liegen seit November 2006 in der *edition monacensia* im Allitera Verlag München als Buch vor.

Mit der Gedenktafel erinnert die Landeshauptstadt München nun dauerhaft an das Schicksal der einstigen Eigentümerin Elisabeth Braun und weiterer Bewohner des Hildebrandhauses.

Marita Krauss

Hans Ludwig Held – Stadtbibliotheksdirektor und Kulturbeauftragter, »Kunst- und kulturbeschützender, gewaltiger mystisch-katholisch-sozialistischer Buddha«

Anfang August 2010 jährt sich der Geburtstag von Hans Ludwig Held zum 125. Mal. Grund genug, an »Haluhe« zu erinnern, diesen »bayerisch-barocken, benediktinisch-buddhistischen, mystisch-aktivistischen, liberal-konservativen Sozialisten«, wie ihn der Benediktinerabt Hugo Lang nannte, den »kunst- und kulturbeschützenden, gewaltigen mystisch-katholisch-sozialistischen Buddha«, so der Theatermann Wolfgang Petzet. Hans Ludwig Held war Schriftsteller und Religionswissenschaftler, sozialistischer Kommunalpolitiker, Stadtbibliotheksdirektor und Volksbildner der zwanziger Jahre, er war Kulturbeauftragter der Stadt München nach 1945, Ehrenmitglied ungezählter bedeutender Vereinigungen, Mitglied des Rundfunkrates, Honorarprofessor der Münchner Universität und Mitglied der Akademie der Schönen Künste. Er war aber auch ein Münchner Original ersten Ranges, das einen höchst irritierten Besucher mit den Worten begrüßte: »Darf ich um die Ehre Ihrer Anwesenheit bitten – aber wennst länger als fünf Minuten brauchst, fliagst raus«, oder auf das Lob für eine besonders geistvolle Rede zur Eröffnung einer internationalen Gelehrtentagung nur antwortete: »Ich kann doch solch erlesenen Zuhörern nicht einen alten Goaßbockschwoaf servieren!«

Hans Ludwig Held wurde am 1. August 1885 in Neuburg an der Donau geboren. Sein Vater, der Archivoffiziant Marcellus Held stammte von oberbayerischen Bauern ab, seine Mutter Karoline kam aus einer fränkischen Müllersfamilie. Diese Herkunft mag seine Volkstümlichkeit und seinen oft bis zur Derbheit reichenden, deftigen Humor wesentlich mitbestimmt haben, der ihm trotz aller geistigen Ausbildung und Weiterentwicklung sein Leben lang erhalten blieb. Die Musik war das prägende Element im Leben des Heranwachsenden. Nicht so er-

folgreich gestaltete sich seine schulische Laufbahn; nach dem Umzug der Familie quälte er sich ab 1896 durch sieben Klassen des Münchner Ludwigsgymnasiums. Schwere Kopfwehanfälle und Nervenkrisen zwangen ihn dann 1904 zum Abbruch. Sicherlich waren diese negativen Schulerfahrungen an der Entwicklung von Helds späterem Volksbildungskonzept wesentlich mitbeteiligt, ebenso an seinem Drang zur Selbstbestätigung und seiner Angst vor Kritik.

1904 schlug er die Laufbahn des Mittleren Verwaltungsdienstes ein, 1909 legte er die »Stadt- und Marktschreiberprüfung« ab und wurde Münchner Beamter. Daneben begann Held mit seinen autodidaktischen Studien der Religions- und Kulturgeschichte, der Volks- und der Völkerkunde. Bereits 1906 veröffentlichte er seinen ersten Gedichtband, dem bald weitere lyrische Versuche, eine Tragödie und Romane folgten. 1911 ließ sich Held aus gesundheitlichen Gründen in den zeitweiligen Ruhestand versetzen. Als freier Schriftsteller wurde er Mitherausgeber der Zeitschrift *Janus*. Über die Macht des Freiheitsgefühls, das auch Programm der Zeitschrift war, berichtet ein Bekannter Helds in einem Brief von 1950: »Wir kamen damals manchmal zusammen, Sie erzählten mir Episoden aus Ihrem Leben. Als Sie von Ihrem Versuch, ein Mönch zu werden, sprachen, und wie Sie den Zorn über die gefühlte Unfreiheit dadurch bezähmten, daß Sie in den Chorstuhl hineinbissen und ihn abnagten, schwollen Ihre Adern auf der Stirn wieder so an, daß es mir schwer fiel, Ihre gemütsgetragene Hingabe an die Musik mit der Wucht Ihres cholerischen Temperamentes als Wesenszüge eines Menschen zu erfassen.«

Mit Helds Weggang von seiner beamteten Stellung begann eine Phase der stürmischen Aktivität. Er schrieb Balladen und Chansons für die Diseuse Mary Irber vom »Kleinen Theater«, intensivierte seine Studien des Buddhismus, des Judentums, der Mystik, der Theologie und Magie, gründete 1911 zusammen mit Thomas Mann, Frank Wedekind, Karl Henkell und anderen den »Schutzverband deutscher Schriftsteller«, dessen ehrenamtlicher Geschäftsführer er bis 1914 blieb, veröffentlichte die *Urkunden zur deutschen Reformationsgeschichte*, die *Talmudlegenden, Buddha, sein Evangelium und seine Auslegung* sowie weitere Schriften zum Buddhismus, er wurde Herausgeber des religionswissenschaftlichen Archivs *Religiöse Kultur* sowie der Zeitschrift *Kritische Rundschau* und arbeitete zwischen 1916 und 1918 im Redaktionsstab des christlichen Studentendienstes Berlin mit, betraut mit der Herausgabe mystischer Literatur. Zu seinem

Freundes- und Bekanntenkreis gehörten Thomas Mann, Bruno Frank, Karl Wolfskehl, Oskar Maria Graf, Kurt Martens, Hugo von Hofmannsthal, der berühmte Kabbalaforscher Gerson Scholem, der jüdische Gelehrte Chaim Bloch und viele mehr. In dieser »Schwabinger Periode« heiratete Held die geschiedene Photographin Stephanie Ludwig, doch diese Verbindung wurde nicht glücklich. Erst seine zweite Ehe mit der 1899 geborenen Tochter eines Schweizer Journalisten, Völkerbundsekretärs und Herausgebers der *Züricher Freitag-Zeitung*, der begabten Pianistin Margarethe Zurlinden, wurde zu einer dauerhaften Lebensbindung.

Im Krieg war Held vom Wehrdienst befreit. 1918 zog die Revolution ihn und seine Freunde in ihren Bann. Held wurde aktiver Politiker und als Vertreter der »Unabhängigen Sozialistischen Partei Deutschlands« (USPD), deren Mitglied er bis 1922 blieb, in den Stadtrat gewählt. Erst 1924 legte er sein Mandat nieder. Held gründete überdies eine »Gesellschaft für neue Erziehung« – der Beginn seiner Laufbahn als Volksbildner. Und er arbeitete ehrenamtlich am Afrika-Archiv von Leo Frobenius. Im November 1920 bewarb sich Held um den neu geschaffenen Posten eines Bibliothekars der »Büchersammlung des Münchner Gemeindekollegiums« und trat am 3. Januar 1921 seinen Dienst als erster hauptamtlicher Bibliothekar der Stadt München an. Aus der unsystematisch zusammengekommenen Büchersammlung sollte ein städtisches Bibliothekssystem mit volksbildnerischem Charakter entstehen.

Dafür war Held der richtige Mann. Er gründete Volksbibliotheken und Kinderlesehallen, die bisher private Musikbücherei wurde städtisch und die Bestände der wissenschaftlichen Stadtbibliothek vervielfachten sich. 1928 entstand die erste Wanderbücherei in einem umgebauten Straßenbahnwagen, um das Buch zum Menschen zu bringen. Hinzu kam eine philatelistische Abteilung, die Monacensia-Sammlung mit ausschließlich Münchner Literatur und die Handschriftensammlung, deren Autographenbestände durch Helds gute Beziehungen zu den Größen des literarischen und künstlerischen München wesentlich erweitert werden konnten. Seit 1925 war Held Stadtbibliotheksdirektor; seit 1927 auch erster Vorsitzender der in finanzielle Schwierigkeiten geratenen Münchner Volkshochschule.

Neben all diesen Aktivitäten gab er die zweite Auflage der Werke von Angelus Silesius heraus und verfasste seine große Studie *Das Gespenst des Golem*. Er war inzwischen ein anerkannter Spezialist für alle Phänomene der Magie, des Okkultismus und der Sektenforschung geworden. Der Schriftsteller Oskar Maria Graf berichtet aus dieser Zeit eine Begebenheit, die ebenso für Held, wie für Graf charakteristisch ist:

»Ich ging auf der sonnigen Ludwigstraße dahin, und mein vielbelesener, in religiösmystischer Literatur profund beschlagener Freund Hans Ludwig Held, damals Direktor der Städtischen Bibliothek, kam mir mit forschendem Blick entgegen. Mit vorgestrecktem Bauch, die fleischige Hand mit dem brandroten Bart beschäftigt, die Stirn drohend gefaltet, blieb er vor mir stehen und sah mich mit seinen kleinen scharfen Augen durch die blinkenden Brillengläser unverwandt an: ›Sag mal, ich habe deinen Roman gelesen, sehr anständig; aber sag mal, ich such' mir jetzt schon wochenlang meine ganze Bibliothek durch ..., bei welchen Quellen hast du denn deine Sekten ›Die Sanftem‹ und ›Lehensbrüder Gottes‹ gefunden?‹ Ganz dumm und baff schaute ich ihn an. Ich mußte leicht lächeln. ›Die? – Wo ich die herhab'?‹ antwortete ich lustig. ›Quellen hab' ich da gar keine gebraucht, die hab' ich frei erfunden‹. Mein rundbauchiger Freund starrte ganz kurz, wurde hochrot im Gesicht und schlug seinen Stock ärgerlich auf dem Pflaster auf: ›Also da hört sich doch alles auf –!‹ Er zog seinen breiten Bartmund zu einem kleinen freundlichen Lächeln auseinander, wobei seine Mauszähne sichtbar wurden: ›Aber, allen Respekt mein Lieber, ausgezeichnet hast du gelogen.‹«

Seinen literarischen und philosophischen Steckenpferden konnte Held jedoch viel zu selten nachgeben. Der Büroalltag fraß ihn buchstäblich auf. Hinzu kamen unzählige Vereinsmitgliedschaften, Vereinsvorsitze, Herausgebertätigkeiten und Ausstellungsorganisationen. Er war eng mit dem kulturellen Leben Münchens verbunden und bestimmte auch in einem »Literaturbeirat« über die Vergabe des neu ins Leben gerufenen Münchner Literaturpreises mit. Für seine Goethe-Ausstellung in der Münchner Residenz erhielt er noch im Januar 1933 die »Goethe-Medaille für Kunst und Wissenschaft«. Der ehrgeizige Autodidakt und unermüdliche Arbeiter Hans Ludwig Held, dessen Lebenswerk, das Münchner Büchereiwesen, inzwischen neben der wesentlich erweiterten wissenschaftlichen Stadtbibliothek auf acht Volksbibliotheken, vier Lesehallen, sechzehn Kinderlesestuben, eine Wanderbücherei und eine Musikbibliothek sowie die bereits genannten Spezialsammlungen angewachsen ist, stand im Zenit seines Ruhms.

Umso härter traf ihn die unmittelbar auf die nationalsozialistische Machtübernahme folgende Amtsenthebung und Entlassung aus seinem öffentlichen Wirken. Im September 1933 verhörte man Held genau über seine politische Vergangenheit als USPD- und später SPD-Mitglied. Ohne seine Überzeugung zu verleugnen, wehrte sich Held gegen den Vorwurf, Kommunist zu sein und bekannte sich erneut zu seiner Stellung als religiöser Sozialist. Dennoch entließ man ihn zum 26. Oktober 1933. Was nun kam, schildert der Schriftsteller Hans Brandenburg so:

»Auf ein Ruhegehalt gesetzt, das ihm nichts weiter als eine bescheidene Wohnungsmiete sicherte, flüchtete er sich und seine wichtigsten Bücher an die äußerste Peripherie nach Unterhaching, wo die Bücher den Hauptplatz einnahmen und eine Höhle um ihn bildeten. Er gab Nachhilfestunden und seine Frau, die hervorragende Pianistin, Klavierstunden, er legte außerdem einen Mustergarten an, der unter Fachleuten so berühmt wurde wie zuvor die geistige Pflanzstätte seiner Stadtbücherei. Dabei waren beide fast immer krank, abwechselnd oder gleichzeitig. Als sie uns eingeladen hatten, räumten sie das Zimmer aus, um uns empfangen zu können. Und als wir einmal in Pontens Auto unangemeldet erschienen, sang Held am Klavier im grünen Gärtnerschurz mit gewaltigem Baß zu unserer Begrüßung: ›Im tiefen Keller sitz ich hier‹ und ›Dort, wo im Wald die Schenke ragt‹. Er selbst, der Einsiedler von Unterhaching, besuchte nur wenige, weil die meisten fürchteten, durch den Verkehr mit ihm kompromittiert zu werden.«

Bis 1938 konnte Held noch schriftstellerisch arbeiten. Er besuchte jedoch nach eigener Aussage »keine politische oder kulturelle Veranstaltung, kein Theater, keinen Vortrag, keine Versammlung«, sondern beschäftigte sich mit Studien der Mystiker sowie mit seinen Paracelsus-Forschungen; in München traf man ihn höchstens noch in Antiquariaten an. Er wurde ständig von der Gestapo überwacht, man führte bei ihm und seinen Freunden mehrfach Hausdurchsuchungen durch und nahm ihm viele seiner wertvollen Bücher weg. Im Januar 1945 sollte er noch zum Volkssturm eingezogen werden, wurde aber dann doch als untauglich zurückgestellt; den makabren Scherz, Hans Ludwig Held mit der Panzerfaust Unterhaching verteidigen zu lassen, erlaubte sich die Weltgeschichte nicht.

Bereits im Mai 1945 konnte Hans Ludwig Held wieder an seinen alten Posten als Stadtbibliotheksdirektor zurückkehren. Der Universitätsrektor Walter Gerlach berichtete dazu in seiner Gedenkrede nach Helds Tod:

»Im Mai 1945 fährt ein Auto vor und jemand fragt überrascht den Mann mit dem mächtigen Kopf und der Brille, der im Gartenschurz mit erdverschmutzten Händen da arbeitet: ›Sind Sie der berühmte Mann?‹ ›Das werden's gleich merken, wenn ich anders angezogen bi‹, war die Antwort. Und so plötzlich wie er vor zwölf Jahren aus München verschwunden war, so verschwand er nun in München, in der unübersehbaren Fülle von geistiger und organisatorischer Arbeit.«

Neben der bereits überaus umfangreichen Tätigkeit als Stadtbibliotheksdirektor, bei der er sich um die Rückführung der ausgelagerten Bücher, um die Säuberung der übriggebliebenen Bestände von nationalsozialistischer Literatur, um Bestandsaufnahme, Restaurierung und Wiederaufstellung in fast völlig zerstörten Räumlichkeiten kümmern musste, neben all diesen Aufgaben wurde Held im September 1945 noch zum ehrenamtlichen »Beauftragten für Kultur« der Stadt München ernannt. Wie er es schaffte und woher er die Kraft nahm, all dies zu bewältigen, bleibt ein Rätsel. Es ist wohl nur durch die aufgestaute Energie der zwölf Jahre NS-Herrschaft zu erklären, die diesen unglaublich aktiven Mann von einem Tag auf den anderen zu einem Rentnerdasein verdammt hatte. Nun saß er jedoch wieder im Zentrum des Geschehens, ohne ihn ging nichts mehr in der wiedererstehenden Münchner Kultur. Gerlach beschreibt Helds Arbeitsalltag:

»Weiter und weiter spannte sich der Kreis seines Wirkens. Sein Zimmer im Rathaus – Wände, Tische, Flügel, Stühle, Fußboden bedeckt mit Bildern und Plastiken, Programmen und Plakaten, mit alter Volkskunst und neuzeitlichen Baumodellen – das Zimmer war kaum eine Viertelstunde ohne Besucher, fast immer mehrere auf einmal, dazwischen seine Helferinnen, denen er diktierte, Anweisungen gab, telephonische Auskünfte und Anfragen, Terminfestlegungen: Im Zentrum des Trubels ruht Hans Ludwig Held mit sonorer Stimme, in wunderbarem Stil, mit gepflegtem breitem bayerischen Dialekt das eben unterbrochene Gespräch – vielleicht wäre besser gesagt den Faden des Monologs – wieder aufnehmend, nur mit kurzen Atempausen, um zugleich die Virginia wieder anzuzünden. Er tastet, bis er fühlt, den Punkt zu haben, an dem er die Menschen packen kann, um dann mit einem Sturmgewitter von Gedanken, unerwarteten Begründungen und großartig gemalten Ausblicken die Zuhörer eher zu überrumpeln, als zu überzeugen.«

Noch einmal erlebte Hans Ludwig Held den langen Arm seiner Feinde. In seiner eigenen Erinnerung liest sich dies so:

»Am 6. September 1945 – also nach Abschluß des Krieges – wurden meine Frau und ich nachts um vier Uhr von drei Mordgesellen in unserer Wohnung in Unterhaching überfallen, wobei meine Frau neben mir durch einen Bauchschuß schwer verwundet wurde, sich sieben Operationen auf Leben und Tod unterziehen mußte. Am 23. September folgte dann eine Brandstiftung, die einen Teil meiner wertvollen Inkunabeln und frühen Drucke vernichtete. Ich hatte den gesamten Sektor meiner hebräischen Bibliothek neben mehreren anderen politisch anrüchigen Abteilungen in der Nähe unseres Hauses in einer großen Garage vor dem Zugriff der Gestapo [...] gesichert. Im Ablauf von drei Stunden war die große, wertvolle, zum Teil in ihren hebräischen Bestandteilen unersetzbare Bibliothek ein Haufen von Asche geworden.«

Dieser Anschlag war jedoch endlich der letzte in Helds Leben. Als Höhepunkt empfand er 1946 die ihm verliehene Ehrendoktorwürde und die Honorarprofessur für »Allgemeine Volksbildung« der Universität München, die ihm endlich auch die lange ersehnte akademische Würdigung zuteil werden ließ. Er plante nun Semester für Semester Seminare und Vorlesungen, zu deren Ausführung er jedoch nicht mehr die Muße hatte. Der Professortitel bedeutete ihm jedoch viel und verhalf seinen Mitarbeitern endlich zu einer brauchbaren Anredeformel, nachdem sich Held die im zustehende Anrede »Direktor« ausdrücklich verbeten hatte: »Einen Direktor gibt es in jedem Flohzirkus!« Aber nicht nur akademische Würden warteten seiner; er wurde 1946 zum alleinigen Lizenzträger der Münchner Volkshochschule ernannt, deren erster Vorsitzender er auch nach einer Umstrukturierung im Jahre 1949 blieb. Überdies regnete es Ehrenmitgliedschaften, vom »Verband Münchner Tonkünstler« bis zum »Bayerischen Landesverband für freie Volksbildung«, er wurde erster Vorsitzender des Goethe-Instituts und des »Münchner Bachvereins«. Bei unzähligen anderen Vereinigungen wirkte er als Mitglied oder stiller Förderer mit und auch die Goethe-Ausstellung des Jahres 1949, die unter dem Titel »Improvisationen zu Goethe« im Rahmen der »Bayerischen Akademie der Schönen Künste« abgehalten wurde, ging auf seine Initiative zurück.

In diesem ganzen Trubel nahm sich Held noch die Zeit, seinen alten Freunden helfend unter die Arme zu greifen – was ihm den Spitznamen »der 15. Nothelfer« einbrachte – aber auch mit einigen neuen Freunden, so mit der begabten Zeichnerin Franziska Bilek, einen höchst amüsanten Briefwechsel zu führen. Seine jungen Mitarbeiter wussten den Humor des »Alten« ebenfalls zu schätzen. In dieser Atmosphäre konnte sich Helds Originalität voll entfalten und eifrige Mitarbeiter schrieben manche seiner oft kernigen Sprüche sogar mit; sie waren wohl auch Maske vor seiner Empfindlichkeit und Verwundbarkeit. So tröstete ein sich verabschiedender Besucher den in seiner Gesundheit stark beeinträchtigten Held mit den Worten »Behalten Sie auch weiterhin Ihren guten Humor, Herr Professor!«, worauf Held prompt antwortete: »Und Sie Ihre Gesundheit, dann können Sie leicht lustig sein!« Ein geistlicher Würdenträger musste sich anhören: »Ein fröhlicher Heiliger ziagt vier Wägen, ein trauriger schmeißt scho bei der ersten Reib'n um.« Einen bedauernswerten Volontär, dem ein Schriftstück zu Boden gefallen war, fuhr Professor Held an: »Wennst no amoi a Blattl falln laßt, reiß i dir an Haxn aus, na stehst da wia a Marabu!«

Auch zu modifizierter Selbstkritik war Held fähig – Hauptsache, dass sie kein anderer übte: »I bin immer da, es is nur die Sach', daß i während dem Dasein meistens net da bin, sondern immer wo anders.« Er nahm es aber auch seinen Schützlingen, denen er auf alle mögliche Weise zu ein bisschen Geld zu verhelfen versuchte, nicht übel, wenn sie ihr Geld nicht in den notwendigen Malfarben angelegt hatten: »An Schmarrn, vasuffa hat er's«, brummte er dann wohl bei einer Rückfrage. Auf die Pünktlichkeit seiner Mitarbeiter legte er jedoch großen Wert und bemerkte zu einem Zuspätkommer beispielsweise: »Im Paradies kann man länger schlafen, hab ich gehört, allerdings sind Leute für das Hallelujah angestellt, die müssen vierundzwanzig Stunden arbeiten.« Wenn man solche Geschichten hört, versteht man auch die Warnung von Helds Frau Margarethe: »Meiden Sie meinen Mann, wenn er Hochdeutsch spricht!«

Seine Krankheiten ließen Held nun jedoch nicht mehr los: Herzbeschwerden, rheumatische Schmerzen und Gehbeschwerden machten ihm oft sein Arbeitsprogramm zur Qual. Am 31. August 1953 wurde er dann zum zweiten Mal und nun endgültig pensioniert. Am 1. August 1954, seinem 69. Geburtstag, traf ihn ein Gehirnschlag; zwei Tage später starb Hans Ludwig Held. Walther Gerlach fand in seiner Gedenkrede die richtige Würdigung seiner Tätigkeit: »Hans Ludwig Held war kein Vollender – er war der große fruchtbare Anreger. Er glaubte nicht an Vollendung – aber an den Wert einer Herrschaft des Geistes.«

Die Belegstellen sind zu finden in: Marita Krauss: *Nachkriegskultur in München. Münchner städtische Kulturpolitik 1945–1954.* München 1985.

Eva-Maria Herbertz
Ein »Leben ohne Alltag«
Rolf von Hoerschelmann zum 125. Geburtstag

E r war ein Mensch von auserlesener Bildung, ein vorzüglicher Gesellschafter, ein Liebhaber und Kenner der Kunst und der Chronist der geistigen Welt Schwabings, zu deren einprägsamsten Gestalten er selbst gehörte.«[1] So beschrieb Ernst Penzoldt den Grafiker, Buchillustrator und Sammler Rolf von Hoerschelmann, einen der letzten Veteranen des längst zum Mythos gewordenen Schwabing und »Wahnmoching« der Franziska Gräfin zu Reventlow. Zu jener aufregenden

Rolf von Hoerschelmann (um 1945)

[1] Ernst Penzoldt: *Das Porträt*. In: Der Tagesspiegel, Berlin 24. Juli 1947. Im Folgenden zitiert als: »Penzoldt: *Das Porträt*«.

Zeit um 1900 sei diese nördliche Vorstadt Münchens der Platz gewesen, schreibt Hoerschelmann einmal, wo sich die jungen Menschen »gährenshalber« aufgehalten hätten. Von Künstlern, Philosophen, Propheten, Religionsstiftern, Erneuerern, Kunstgewerblerinnen, Nichtstuern, ewigen Studenten, Wildgelockten und adrett Gescheitelten bevölkert, habe laut Erich Mühsam der Münchener Eingeborene jene Massensiedlung von Sonderlingen kurz in dem Sammelnamen »Schlawiner« zusammengefasst.

Rolf von Hoerschelmann, Spross einer deutsch-baltischen Gelehrtenfamilie, geboren am 15. Februar 1885 in Estland in der Universitätsstadt Dorpat, heute Tartu, übersiedelte 1903 als Achtzehnjähriger mit seiner Mutter Alexandrine, geborene von Bosse, nach München, wo sie zunächst in der Türkenstraße 98, danach in der Adalbertstraße 42 wohnten und 1905 in der Gedonstraße 8 eine bescheidene Parterrewohnung mit jeweils zwei Zimmern, verbunden durch einen zwanzig Meter langen Flur, bezogen. Der Vater Wilhelm von Hoerschelmann, Professor und Dekan der Historisch-Philologischen Fakultät der Universität Dorpat, war 1895 im Alter von 46 Jahren und der jüngste Bruder 1902 verstorben. Während seine zwei älteren Brüder studierten, der eine in Riga, der andere in Basel und Leipzig, war »Rolli«, wie er in der Familie genannt wurde, das Sorgenkind seiner Mutter, kränkelte er doch seit der Pubertät. Wegen hartnäckiger Migräneanfälle und möglicherweise einhergehender Wachstumsstörungen hatte er im Alter von vierzehn Jahren die Schule abbrechen müssen. Fotos aus den ersten Münchener Jahren bestätigen, was Hans Brandenburg schreibt: »Dieser baltische Adelige war ein Zwerg, der für einen dicken, achtjährigen Knaben gelten konnte. Später hat er noch einen Schuß getan und es sogar zu Bartwuchs gebracht.«[2] Für seine Freunde blieb er bis zu seinem Lebensende der kleine Hoerschel.

In einer Sammlung seiner Vorträge, mit welchen Hoerschelmann während des Zweiten Weltkrieges im Freundeskreis »an Tage voll froher und fruchtbarer Beschäftigung, an Arbeit und Feste, an ein Leben ohne Alltag« erinnert hatte, nach seinem Tod 1947 unter dem Titel *Leben ohne Alltag* erschienen, bezeichnet er sich im Vorwort

---

[2] Hans Brandenburg: *München leuchtete. Jugenderinnerungen.* München 1953, S. 272.

als »glücklich, frei von jedem Zwang, eine Lieblingsbeschäftigung als Beruf«[3] ausgeübt zu haben. Im Krankenbett hatte der Pubertierende zu zeichnen begonnen, und da er keinen Schulabschluss hatte, trat er in München als einer der ersten Schüler in die neu gegründeten »Lehr- und Versuchateliers für angewandte und freie Kunst« des Bildhauers Hermann Obrist und des Malers Wilhelm von Debschitz ein, erlernte dort die für ihn wegweisende Kunst des Holzschnitts und nahm am Aktzeichnen teil. Im Jahre 1905 lernte er Alfred Kubin kennen, woraus eine lebenslange, intime Freundschaft erwuchs. Freimütig bekannte sich Hoerschelmann zum Einfluss Kubins, dessen Vorliebe für skurrile Stoffe er teilte, auf seine eigenen Zeichnungen, auch wenn es ihn oftmals ärgerte, mit seinem Vorbild verglichen und als »der kleine Kubin« bezeichnet zu werden. Die Begegnung mit dem berühmten Künstler zählte er zu den Glücksfällen seines Lebens und ebenso seine Mitarbeit bei den 1907 von Alexander von Bernus ins Leben gerufenen »Schwabinger Schattenspielen«. Während ihres fünfjährigen Bestehens schuf Hoerschelmann für die kleine Bühne rund 150 Figuren und 40 Dekorationen. Ein erstes eigenes künstlerisches Ergebnis legte er 1911 vor mit seinen Scherenschnitten zu Gedichten von Alexander von Bernus in *Das schwarze Bilderbuch*, womit die Kunstform der Silhouette einen neuen Stellenwert in der Buchillustration erhielt, beispielsweise für eine Ausgabe von *Grimms Märchen* und August Kopischs Buch *Allerlei Geister*. Die Jahre 1918 bis 1925 waren seine erfolgreichsten Jahre als Illustrator von phantastischer und romantischer Literatur.

Die 1923 von ihm illustrierten *Elixiere des Teufels* und *Dichter und ihre Gesellen* von E.T.A. Hoffmann wurden seinerzeit wegen ihres anspruchsvollen bibliophilen Charakters in der Fachliteratur als seine Hauptwerke angesehen. Als durch Krieg und Kriegsfolgen »klägliche Pappbände und abscheuliches Holzpapier«[4] der Epoche der Buchkultur ein Ende setzten, blieben zu seinem Kummer auch die Aufträge aus. Hinzu kam, dass das von Mutter und Sohn sorgsam gehütete Vermögen mit der inflationären Entwicklung »spurlos verschwunden«[5] war. Wie sehr es ihm widerstrebte, als Gebrauchsgrafiker Geld ver-

---

[3] Rolf von Hoerschelmann: *Leben ohne Alltag*. Berlin 1947, Vorwort. Im Folgenden zitiert als: »RvH 1947«.
[4] Rolf von Hoerschelmann: *Kleine Rechenschaft über mich selbst*. Undatiertes Typoskript im Teilnachlass Hoerschelmann, Feldafing. Im Folgenden zitiert als: »RvH: Kleine Rechenschaft«.
[5] RvH 1947, S. 240.

dienen zu müssen, erfuhr der als eingefleischter Junggeselle geltende Hoerschelmann und Bohemien während eines dreijährigen Eheversuchs mit Ehefrau Maiki in Feldafing am Starnberger See. Die politische und wirtschaftliche Entwicklung zwang ihn von da an jedoch, auch wenn er es als erniedrigend und beschämend empfand, bei jedem Strich bemüht zu sein, Honorar herauszulocken, wie man seinen Briefen an Freunde in den letzten zwei Jahrzehnten entnehmen kann.

Bis zum Ausbruch des Ersten Weltkriegs hatte Hoerschelmann, frei von existenziellen Sorgen, die Jahre erlebt als eine turbulente Zeit. Überall war er anzutreffen gewesen, bei Atelier- und Faschingsfesten, Premieren in den Kammerspielen, Künstlerstammtischen und zu allen Tages- und Nachtzeiten in den verschiedensten Schwabinger Lokalen. Es gelang ihm, »wie selten einem das Wunder, sein Leben zu vervielfachen«, schreibt Max Unold.[6] Wie ausgiebig er die leichtlebigen Vorkriegsjahre mit ihren Geselligkeiten und Festen auskostete, davon legen sein Buch *Leben ohne Alltag*, seine Briefe und die Fotos in seinem Nachlass ein beredtes Zeugnis ab. Alles hob der manische Sammler auf, Einladungen zum Tanzfest in der legendären Pension Fürmann, zum Karnevalfest 1913 von Karl und Hanna Wolfskehl im Chinesischen Turm im Englischen Garten, zum Faschingsfest der Münchner Sezession, zum Masken- und Argonautenfest des Theaterwissenschaftlichen Kurses der Universität München oder zum »Tanz um den roten Mops« des *Simplicissimus*. Über seine Mitarbeit bei den »Schwabinger Schattenspielen« sowie an den Zeitschriften *Jugend* und *Simplicissimus*, als Schriftführer des Vereins Münchener Grafiker »Die Mappe« und als häufiger Gast auf Stift Neuburg bei Alexander von Bernus hatte er schnell Zugang zu den anregendsten Kreisen Schwabings um Karl Wolfskehl, Stefan George, Emil Preetorius, Max Halbe, Ringelnatz, Erich Mühsam, Thomas Mann usw. gefunden. Auch darin ein Sammler, legte er sich im Laufe seines Lebens gleichsam eine Kollektion von namhaften Persönlichkeiten, Gleichinteressierten und guten Freunden zu. Über fünfhundert Adressen von Künstlern, Schauspielern, von Schriftstellern und Gelehrten fanden sich in Hoerschelmanns 1956 zufällig entdecktem Adressbuch.

---

[6] Max Unold: *Rolf von Hoerschelmann*. In: Das Kunstwerk, 1 Jahr – 1946–1947, Doppelheft 8/9, Baden-Baden 1947, S. 70. Im Folgenden zitiert als: »Unold: RvH«.

René Prévot nannte ihn den »heimlichen König von Schwabylon«, denn er »durchschaute die Provinzen Schwabings mit souveräner Kennerschaft, wusste über alle und jeden Bescheid, kannte Lebenslauf und Verhältnisse seiner phantastischen Untertanen, konnte die geheimen Kanäle und Verschachtelungen entdecken, die zwischen Freund und Feind bestanden. Kurzum, Schwabing war sein inneres Reich.«[7] Aber auch in Berlin, wo sich der »Austauschbohemien«, wie Hoerschelmann sich gern nannte, über Jahre regelmäßig mehrere Wochen aufzuhalten pflegte, und ebenso in Hamburg, wo er als enger Freund von Alfred Kubin und kompetenter Kenner von dessen künstlerischer Arbeit dem Apotheker Dr. Kurt Otte beim Aufbau eines privaten Kubin-Archivs mit Rat und Tat zur Seite stand, hatte er einen großen Bekannten- und Freundeskreis.

Zu einem Leben ohne Alltag gehört, das versteht sich, das Reisen, und Hoerschelmann war jemand, der das Erlebnis, unterwegs zu sein, Neuartiges zu entdecken, in vollen Zügen auszukosten und davon in seinen Briefen mitreißend zu erzählen verstand. 1911 verbrachte der 26jährige zweieinhalb Monate in Paris. 1927 bereiste er zum ersten Mal Italien und hielt sich mehrere Wochen auf Elba auf. Fasziniert von der Landschaft und dem Licht des Südens griff der Grafiker zu Pinsel und Farben. Selbstkritisch stellte er allerdings in einem Brief an die Mutter fest: »Was ich von dieser Reise an Skizzen mitbringe, ist für mich als Material wohl wertvoll, aber es ist kaum ein gelungenes Blatt dabei – dazu ist die Diskrepanz zwischen Wollen und Können zu groß!«[8] Der mit ihm befreundete Kunsthistoriker Wilhelm Hausenstein verweist denn auch bei seiner Beurteilung der Reiseaquarelle Hoerschelmanns auf dessen künstlerische Redlichkeit: »Als ›Malerzeichner‹ zählte er sich selbst, in klarem Bewusstsein von seinen Grenzen, zu den Talenten, die man die ›kleinmeisterlichen‹ nennt.«[9] Hoerschelmanns besten Stücken eigne »ein wohltuender Zug ins Große«[10].

Mit 49 Jahren unternahm der Umtriebige seine wohl abenteuerlichste Reise, eine mehrwöchige Fahrt mit dem Fracht-Segelschiff »Padua« nach Teneriffa und London. Welche Strapazen er auf sich nahm

---

[7] René Prévot: *Kleiner Schwarm für Schwabylon*. München 1954, S. 136.
[8] Rolf von Hoerschelmann: Brief an die Mutter vom 5. September 1927, Teilnachlass Hoerschelmann, Feldafing.
[9] Wilhelm Hausenstein: *Rolf von Hoerschelmann*. In: Süddeutsche Zeitung vom 15. März 1947.
[10] Ebd.

und mit welcher Begeisterung er dabei war, hielt er in einem illustrierten Logbuch fest, das sich in seinem Privatnachlass fand.

So lieb ihm »feucht-fröhliches Getobe« war, mehr noch schätzte er nach eigener Aussage die Allotria in Kreisen, in denen sich »Menschen um die Dreißig und darüber, die Scherze, Satire, Ironie und tiefere Bedeutung liebten und sich vorwiegend aus diesem Grunde zusammenfanden.«[11] Das war vor allem die 1907 gegründete Gesellschaft der Münchener Bibliophilen mit Franz Blei, Karl Wolfskehl, Carl Georg von Maassen, wo ungehobene Schätze der deutschen Dichtung wiederentdeckt wurden und ein wichtiger Programmpunkt die Gestaltung ihrer Jahresgaben und Publikationen zu besonderen Anlässen war, »teils echte literarische Seltenheiten und mitunter unter dem Mantel bibliophiler Entdeckungen versteckte Parodien und geistvolle Persiflagen«.[12] Nach der Auflösung des Bibliophilenvereins gründete von Maassen, angeregt von seiner Beschäftigung mit Alchimie im Zuge seiner Hoffmann-Forschung, die »Hermetische Gesellschaft«, »die in strenger Abgeschlossenheit ihr Wesen trieb und von geistvollerem Witze lebte.«[13] Zum 60. Geburtstag Kubins ließen sich die alten Weggefährten für den Jubilar und Schöpfer dämonischer Bilder etwas Passendes einfallen, wie aus einem handschriftlichen Entwurf in Hoerschelmanns Nachlass hervorgeht. Im Auftrag der hermetischen Väter habe er als Vater Ralmox »dem Menschen Vacosum, der seinen Wohnsitz in Zwickledt, auch Zwihelet im oberen Österreich hat« das heilige Scheit überbracht und ihn mit dessen Hilfe, unter Einsatz seines eigenen Lebens und geschützt durch eine Knoblauchblütenkette, erlöst.[14]

Hoerschelmanns größte Leidenschaft, gleichsam sein Lebensinhalt, war das Sammeln, was er als einen der vornehmsten Gegenstände der Beschäftigung und des Zeitvertreibs eines rechtschaffenen Mannes bezeichnete und ihn im besonderen mit Karl Wolfskehl und Carl Georg von Maassen verband, wie er in *Leben ohne Alltag* schreibt. Fritz Knöller

---

[11] RvH 1947, S. 156.
[12] Ludwig Bielschowsky: *Der Künstler und Sammler RvH*. In: Börsenblatt für den Deutschen Buchhandel, Frankfurter Ausgabe, Nr. 103, 29. Dezember 1976, S. 429.
[13] RvH 1947, S. 159.
[14] Rolf von Hoerschelmann: undatiertes Manuskript, Teilnachlass Hoerschelmann, Feldafing.

hat Karl Wolfskehl, den »Schwabinger Zeus« (wegen seines schwarzen Bartes), Carl Georg von Maassen, den »dünnen, kauzigen Gourmand und Bibliophilen«, und Rolf von Hoerschelmann, den »dicken, bissigen Zwerg«, »Das Schwabinger Dreigespann« genannt. Ihnen sei »die Liebe zur schwarzen Magie der Buchstaben und Graphik und zu der neu anbrechenden Kunst« gemeinsam gewesen.[15] Vehement distanzierte sich Hoerschelmann von den Sammlern, die mittels finanziellen Wohlstands zu Liebhabern und Käufern von Kunstobjekten werden. Sein Sammlerleben habe bereits im Knabenalter in der anregenden und bildenden Luft der Universitätsstadt Dorpat begonnen. Die reichhaltige Bibliothek im Elternhaus und die ererbten Bücher früherer Generationen hätten ihn schon früh »den ehrfurchterweckenden Zauber alter Kultur«[16] erkennen lassen. Erst im Laufe der Jahrzehnte wollte er bemerkt haben, dass ihn fast ausnahmslos papierne Gegenstände gereizt hätten. Unmengen von Kleinodien vergangener Zeiten stöberte er bei Trödlern auf und alljährlich auf der Auer Dult, einem »seiner Jagdgründe«: Bilderbogen, Holzschnitte, Spielkarten, Kinderbücher, Kalender, Visitenkarten, Freundschaftsbilder, Stammbuchblätter, Ausschneidebogen, Fleißbillette, Tanzkarten, Bunt- und Goldpapiere, Papierspitzen usw. usw. Ein Großteil dieser Sammlung, die Hoerschelmann testamentarisch dem Bayerischen Nationalmuseum vermacht hatte, wurde auf Initiative seines Freundes und Testamentvollstreckers Dr. Fritz Schmitt im November 1947 unter dem Titel *Allerlei Papier* dort und anschließend in der Neuen Residenz in Bamberg gezeigt. Nur der, schreibt Hoerschelmann in *Leben ohne Alltag*, verdiene überhaupt, als »schöpferischer Sammler« bezeichnet zu werden, der Dinge erkenne, die an und für sich wertlos sind oder dafür gehalten werden, ihren Sinn als Kuriosität begreife und sie in der Zusammenstellung erst zum Begriff erhebe. Auf seinen vormittäglichen Rundgängen durch die Antiquariate und unscheinbaren Altstadtläden, in denen das Material ungeordnet und nicht seinem Marktwert entsprechend sortiert war, habe sein mit der Zeit geschultes Auge seine Hand zur Wünschelrute werden lassen. All die verborgenen Sächelchen hätten gleichsam zu ihm gedrängt.[17]

---

[15] Fritz Knöller: *Das Schwabinger Dreigespann*. In: Neue Literarische Welt, Nr.13, 10. Juli 1952.
[16] RvH: Kleine Rechenschaft.
[17] s. Eva-Maria Herbertz: *Der heimliche König von Schwabylon. Der Graphiker und Sammler Rolf von Hoerschelmann in Selbstzeugnissen und Bilddokumenten*. München 2005, S.53. Im Folgenden zitiert als: »E-M H. 2005«.

Hoerschelmanns Kapitel *Die romantische Zeichenkunst Süddeutschlands, Der Stilwandel im Holzschnitt, Senefelder und die Erfindung der Lithographie, Über Bilderbogen* in *Leben ohne Alltag* bezeugen denn auch eine erstaunliche Sachkenntnis, die ihn als Fachmann ausweist und wofür er in eingeweihten Kreisen bekannt war. Da er außergewöhnliche Sammlungsstücke besaß und auch wusste, wo man fündig werden konnte, wandte man sich vertrauensvoll an ihn wie beispielsweise Rainer Maria Rilke. »Er kam gern in meine von Büchern, Mappen und alten Sachen übervolle Bude und brachte manchesmal etwas mit. [...] Ein Thema hatten wir gemeinsam: das sagenhafte Einhorn, das wir beide liebten.«[18] Dem Kammerspiele-Intendant Otto Falckenberg konnte Hoerschelmann einen seltenen Privatdruck zu Yeats *Irische Schaubühne* präsentieren, nach dem jener vergeblich gesucht hatte.[19] Und Franziska Gräfin zu Reventlow, immer in Geldnöten, vertraute ihm einmal ein Manuskript und Briefe von August Strindberg an, um sie Antiquariaten möglichst gewinnbringend anzubieten.[20] Für Professor Artur Kutscher, als dieser an seiner Biographie über Frank Wedekind schrieb, war der Chronist und Archivar des alten Schwabing ebenso eine ergiebige Quelle. Von dieser Schwabing-Sammlung Hoerschelmanns profitierte auch das Stadtmuseum München, als es 1998 in der Ausstellung *Schwabing. Kunst und Leben um 1900* zahlreiche bis dahin noch nie gezeigte Dokumente aus seinem Nachlass präsentieren konnte.

Besucher der Wohnung in der Gedonstraße haben die Atmosphäre in seinem so genannten »Fuchsbau« mit den »in einen düsteren Flöz von Büchern getriebenen Gängen und Höhlen« mehrfach geschildert, und was sich abspielte, so der Maler Max Unold, »bei trefflichem Rotwein [...] im kleinen Kreis, der stets mit Bedacht und Feingefühl zusammengeladen war. Da hieß zu Eingang die Frage: ›Was wollt Ihr ansehen?‹ und dann holte er aus irgendeiner Ecke (man begriff nie, wie das alles in zwei winzigen Zimmern Platz fand) bibliophile oder graphische Köstlichkeiten hervor, die auch einer, der vom Seltenheitswert wenig verstand, mit Hochgenuß betrachtete.«[21] Zu Hoerschelmanns Besuchern gehörte schon früh der Verleger und Grafiksammler Rein-

---

[18] RvH 1947, S. 22.
[19] s. Wolfgang Petzet: *Otto Falckenberg. Mein Leben. Mein Theater*. München 1944, S.60.
[20] Franziska zu Reventlow: undatierter Brief an Rolf von Hoerschelmann. Monacensia. Literaturarchiv und Bibliothek München.
[21] Unold: *RvH*.

hard Piper, der in seinen Erinnerungen eine amüsante Begebenheit erzählt:

»Neben der Graphik hatte Hoerschelmann auch viele Erstausgaben deutscher Literatur zusammengebracht, meist aus der Zeit um 1800, während ich mich mehr dem 16. und 17. Jahrhundert widmete. Seine größten Kostbarkeiten dieser Art standen in einem kleinen Glasschränkchen, die meisten aber in offenen Büchergestellen. Ich wunderte mich, dass alle Bücher, die hier standen, einen gleichmäßigen, merkwürdig samtartigen, grauen Schnitt hatten. Als ich einen Band herauszog, merkte ich, dass dies keine Schnittfarbe, sondern eine dicke Staubschicht war. Ich fragte ihn, weshalb er diesen Staub sich so ansammeln lasse. Er erwiderte fatalistisch: ›Er kommt ja immer wieder!‹ So schloß denn jeder Besuch bei ihm damit, dass er mich zu einer gründlichen Reinigung zu seinem Waschtisch führte.«[22]

Als in den Dreißiger Jahren in der »Hauptstadt der Bewegung« Geselligkeit und Freundschaft im freien Geist des alten Schwabing ausstarben, wurde Hoerschelmann München zunehmend fremd. Er dehnte die Aufenthalte in seinem »Buenretiro« in Feldafing am Starnberger See, wo er nach seiner Scheidung von Maiki seit 1928 die Sommermonate zu verbringen gepflegt und auch einen Freundeskreis gefunden hatte, immer länger aus, bis ihn die teilweise Zerstörung seines »Fuchsbaus« mit einem Teil seiner Sammlungen in der Bombennacht Anfang Oktober 1943 zwang, seinen Wohnsitz endgültig nach Feldafing zu verlegen. In der »inneren Emigration« seines »Starenkastens«, wie er die kleine Wohnung unter dem Dach nannte, suchte er mit Kunst und Literatur »die triste Misere des Tages zu negieren« und fand sich mehr und mehr in der Rolle des »Aktuarius sagenhafter Vorkriegszeiten«, wie er am 24. August 1944 an Hedwig Kubin schreibt.[23] Ihm ist zu verdanken, dass mit seiner Druckausgabe des *Schwabinger Beobachter* von 1940 die Zeitschriftenparodie der Gräfin Reventlow und Franz Hessel aus dem Jahre 1904, seinerzeit nur in wenigen Exemplaren und in Eigenproduktion hergestellt, heute nicht als verschollen gelten muss.

Beharrlich suchte der Eremit vom Schluchtweg, wie er oftmals Briefe unterschrieb, wenigstens schriftlich Kontakt zu halten, gleichsam im Gespräch zu bleiben mit denjenigen, die ihm menschlich und

---

[22] Reinhard Piper: *Nachmittag. Erinnerungen eines Verlegers*. München 1950, S. 272f.
[23] RvH: Brief an Hedwig Kubin vom 24. August 1944, Kubin-Archiv, Städtische Galerie München Lenbachhaus.

geistig nahe standen und an deren Leben er weiterhin Anteil nehmen wollte, wie die Korrespondenzkonvolute in seinem Nachlass, auch der ins Exil getriebenen Freunde, bezeugen. Hoerschelmann sei nicht nur ein liebenswürdig geselliger Mensch gewesen, sondern habe darüber hinaus, betonte Siegfried von Vegesack in seinem Nachruf, die »ungewöhnliche Fähigkeit, Freundschaft zu wahren, zu pflegen und zu erhalten«[24], besessen.

Zutiefst bestürzte und erschütterte auch Hoerschelmann wie viele andere nach Kriegsende der erbittert geführte Streit mit emigrierten deutschen Künstlerfreunden um die jeweils moralisch richtigere Position gegenüber dem Hitlerregime. Eine leise Ahnung, wie schwer Verständnis zu wecken sein würde für ihr Bleiben und Bemühen, ein geistiges Leben in dunkelster Zeit aufrecht zu erhalten, weckte bei ihm der überraschende Besuch Klaus Manns in amerikanischer Uniform am 12. und 25. Mai 1945 in Feldafing. Im folgenden Monat war es wohl lediglich der Wunsch, sich seine Enttäuschung und persönliche Betroffenheit über die eingerissene Kluft von der Seele zu schreiben. In einem Brief an Franz Werfel, in dem er sich vehement verwehrt gegen dessen erhobene Vorwürfe in dem Text »Franz Werfel richtet Botschaft an das deutsche Volk. Los Angeles, 16. Mai«[25]. Er schickte den mehrseitigen Brief offensichtlich nicht ab, ließ ihn aber im Freundeskreis kursieren.[26]

Bereits schwer herzkrank stürzte sich der Sechzigjährige in den ihm verbleibenden knapp zwei Jahren noch einmal in rastlose Geschäftigkeit, wie man seinem mit Terminen voll gespickten Taschenkalender, der Korrespondenz mit Verlagen, Antiquariaten und dem umfangreichen Nachlass seiner Zeitungsbeiträge entnehmen kann. Aus seinen privaten Briefen spricht zwar mitunter Todesahnung, aber auch neue Lebensfreude und ein unglaublicher Tatendrang. »Carpe diem!«, schreibt er immer wieder. In den letzten Monaten und Wochen vor seinem Tod spielte eine junge Frau, was er selbst kaum zu fassen vermochte, eine große Rolle für ihn. Mit der 35 Jahre jüngeren Elisabeth Bachmair, Ehefrau des Verlegers F. S. Bachmair, einer Kind-Frau, die sich in den skurrilen Künstler mit seiner von Märchen umwobenen Gedankenwelt unsterblich verliebt

---

[24] Siegfried von Vegesack: *Nachruf auf Rolf von Hoerschelmann*. Bayerische Staatsbibliothek: ANA 397, I,I, 10) Ts (D9) [1947], S. 2.
[25] Typoskript, Teilnachlass Hoerschelmann, Feldafing.
[26] s. E-M H., 2005, S. 238ff.

hatte, erlebte Hoerschelmann eine bezaubernde und anrührende Liebesbeziehung, wie aus der im Deutschen Literaturarchiv Marbach erhaltenen Korrespondenz beider und dem *Bericht vom Sterben des Malers Rolf von Hoerschelmann* von Elisabeth Bachmair hervorgeht.[27]

Rolf von Hoerschelmann starb im Alter von 62 Jahren am 12. März 1947 während des Mittagessens, ohne jeden Kampf, geistig ganz frisch und völlig gelassen, und wurde am 15. März auf dem Feldafinger Friedhof begraben.

In seinem Nachruf schrieb Ernst Penzoldt:

»Dickens hätte ihn kennen müssen, den kleinen Herrn, denn ein ›Herr‹ war Rolf von Hoerschelmann. Vielleicht hätte ihn Dickens mit einem Pascha mit großem Turban verglichen, der ihn gut gekleidet hätte, so gut wie ein Kranz von Weinlaub um sein ›geselliges Gesicht‹, das so gerne lachte, ein dionysisches Lachen, das aber auch zornig sein konnte. Dickens hätte es sich nicht entgehen lassen zu beschreiben, wie Hoerschel – so hörte er sich am liebsten nennen – die Hände auf dem Rücken, den Hut in den Nacken gesetzt, immer adrett mit einer gewissen possierlich-chevaleresken Würde durch Schwabing wandelte. Von Adel wie, so scheint es, alle Balten und mit jenem, diesem Volke so eigentümlichen, an den Stimmwechsel erinnernden Organ und dessen Gabe, reizend zu erzählen, mit klugen, neugierigen Äuglein, voll Verständnis für alten Bordeaux, und mit einer Vorliebe für das Skurrile, war er durch und durch eine Künstlernatur, und in seiner Kunst, die er bis zuletzt ausübte, ein Spätromantiker. Dickens hätte ihn vielleicht in freundlichstem Sinne einen ›alten Knaben‹ genannt; denn er war ein großes Kind, ein echter Junggeselle und ein ›Original‹ von der besten Art, von der man immer wieder meint, sie stürbe aus und die doch immer wieder nachwächst zu unser aller Glück.«[28]

In der Monacensia, der Handschriftenabteilung der Münchner Stadtbibliothek, finden sich über Rolf von Hoerschelmann 78 Briefe, darunter Korrespondenzen mit Hans Carossa, Thomas Mann, Franziska zu Reventlow, Rainer Maria Rilke oder Joachim Ringelnatz, sowie ein Essay, eine Buchbesprechung, ein Foto und mehrere Zeichnungen.

---

[27] Elisabeth Bachmair: *Bericht vom Sterben des Malers Rolf von Hoerschelmann (28. Februar 1885–12. März1947).* Schiller Nationalmuseum/Deutsches Literaturarchiv, Marbach am Neckar.
[28] Penzoldt: Das Porträt.

Kristina Kargl
»Mit dem Opfer meines Lebens ...«
Der mysteriöse Tod der Lena Christ. Zum 90. Todestag der Autorin

Vor 90 Jahren, am 30. Juni 1920, fuhr die bayerische Schriftstellerin Lena Christ morgens mit der Trambahn von ihrer Wohnung in Schwabing zum Harras und lief von dort bis zum Waldfriedhof. Dort legte sie sich auf das Grab des Vaters ihres verflossenen Liebhabers und trank den Inhalt eines kleinen Fläschchens, in dem sich das tödliche Nervengift Zyankali befand. Dieses hatte Lena Christ kurz zuvor von ihrem eigenen Ehemann erhalten.

So beschreibt Peter Jerusalem, der sich später Benedix nannte, in seinem 1940 erschienenen Buch *Der Weg der Lena Christ*[1] die letzten Stunden seiner Ehefrau. Nach der Giftübergabe sei er zur Friedhofskanzlei gegangen und habe dort den Abschiedsbrief vorgelegt, den er tags zuvor von Lena Christ erhalten hatte. Er habe vordergründig darauf gedrängt, sie zu suchen, denn »vielleicht irre sie noch irgendwo herum. Sie sei groß, hager und blond«[2]. Eine Friedhofsarbeiterin hatte sie jedoch bereits gefunden. Sie habe mit weit offenen Augen auf dem Rücken im Efeu eines Grabes gelegen – in einem schwarzen Seidenkleid, daneben der Sammethut und das Giftfläschchen. Ihre Handtasche habe sie an den Schirm gehängt und diesen an das Grabmal gelehnt, schreibt Jerusalem weiter.[3]

Die Rolle, die Peter Jerusalem beim Selbstmord spielte und worüber er detailliert in seinem Buch erst 20 Jahre später schrieb, hat bis heute vielfältige Diskussionen ausgelöst und wurde auch damals schon sehr zwiespältig aufgenommen. Hulda Hofmiller, deren verstorbener Ehemann, der Schriftsteller und Literaturkritiker Josef Hofmiller, Lena

---
[1] Peter Benedix: *Der Weg der Lena Christ*. Wien 1940. S. 210 ff. Im Folgenden zitiert als »Benedix 1940«.
[2] Benedix 1940, S. 212.
[3] Ebd.

Lena Christ im Alter von etwa 30 Jahren

Christs Karriere durch wohlwollende Artikel befördert hatte, erregte sich heftig über das Verhalten Jerusalems und erwog sogar, rechtliche Schritte gegen ihn einzuleiten.

> »Man braucht doch kein Christ sein, man braucht nur human zu denken, um das Handeln dieses Mannes grauenhaft zu finden! Ich schäme mich der Tat dieses Mitschuldigen (und viel schwerer Schuldigen) für das ganze Deutschland und der ungenierten, ja sogar günstig besprochenen Veröffentlichung und eingehenden Darstellung dieses verbrecherischen Handelns für die ganze deutsche Literatur.«[4]

---

[4] Brief von Hulda Hofmiller an Justizrat Windisch vom 19. Januar 1941. Monacensia. Literaturarchiv und Bibliothek. München.

Jerusalem selbst war der Meinung, man hätte Lena Christ nicht helfen können, da sie zum Äußersten entschlossen gewesen sei. So habe sie ihm angedroht, von der Großhesseloher Brücke zu springen, wenn er ihr seine Hilfe verweigere. Andere mögliche Tötungsarten hatte sie für sich bereits verworfen.[5] Selbstmordgedanken und sogar -versuche gab es viele in ihrem Leben. In ihrer teils authentischen, teils phantasievoll angereicherten Biographie *Erinnerungen einer Überflüssigen* schreibt sie, dass sie sich aus Angst vor der Mutter in die Isar stürzen[6] oder aus Verzweiflung über den Tod des Großvaters aus dem Fenster springen wollte[7]. Einmal schnitt sie sich nach einem Streit mit der Mutter die Pulsadern auf, wurde aber rechtzeitig gefunden.[8] Aus finanzieller Not beim Trockenwohnen einer Neubauwohnung am Ostbahnhof wollte sie oft den Hahn der Gasleitung aufdrehen.[9] Auf jeden Fall spielte das Thema Suizid in ihrem Leben eine große Rolle.

Hilfe zum Selbstmord

Die Hilfeleistung von Peter Jerusalem bei der Ausführung des Selbstmords von Lena Christ war damals, wie auch heute noch, ein Straftatbestand. Dies erklärt, warum er 20 Jahre lang geschwiegen hat, bis er in seinem Buch die Fakten offen legte. Ein wichtiger Biograph Lena Christs, Günter Goepfert, spekuliert, Jerusalem sei wohl mit der Last, die er sich mit seiner Unterstützung des Selbstmords aufgebürdet habe, nicht fertiggeworden, denn er habe jahrelang ein offizielles Polizeifoto, das seine Frau am Sterbeort zeigte, bei sich getragen.[10] Ein solches Polizeifoto ist heute in keinem Archiv mehr aufzufinden, aber im Selbstmordverzeichnis der Polizeidirektion München[11] von 1920 taucht der Name Magdalena Jerusalem auf. Nach Vermerkung von Religion und

---

[5] Benedix 1940, S. 207.
[6] Lena Christ: *Gesammelte Werke in drei Bänden*. Hrsg. von Walter Schmitz. München 1990. Hier: *Erinnerungen einer Überflüssigen*. S.53. Im Folgenden zitiert als »Christ, Erinnerungen 1990«.
[7] Christ, Erinnerungen 1990, S.72.
[8] Christ, Erinnerungen 1990, S.155.
[9] Christ, Erinnerungen 1990, S. 240.
[10] Goepfert 1989, S. 143.
[11] Staatsarchiv München, Selbstmordverzeichnis der Polizeidirektion München von 1920, Nr. 70.

Beruf werden hier »ihr sittlicher und religiöser Charakter« als »gut«, ihr »körperlicher Zustand« als »günstig«, die »Erwerbs- und Vermögensverhältnisse« als »ungünstig« verzeichnet.[12] In der Spalte »Art, Ort und Zeit der Selbstentleibung« ist »30. Juni 1920, Waldfriedhof, vergiftet« vermerkt. Als »nächste Veranlassung« für den Selbstmord steht hier »Furcht vor Strafe«[13]. Die Selbstmörder in der Statistik in den Tagen vor und nach Lena Christs Tod haben sich fast alle erschossen, meist aus Gründen, die Lena Christ ebenfalls zum Selbstmord hätten bewegen können: Trübsinn, Nervenleiden, Liebeskummer oder eheliche Zwistigkeiten – alles Probleme, mit denen auch Lena Christ in den letzten Wochen und Monaten vor ihrem Freitod umgehen musste, wie sich im Folgenden zeigen wird.

Es passiert mit Sicherheit häufig, dass Selbstmörder ihre Tat minutiös planen. Dass sie jedoch andere Personen, ja sogar Familienmitglieder, im höchsten Grade mit einbeziehen, wie Lena Christ dies getan hat, ist wohl eher selten. Denn im Falle ihres Selbstmordes waren nicht nur ihr getrennt lebender Ehemann, sondern auch die älteste, damals sechzehnjährige Tochter von der Mutter vorab informiert worden. Nicht nur, dass das Mädchen von der Mutter angewiesen worden war, zwei Kleider für sich und die Schwester schwarz einzufärben[14] und dass sie helfen sollte, ein Kreuz für den ›letzten Weg‹ der Mutter auszusuchen. Sie wurde sogar gefragt, ob sie nicht auch der Meinung sei, die Mutter solle die jüngere und labilere Tochter auf ihrem Weg in den Tod mitnehmen.[15]

Die in unserem Kulturkreis übliche Reaktion auf die Ankündigung eines Selbstmordes wäre, den potenziellen Selbstmörder zu beruhigen und zu versuchen, ihn von seiner Tat abzuhalten.

Auf die Frage von Lena Christ: »Was meinst Du nun dazu? Glaubst du nicht auch, dass es das beste ist, wenn ich geh?«[16] reagierte Jerusalem jedoch – seinen Aufzeichnungen nach zu schließen – mit einer eigentümlichen Akzeptanz:

---

[12] Es kann sein, dass noch ein Obduktionsbefund existiert, denn im sehr authentischen Fernsehfilm über Lena Christ *Geliebt hat mich meine Mutter nie* von 1995 (Drehbuch und Regie: Gernot Runge) wird daraus zitiert.

[13] Die Angaben in dieser Statistik wurden zumindest teilweise offensichtlich von einem Bekannten der Toten, vermutlich Peter Jerusalem, erfragt.

[14] Goepfert 1989, S. 139.

[15] Goepfert 1989, S. 139.

[16] Benedix 1940, S. 200.

»Ich nickte und erwiderte, dass ich deswegen gekommen sei, weil sie mich habe wissen lassen, dass sie diesen Schritt tun wolle. Sonst wär' ich gar nicht hier. [...] Ich dachte über das Unheil nach, das ihr Herz und ihr verwirrter Sinn heraufbeschworen hatten, und über das verpfuschte Leben, unter das sie jetzt einen Schlussstrich ziehen wollte.«[17]

Offensichtlich unterstützte er ihren Entschluss in jeder Hinsicht. In seinem Buch ist kein einziger Satz zu finden, mit dem er versucht hätte, sie von ihrem Vorsatz abzubringen. Dafür erzählt er, dass er sich sogar bereit erklärt hatte, das Gift für sie zu besorgen und fügt eine eher unglaubwürdige Schilderung an, wie er dieses von einem anonymen Herrn aus einem Laboratorium am Lenbachplatz bekommen habe.

Eheprobleme und Liebeskummer

Im Januar 1919 zog Lena Christ von Landshut nach München, zusammen mit ihren Kindern und dem Lautensänger Ludwig Schmidt, dessen Künstlername Lodovico Fabbri war[18], mit dem sie nicht nur gemeinsam bei »lustigen Abenden« auftrat, sondern auch ein Liebesverhältnis begonnen hatte. Aus einem Brief vom Januar 1919 an Jerusalem, der nur aus seinem Buch zitiert werden kann, wird nicht nur die angespannte und unklare Situation ersichtlich, sondern auch die »Trübsinnigkeit«, in der sich Lena Christ befand:

>»Nach einer durchweinten Nacht bin ich soweit gefasst, daß ich dir wenigstens schreiben kann. Bitte, nimm mir meine Nervosität nicht übel auf. Ich bin so elend beisammen, so zermürbt, daß ich halt nicht mehr kann. Denn daß Ihr mir bald beide verloren seid, Du und der Bub [AdV.: Lodovico Fabbri], daß auch das Glück sich allmählich von mir wenden wird, das weiß ich bestimmt. Ich falle eben doch dem Schicksal anheim, welches mir meine Mutter gewünscht hat. Ich will heute zum Arzt gehen. Und darnach vielleicht zu einem Psychiater, damit ich weiß, was mit mir los ist, und wie man mir helfen kann. Denn so darfs nicht weitergehen. Im Kino fing ich an zu heulen, wollte zu Dir und verdarb natürlich den andern den Abend. Und wenn ich bei Dir bin, verderb ich Dir die Tage. Und mir hab ich das Leben verdorben. Es wird wohl Schicksal sein. Denn daß auch Deine Gegenwart nichts mehr machen kann, daß ich trotz all Deiner Mühe nicht mehr zur Höhe komme und raus aus dem Irrsinn, das ist bedenklich. Aber es gibt

---

[17] Benedix 1940, S. 200ff.
[18] Goepfert 1989, S. 123.

noch eine Hoffnung, den Arzt. Vielleicht kann mir doch noch geholfen werden ...«[19] Peter Jerusalem trennte sich erst im November 1919 von ihr und entzog ihr damit seine »haltenden und sichernden Stützen«[20]. Er machte seine fehlende Führung für ihren psychischen, sozialen und wirtschaftlichen Niedergang verantwortlich. Aber auch der um viele Jahre jüngere Liebhaber ließ sie bald im Stich, nachdem – nach Meinung von Jerusalem – kein Geld mehr für das kostspielige Leben und die Geschenke, mit denen sie ihn behängt hatte, vorhanden war.[21]

Der Makel auf dem Künstlernamen

In ihren zehn doch sehr verzweifelten und tragischen Abschiedsbriefen[22], die Lena Christ alle einen Tag vor ihrem Selbstmord geschrieben hatte, wurde als Grund »die verlorene Ehre«, der »Makel, den sie auf ihren Künstlernamen gebracht« und das »Unglück, das sie ihrer Familie zugefügt« habe, angegeben. Sie hatte Angst, am nächsten Tag verhaftet zu werden und bat Jerusalem, ihr das Gift zu besorgen, wenn er nicht wolle, dass sie sich aus den Fetzen ihres Gewandes einen Strick drehe, um sich in der Zelle aufzuhängen.[23]

Lena Christ hatte monatelang minderwertige Ölgemälde angekauft, mit gefälschten Signaturen berühmter Künstler wie Defregger, Stuck, Futterer und anderen versehen und diese an Kunsthändler und Privatleute zu hohen Preisen verkauft. Bei der Polizei hatte sie ausgesagt, dass sie für die gefälschten Bilder 60 000 Mark erhalten habe. Man vermutete jedoch, dass es wesentlich mehr war.[24] Obwohl die Inflation schon begonnen hatte – innerhalb eines Jahres, von Januar 1919 bis Januar 1920, hatte der Dollar seinen Gegenwert von neun Mark auf 69 Mark gesteigert[25], handelte es sich bei dem Verkaufserlösen doch um ganz erhebliche Summen. Was besonders schwer wog, war die Tatsa-

---

[19] Benedix 1940, S. 181f.
[20] Benedix 1940, S. 176.
[21] Benedix 1940, S. 196.
[22] Goepfert 1989, S. 139
[23] Benedix 1940, S. 202.
[24] *Münchner Neueste Nachrichten* Morgen-Ausgabe. 73. Jg. Nr. 242 vom 17. Juni 1920.
[25] Ghemela Adler: *Heimatsuche und Identität. Das Werk der bairischen Schriftstellerin Lena Christ.* Frankfurt a. M. 1991. S. 62. Im Folgenden zitiert als »Adler 1991«.

che, dass Lena Christ die Fälschungen nicht sogleich eingestand, sondern unschuldige Personen mitbeschuldigte und sich in komplizierte Lügengeschichten verwickelte.

Im Staatsarchiv München finden sich über diesen Fall keine Akten mehr. Die Informationen stammen alle aus einem Zeitungsartikel vom 17. Juni 1920 aus den *Münchner Neuesten Nachrichten*.

Ihr Testament und die Abschiedsbriefe an berühmte Kollegen und Freunde wie Ludwig Thoma und Korfitz Holm[26], an einen anonymen Professor – vermutlich Prof. Kerschensteiner – oder an Erich Petzet[27] machen deutlich, wie sehr Lena Christ unter ihren Verfehlungen gelitten hat. Viel schwerwiegender als die »Furcht vor Strafe«, die im Selbstmörderverzeichnis als Auslöser des Selbstmords aufgeführt wird, war für Lena Christ vermutlich die Schmach, ihren guten Namen eingebüßt zu haben.

Zusammenstöße mit dem Gesetz

Es war allerdings nicht das erste Mal, dass Lena Christ mit dem Gesetz in Konflikt gekommen war. In der Trombetta-Akte im Kriegsarchiv München befindet sich ein Notizzettel aus der »K. Polizeidirektion« mit der handschriftlichen Aufschrift: »Darf nicht verwertet werden«. Offensichtlich war man auf Militärseite bei der illegitimen Überprüfung des Leumunds der Beklagten auf zwei vierwöchige Gefängnisstrafen im Jahr 1911 gestoßen, die Lena Christ wegen Kuppelei beziehungsweise Gewerbsunzucht verbüßen musste.[28] Die Akten des Trombetta-Prozesses, der Lena Christ von 1915 bis 1918 intensiv beschäftigte, liegen – soweit sie die gerichtliche Seite betreffen, im Staatsarchiv München[29] – und soweit sie die Klägerseite betreffen im Kriegsarchiv München. Beeindruckend sind hier die vielen handschriftlichen

---

[26] Abschiedsbriefe an Ludwig Thoma und Korfitz Holm vom 29. Juni 1920. Monacensia. Literaturarchiv und Bibliothek München.
[27] Abschiedsbrief an Erich Petzet vom 29. Juni 1920 Petzetiana, Bayerische Staatsbibliothek München (Petzet war Bibliothekar und Literaturhistoriker, seit 1894 in der Staatsbibliothek München beschäftigt), sowie Abschiedsbrief vom 29. Juni 1920 an einen unbekannten Professor (vermutlich Prof. Dr. Georg Kerschensteiner), Bayerische Staatsbibliothek München, Autogr. Cim., 12.
[28] Bayer. Hauptstaatsarchiv, Abt. IV – Kriegsarchiv, Sig. OP 14904.
[29] Brief vom 13. November 1915 an Adolf Müller, Staatsarchiv München, Staw. München I, 1816.

Schriftstücke von Lena Christ. Peter Jerusalem erwähnt diesen Prozess wie so vieles andere in seinem Buch nicht, obwohl er vermutlich der Anlass für Lena Christs Engagement war. In einem Brief vom 13. November 1915 an den SPD-Landtags-Abgeordneten und Chefredakteur der *Münchner Post*, Dr. Adolf Müller, schildert sie Missstände in der Münchner Notkaserne »Elisabethenschule«, in der Peter Jerusalem seit kurzem stationiert war. In zwei Kompanien, die nebeneinander untergebracht waren, gab es gravierende Unterschiede in der Behandlung der Soldaten. Unter dem von ihr beschuldigten Rittmeister Trombetta dürften die Soldaten nicht mittags und abends nach Hause gehen, sondern müssten in der Kaserne schlafen und frühmorgens bereits exerzieren, während die Soldaten der anderen Kompanie sich zu diesen Zeiten zu Hause aufhalten dürften. Unter einem Dach paare sich »Anständigkeit mit grausamer Willkür und Härte«. Lena Christ, die für die Recherchen zu ihrem Buch *Unsere Bayern anno 1914* viel Kontakt zu Soldaten hatte, können hier vermutlich nur die besten Absichten unterstellt werden. Von der Verbesserung der Situation hätte allerdings auch Peter Jerusalem profitiert.

Der Brief an Adolf Müller wurde jedoch vermutlich von der Zensur konfisziert und erreichte den Empfänger nie, sondern gelangte direkt an den Kompaniechef des Rittmeisters Trombetta, der umgehend wegen »verleumderischer Beleidigung« Klage erhob. Die Zeugen für diese Beschuldigung zogen ihre Behauptungen zurück oder waren im Feld unerreichbar[30]. Obwohl sich Lena Christ in einem Brief vom 5. Januar 1916[31] beim Rittmeister entschuldigte und einen angeblich verloren gegangenen Brief ins Spiel brachte, in dem sie Trombetta die volle Rechtfertigung hätte zuteil werden lassen, wurde die Klage nicht zurückgenommen. Um doch noch eine gütliche Einigung zu erzielen, führte Lena Christ als Entschuldigung für ihre harschen Vorwürfe alles ins Feld, was ihrer Meinung nach ihr Verhalten verursacht hätte: Eine schwere Erkrankung, bei der sie »auf den Tod« dagelegen habe und die Mitteilung, dass ihre drei Brüder innerhalb von zehn Tagen gefallen seien, hätten zu der Erregung geführt, in der sie ihre harschen Anschuldigungen vorgebracht hätte.

In einem Attest, das ihr Prof. Dr. Georg Kerschensteiner, dem Oberarzt der I. Medizinischen Abteilung des Städtischen Kranken-

---

[30] Akte Trombetta, Staw. München I, 1816.
[31] Brief vom 5. Januar 1916, Staatsarchiv München, Staw. München I, 1816.

hauses München-Schwabing,[32] ausgestellt hatte, ist nichts von einer derart todernsten Erkrankung zu lesen. Auch ist nur ein Bruder 1917 gestorben oder gefallen, die anderen beiden Brüder lebten bis 1956 beziehungsweise 1973[33]. Diese Behauptungen sind ein gutes Beispiel für die ausufernde Phantasie beziehungsweise die Schutzbehauptungen, die Lena Christ gerne ins Spiel bringt – ähnlich wie bei den Beschuldigungen von Außenstehenden in der Bilderfälscherangelegenheit. Nach Veröffentlichung der *Erinnerungen* war bereits eine Anzeige der Mutter wegen Verleumdung abgewiesen worden[34], und ein Plagiatsvorwurf konnte 1916 ebenfalls entkräftet werden, sonst hätte ein erneutes Gerichtsverfahren gedroht.[35] Da der Trombetta-Prozess erst 1918 nach Zurückziehung der Klage beendet worden war und Lena Christ sich mit dem Kläger einvernehmlich geeinigt hatte,[36] hatte das erneut auf sie zukommende Gerichtsverfahren wegen Bilderfälschung vermutlich die sich zeigende schockierende und destruktive Wirkung.

Nervöse Zustände und Lungenspitzenkatarrh

Lena Christs Gesundheitszustand war nicht der beste. Obwohl ihr körperlicher Zustand in der Selbstmordstatistik – vermutlich von einem Pathologen – als »günstig« beschrieben worden war, gab es zahlreiche Hinweise auf gesundheitliche Beeinträchtigungen, wenn nicht gar auf eine Krankheit. Im bereits erwähnten Attest von Prof. Kerschensteiner diagnostiziert er 1916 einen Lungenspitzenkatarrh, Herzneurose, schwere allgemeine Nervosität und zeitweise Zustände von außerordentlicher Erregbarkeit.[37]

Während ersteres offensichtlich auf eine Tuberkuloseerkrankung in den Lungenspitzen hindeutet, sind die anderen Leiden vermutlich psychosomatischer Natur.

---

[32] Ärztliches Zeugnis von Prof. Kerschensteiner vom 24. Mai 1916. Staatsarchiv München, Staatsanwaltschaften 1816.
[33] Vgl. Adler 1991, S. 53.
[34] Goepfert 1989, S. 79.
[35] Adler 1991, S. 59.
[36] Adler 1991, S. 59.
[37] Ärztliches Zeugnis von Prof. Kerschensteiner vom 24. Mai 1916. Staatsarchiv München, Staatsanwaltschaften 1816.

Im Oktober 1917 schrieb Lena Christ an Anette Thoma[38]: »Ich fühl mich auch gar nicht wohl und hab wieder Herzgeschichten. Na ja, eins ist bedingt durchs andere.«[39] Um die Jahreswende 1918/19 teilte ein Arzt ihr mit, dass ihr Leiden unheilbar sei, aber der dauernde Aufenthalt im Süden helfen könne.[40] Um der drohenden Anklage wegen der Bilderfälschungen zu entgehen, wandte sie sich auch an den USPD-Vorsitzenden Richard Scheid, dem sie, einmal mehr verstrickt in die eigenen Lügengeschichten, eine unglaubliche Geschichte auftischte, nämlich dass ein anderer die Signatur des Bildes gefälscht habe und sie sich nun märtyrergleich für diesen einsetzte. Auch hier schildert sie Beschwerden wie das »liebe Herzübel« und Erbrechen[41]. Auch Jerusalem war offensichtlich erschrocken, als er sie wenige Tage vor ihrem Freitod 1920 nach längerer Trennung wiedersah:

> »Ich sah die Veränderung, die mit ihr vorgegangen war. Das Leiden hatte sie gezeichnet, und die Spuren der fortgeschrittenen Krankheit waren deutlich sichtbar. Sie war nur mehr ein Schattenbild ihrer selbst. Der, dem sie entgegengehen wollte, hatte die Hand schon nach ihr ausgestreckt.«[42]

Kann vielleicht die Vermutung einer schweren und unheilbaren Lungentuberkulose der Grund für die Akzeptanz des Selbstmords durch die Angehörigen gewesen sein?

Diagnose Hysterie

In ihren *Erinnerungen einer Überflüssigen* schildert sie einen dreiwöchigen Krankenhausaufenthalt, den sie angeblich wegen Diphtherie und der schweren Verletzungen, die ihre rabiate Mutter ihr zugefügt habe, auf sich nehmen musste.[43] In dem Kranken-Zugangs-Hauptbuch des Jahres 1898 des ehemaligen Städtischen Krankenhauses links der Isar steht allerdings unter der laufenden Nummer 6752 als Diagnose lediglich »Hysterie und Angina catarrhalis« vermerkt, als Aufenthaltsdauer drei Tage und als »arbeitsfähig entlassen«.[44]

---

[38] Verfasserin der *Bauernmesse* und Ehefrau des Malers Emil Thoma.
[39] Goepfert 1989, S. 118.
[40] Benedix 1940, S. 173.
[41] Brief von Lena Christ an Richard Scheid vom 30. Juni 1920. Monacensia. Literaturarchiv und Bibliothek München.
[42] Benedix 1940, S. 198.
[43] Christ, Erinnerungen 1990, S. 89ff.
[44] Goepfert 1989, S. 41f.

Lange Zeit war man der Meinung, dass die Hysterie somatische Ursachen hätte. Erst um 1900 wurde sie als psychogene Krankheit neu definiert. Freud und Breuer verstanden darunter die verdrängte Erinnerung an ein psychisches Trauma, das durch einen erlittenen Schmerz ausgelöst werde.[45] Dies bedeutet, dass der hysterische Gefühlshaushalt ein bestimmtes Gefühl nicht verarbeiten bzw. verkraften kann, und es daher in ein körperliches Dauersymptom umleitet.

Für Peter Jerusalem hatte die Krankheit Lena Christs genetische Ursachen. In seinem Nachruf, der am 19. Juli 1920 in den *Münchner Neuesten Nachrichten* erschien, meinte er:

»Die Wurzeln der dunklen Triebe, die am Ende überwuchernd das bessere Teil dieser Seele erstickten, ruhen in einer unglücklichen krankhaften Anlage und wurden durch die Behandlung, die ihr in der Jugend widerfuhr, nicht zum Verkümmern, sondern im Gegenteil zu lebhafter Entfaltung gebracht. [...] Sie war ein Mensch, der, von schwersten Melancholien und krankhaften Anfällen heimgesucht, nicht allein sein konnte und in einer Angst vor sich selber hilfesuchend sich an jemanden anschließen mußte. [...] Vielleicht war sie sich auch dessen bewusst, denn es konnte neben der Güte ihres Wesens unter bedingenden Umständen etwas Teuflisches in ihr hervortreten. Damit komme ich zu dem letzten und dunklen Gebiet dieser Seele, dessen Wurzeln im Unerklärlichen haften. Lena Christ hatte in ihrem Leben Zustände einer vollkommenen Besessenheit. Es war, als handle sie unter irgendeinem dunklen Zwang, vor dem sie selber ein Grauen empfand. Daher auch ihre Furcht vor dem Alleinsein, denn sie hatte das bestimmte Gefühl, daß etwas in ihr nicht richtig sei. Ich war selbst Zeuge schwerer psychischer Störungen, die sie z.B. plötzlich draußen auf freiem Felde überfallen konnten, wo sie allein hilflos der Umgebung preisgegeben gewesen wäre. Sie verfügte auch über besondere mediale Fähigkeiten, und es haben sich bei ihr seltsame spiritistische Phänomene gezeigt. Seltsam war auch die ganze Art ihres künstlerischen Schaffens: sie schrieb, fast ohne abzusetzen, mitunter zwanzig bis dreißig Seiten hintereinander und hatte am Ende nichts Wesentliches zu verbessern. [...]
Indem sie selbst für ihre Taten sich zur schwersten Strafe verurteilte, glaubte sie, das Begangene zu sühnen, und ein jeder, der weiß, mit welcher Leidenschaft sie an diesem schönen Leben hing, und der die ungeheure Energie und Fähigkeit dieser Frau kannte, wird ermessen können, was dazu gehörte.«[46]

---

[45] Sigmund Freud; Josef Breuer: *Der psychische Mechanismus hysterischer Phänomene (1884)*. In: Studienausgabe, Bd. 6. Hysterie und Angst. Frankfurt a.M. 1994. S. 9–24, hier S. 30.
[46] *Münchner Neueste Nachrichten* vom 19. Juli 1920. In: Petzetiana, Bayerische Staatsbibliothek München.

Der Glaube, dem Schicksal anheim zu fallen, das die Mutter ihr angeblich gewünscht hatte und dem sie nicht entrinnen könnte, lässt die dramatische Inszenierung ihres Selbstmords wie eine griechische Tragödie erscheinen. Am Ende ihres Lebens wurde sie von ihrer eigenen Mystifizierung zur »Überflüssigen« eingeholt.

In der Monacensia liegen von Lena Christ elf Briefe, sechs Manuskripte, 18 Fotos und zwei Zeichnungen.

Walter Hettche
»Am dauerndsten in München«
Otto Julius Bierbaum zum 100. Todestag

Über Otto Julius Bierbaum, der am 28. Juni 1865 im schlesischen Grünberg geboren wurde und am 1. Februar 1910 kurz vor der Vollendung seines 45. Lebensjahres in Dresden gestorben ist, sind allerlei Klischees im Umlauf. Man hält ihn, wie Hans Christoph Buch schreibt, allenfalls für einen Unterhaltungsschriftsteller, den Inbegriff des »saturierten Bildungsbürgers« mit »unverwüstlich guter Laune« und »sprichwörtlich gesundem Humor«.[1] Die Zeitgenossen, die ihn näher kannten, zeichnen ein differenzierteres Bild des heute weitgehend vergessenen Mannes. Hans Brandenburg hat ihn in seiner Rede anlässlich der Beisetzung auf dem Münchner Waldfriedhof gewürdigt:

> »Er war nicht der Klingklang-Sänger, für den ihn die meisten halten, auch nicht der im Irrgarten der Liebe umhertaumelnde Kavalier, für den er sich selbst in seiner echten Künstlerfreude an Hüllen und Masken ausgab, er war überhaupt nichts von dem, worauf ihn irgendeine Formel, und sei es die verblüffendste, festnageln möchte. Seinen klugen, klaren Geist beschäftigten alle brennenden Kulturfragen, er war unerschöpflich an Anregungen und Ideen und streute sie jederzeit mit vollen Händen aus.«[2]

Auch Hans Christoph Buch hat der Versuchung widerstanden, Bierbaum allein aus seinen Gedichten zu charakterisieren. Unter den vielen humorigen Studenten- und Liebesgedichten Bierbaums hat er immerhin eine »matt schimmernde Perle«[3] gefunden, nämlich das Gedicht *Er entsagt*[4]:

---

[1] Hans Christoph Buch: *Lyrischer Abgesang.* In: *1000 Deutsche Gedichte und ihre Interpretationen.* Hrsg. Marcel Reich-Ranicki. 5. Band: *Von Arno Holz bis Rainer Maria Rilke.* Frankfurt/M. 1994, S. 54–56, hier S. 55.
[2] Hans Brandenburg: *Vorwort.* In: *Otto Julius Bierbaum zum Gedächtnis.* München 1912, S. Xf.
[3] Hans Christoph Buch (wie Anm. 1), S. 55.
[4] Ebd., S. 53. Buch zitiert das Gedicht nach Otto Julius Bierbaum: *Der neubestellte Irrgarten der Liebe. Um etliche Gänge und Lauben vermehrt. Verliebte,*

Fahl zieht der Strom in letzter Abendhelle,
Bald wird es Nacht und alles Schweigen sein.
Nun kommt die Zeit, daß ich mein Glück bestelle,
Dies schwarze Ährenfeld, dies Dein und Mein.

Das ist viel stiller, als das tiefste Schweigen
Und ist viel schwärzer als die tiefste Nacht;
Die hohen Halme beugen sich und neigen
Ehrfürchtig ihrer schweren Ähren Pracht.

Denn du bist dort. In deinem weißen Kleide,
Von dem ein Leuchten wie von Sternen weht,
Und ein Gesang vom Rauschen deiner Seide,
Wenn leis dein Fuß durch diese Ähren geht.

Trotz dieser einen »Perle« ist die Klassifizierung Bierbaums als Autor der eher leichten Muse aufs Ganze gesehen gewiss zutreffend. Aber man tut ihm unrecht, wenn man seine Werke nach den Maßstäben beurteilt, die man an Rilke oder Hofmannsthal anlegen würde. Seine Verse wie auch seine Prosa stehen in der Tradition der geselligen Dichtung des 18. Jahrhunderts, der verspielten Lyrik des Rokoko und der komisch-satirischen Erzählliteratur vor allem englischer Provenienz, die er in seinen *Studenten-Beichten* (1893/1897) und dem Roman *Die Freiersfahrten und Freiersmeinungen des weiberfeindlichen Herrn Pankrazius Graunzer* (1896) fortführt. Aber auch, wer solche Literatur nicht goutiert, wird in Bierbaums vielbändigem Lebenswerk noch Lesenswertes finden; zumindest der Boheme-Roman *Stilpe* (1897), der Zeitroman *Prinz Kuckuck* (1906/1907) und seine originellen Reisefeuilletons – er war der erste, der Reisen mit dem Automobil schilderte – sollten nicht ganz der Vergessenheit anheimfallen, ebensowenig wie seine satirischen *Steckbriefe erlassen hinter dreißig literarischen Uebelthätern gemeingefährlicher Natur*, die er 1900 unter dem Pseudonym Martin Möbius veröffentlichte und in denen er sich in heiterer Selbstironie selbst verspottete:

»Dieser deutsche Dichter ist ein Kloß: zugleich derb und quatschig, aber immer unverdaulich.

---

launenhafte, moralische und andere Lieder, Gedichte und Sprüche aus den Jahren 1885–1905. Leipzig 1906. In einer späteren Ausgabe der Gedichte trägt es den Titel *Entsagung*. Otto Julius Bierbaum: *Gedichte*. München 1923, S. 149.

Bierbaum-Karikatur von Bruno Paul aus den »Steckbriefen«

Indessen: ein Kloß mit Seele und in Pflaumenmussauce. Es giebt Geschmäcker, die auch das goutieren, und schließlich, wer die heutige Literatur überhaupt verträgt, dessen Magen ist knödelfest.

In Klößen pflegt mancherlei zu sein. Zuerst und vor Allem: Mehl. Bei Bierbaum ist das die Lyrik. Sie ist zuweilen klitschig. Dann Semmelbrocken: der Humor. Er ist etwas trocken. Dann allerhand Fleischreste: die deutsche Gesinnung. Nicht immer ganz frisch. Und schließlich ein paar Körnchen Gewürz: sozusagen Geist. Na ... Paprika ist es nicht.

Dieser Kloß ist im Ganzen unter die harmloseren Gerichte der deutschen Literaturgarküche zu rechnen, und schließlich: er stopft wenigstens.

Gefährlich wird er, wenn er kritisch wird. Wehe, wenn er sich über die *belles lettres* wälzt, einen Streifen von Pflaumenmussauce hinter sich herziehend!

Mit besonderer Vorliebe bethätigt er sich ornamental. Er hat dafür das kloßige Wort Buchschmuck erfunden, und diese gräuliche Influenza der Bücherbeklexung mit Kloßmotiven ist in der Hauptsache von ihm eingeschleppt.

Die größte Merkwürdigkeit an B. ist, daß er der einzige Kloß ist, der lebendige Junge zur Welt bringt: sie nennen sich Zeitschriften, und es sind

Otto Julius Bierbaum und Gemma Bierbaum, undatiert

solche von Plakatumfang darunter. Man kolportiert das Gerücht, daß er sich mit der Schaffung einer Monatsschrift in Form von auswechselbaren Litfaßsäulen beschäftigt.«[5]

---

[5] *Steckbriefe erlassen hinter dreißig literarischen Uebelthätern gemeingefährlicher Natur [...] mit den getreuen Bildnissen der 30 versehen von Bruno Paul.* Berlin/Leipzig 1900, S. 23f.

Trotz dieser Selbstkritik: Bierbaum hat sich um die deutsche Buchkultur unschätzbare Verdienste erworben, sei es mit der Gründung der Zeitschrift *Die Insel*, aus der später der Insel-Verlag hervorging, sei es mit dem opulent ausgestatteten Jugendstil-Periodikum *Pan*, sei es schließlich mit der vielbändigen Reihe *Die Bücher der Abtei Thelem*, in der Werke vornehmlich des 18. Jahrhunderts in exquisiter Ausstattung vorgelegt wurden. Aber selbst wenn man all dies nicht kennt oder nicht kennenlernen will – einen Satz Bierbaums hat jeder der deutschen Sprache halbwegs Kundige schon einmal im Munde geführt: Die Weisheit, wonach »Humor ist, wenn man trotzdem lacht«, ist das Motto zu Bierbaums Reisebuch *Die Yankeedoodle-Fahrt* aus dem Jahre 1909. Vielleicht hatte Hans Brandenburg doch recht, als er in seiner Grabrede auf Otto Julius Bierbaum sagte: »Das letzte Wort über ihn ist noch lange nicht gesprochen.«[6]

Bierbaums umfangreicher Briefwechsel – zum Beispiel derjenige mit seinem Freund Detlev von Liliencron – ist noch weitgehend unerschlossen.[7] Der hier erstmals veröffentlichte Brief, den Otto Julius Bierbaum am 22. September 1906 an eine Theaterdirektion geschickt hat,[8] beleuchtet den vielleicht am wenigsten einer Wiederentdeckung zugänglichen Teil seines Werkes. Auch wenn sein Schauspiel *Stella und Antonie* (1902), um dessen Aufführung es hier geht, seinerzeit häufig gespielt wurde, erscheint es heute doch ebensowenig bühnentauglich oder lesenswert wie das Singspiel *Gugeline* (1899), die burleske Oper *Das Gespenst von Matschatsch* (1904) oder die Komödie *Der Bräutigam wider Willen* (1906). Für Bierbaums Biographie ist der Brief allerdings ein beziehungsreiches Dokument. Die Städte, an denen *Stella und Antonie* so erfolgreich gegeben wurde, sind für Bierbaum Orte von besonderer Bedeutung: Dresden als Stadt seiner Jugend, München als das literarische Zentrum, in dem die meisten seiner Werke entstanden – und wo in der *Monacensia* der größte Teil seines Nachlasses aufbewahrt wird.

---

[6] Hans Brandenburg (wie Anm. 2).
[7] Im Druck liegen lediglich die Briefe an seine zweite Ehefrau vor; Otto Julius Bierbaum: *Briefe an Gemma*. München 1921.
[8] Der Brief befindet sich in Privatbesitz.

Faksimile des umseitig transkribierten Briefes von Otto Julius Bierbaum an eine unbekannte Theaterdirektion (Privatbesitz)

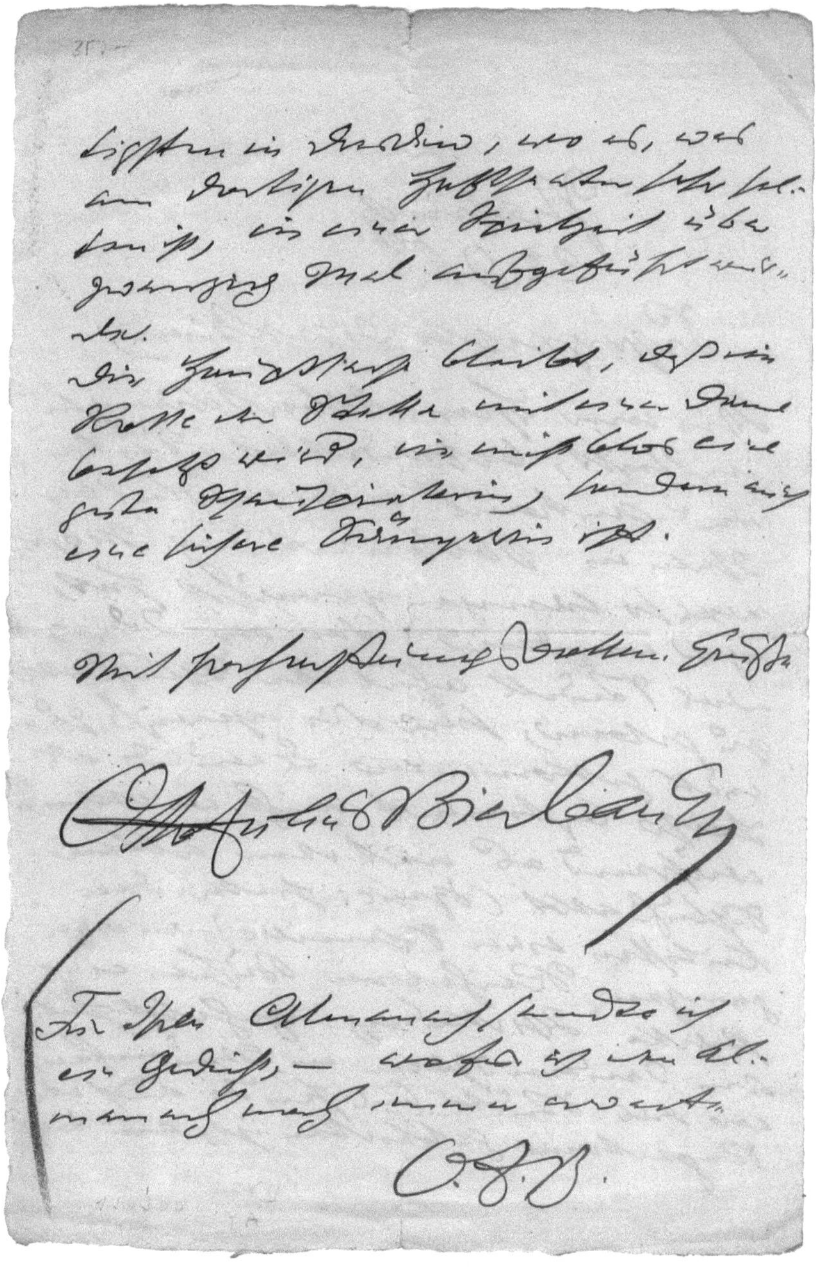

dichtern in Berlin, wo es, was
am dortigen Hoftheater sehr selten ist, in einer Spielzeit über
zwanzig Mal aufgeführt wurde
usw.

Die Hauptsache bleibt, daß die
Rolle der Stella mit einer Dame
besetzt wird, die nicht blos eine
gute Opernsängerin, sondern auch
eine bessere Sängerin ist.

Mit hochachtungsvollen Grüßen

~~Otto~~ Julius Bierbaum

Für Ihren Almanach sende ich
ein Gedicht, — [illegible]

O. J. B.

Pasing
22. 9. 6.

Sehr geehrte Direktion,
Wie mir Herr Albert Langen mitteilt, befindet sich »Stella und Antonie« nun endlich bei Ihnen in Vorbereitung. Möge, was so lange gewährt hat, gut werden. Von der Idee, das Stück ohne den Schlußakt zu geben, sind Sie gewiß zurück gekommen. Es würde als Torso bestimmt <u>nicht</u> wirken, während es mit dem alten Schlußakt (Szene: hinter den Kulissen einer Schmiere) an einer ganzen Reihe von Bühnen eine starke Wirkung gehabt hat. Am dauerndsten in München, wo das Stück bis heute auf dem Repertoire geblieben ist, am kräftigsten in Dresden, wo es, was am dortigen Hoftheater sehr selten ist, in einer Spielzeit über zwanzig Mal aufgeführt wurde.

Die Hauptsache bleibt, daß die Rolle der Stella mit einer Dame besetzt wird, die nicht blos eine gute Schauspielerin, sondern auch eine sichere Sängerin ist.

Mit hochachtungsvollem Gruße
Otto Julius Bierbaum

Für Ihren Almanach sandte ich ein Gedicht, – wofür ich den Almanach noch immer erwarte.

O. J. B.

Im Nachlass von Otto Julius Bierbaum liegen in der *Monacensia* von ihm selbst 137 Manuskripte, 26 von anderen Autoren, weiter Autobiographisches, literarische Werke, Essays und Übersetzungen. 1510 Briefe und Korrespondenzen unter anderem mit H. Brandenburg, M. G. Conrad, A. Croissant-Rust, O. Falckenberg, G. Fuchs, H. von Gumppenberg, A. Kubin, Th. Mann, W. Mauke, G. Meyrink, O. Panizza, F. von Reventlow, R. M. Rilke, F. Wedekind, H. R. Weinhöppel finden sich hier, ebenso die Korrespondenz mit verschiedenen Verlagen, biographische Dokumente wie Tagebücher und Fotos, sowie zwei bildnerische Objekte und seine Totenmaske

Miriam Käfer
Der Schriftstellerin Anna Croissant-Rust zum 150. Geburtstag

D u hast es zu büßen gehabt, daß Du in Deinem Leben wie aus Deiner Kunst nichts ›machtest‹ und allem Cliquenwesen mit Scheu, mit Abscheu aus dem Wege gingst.«[1] Diesen Satz schrieb Hans Erich Blaich in seiner Geburtstagsepistel anlässlich Anna Croissant-Rusts 60. Geburtstages und darin mag der Grund liegen, dass die zurückhaltende Schriftstellerin, die in der naturalistischen Moderne als einzige bedeutende Frau hervorgetreten war, heute nahezu vergessen ist.

Anna Flora Barbara wurde am 10.12.1860 als sechstes Kind der Eheleute Philipp Anton und Barbara Rust im pfälzischen Bad Dürkheim geboren. Ihr Vater arbeitete dort als Inspektor der Saline »Philippshall«, eine Freiluftinhalationsanlage zur Behandlung Lungenkranker.[2] Aufgrund der Versetzung des Vaters musste die Familie 1866 nach Amberg[3] übersiedeln, wo sie bis zu dessen Tod 1884 lebte.[4] Im Alter von 24 Jahren zog Anna Rust mit ihrer Mutter und den beiden Schwestern Lina und Agnes nach München-Schwabing. Von den wirtschaftlichen Verhältnissen gezwungen, erteilte sie als Lehrerin für

---

[1] Dr. Owlglaß [i. e. Hans Erich Blaich]: *Geburtstagsepistel für Anna Croissant-Rust*. In: Der Schwäbische Bund. Eine Monatsschrift aus Oberdeutschland. Bd.3, Stuttgart 1920. S.219–221. Hier: S. 221.
[2] Philipp Anton (1812–1884) und Barbara (1823–1898) Rust stammten ursprünglich aus Bayern. Vgl. Anna Croissant-Rust: *Autobiographische Notiz*. In: Die Lese. Nr. 17, 27.04.1912. S. 269.
[3] Spätere Erzählungen wie *Winkelquartett* (1908) entstanden auf der Folie ihrer Amberger Kindheitsimpressionen.
[4] Bezüglich des Sterbejahres finden sich in der Literatur divergierende Angaben. So soll Anna Croissant-Rust nach dem Tode des Vaters im Jahr 1888 nach München übergesiedelt sein. Vgl. hierzu: B. S.: *Ein Weib mit einem Ich. Zum 50. Todestag von Anna Croissant-Rust*. In: *Charivari*: bayerische Zeitschrift für Kunst, Kultur und Lebensart. Nr. 7/8, Juli/August 1993. S. 44. Aufschluss geben die im Ludwigshafener Nachlass erhaltenen Kondolenzschreiben an die Familie Rust, die belegen, dass Philipp Rust am 13.06.1884 verstorben ist. Vgl. StALU/ N6/Nr.12.

Porträt Anna-Croissant Rust 1930 (Monacensia, Signatur P/a 565)

Sprachen und Musik Privatunterricht. In dieser Zeit entstanden, wie sich Anna Croissant-Rust erinnert, erste »kleine in raschem Atem hingeworfene Studien, d. h. sie formten sich wie von selbst. Oft versuchte ich des Nachts [...] das, was mir die Seele beschwerte, fest zu halten«.[5] Zugang zu dem naturalistischen Kreis um Michael Georg Conrad erhielt sie durch eine ihrer Schülerinnen, die mit ihm bekannt war. Sie war es auch, die Conrad Annas Erzählung *Das Kind* vorgelegt hatte, der sie in seiner Zeitschrift *Die Gesellschaft*[6], einem Organ des frühen Naturalismus, herausgeben wollte.

Die Anfänge ihrer schriftstellerischen Karriere und die erste Begegnung mit Michael Georg Conrad schildert Anna Croissant-Rust in dem Beitrag *Meine erste Geschichte*:

»So war ich mit dieser Arbeit, die ich mit so viel Widerstreben aus der Hand gegeben, reif für die ›Gesellschaft‹, die ich bis jetzt nur mit Scheu betrachtet, und nun sollte ich gar ›darin stehen‹!«[7]

Diese missverstandene Äußerung muss zu der verbreiteten Annahme geführt haben, dass Anna Croissant-Rust mit dieser naturalistischen Novelle 1887 in der *Gesellschaft* debütierte.[8] Tatsächlich erschien dort als erste nachweisbar publizierte Arbeit die Skizze *Eine Eisenbahnfahrt* in der Januarausgabe von 1888.[9] Wie ein Brief Michael Georg Conrads belegt, war für das Jahr 1897 zumindest die Veröffentlichung geplant:

---

[5] Zit. n. Anna Croissant-Rust: *Rückschau*. In: Die Brücke. Heft 1, 1912. S. 5–6.
[6] Gemäß ihrer Programmatik forderte die *Gesellschaft für modernes Leben* »zunächst die Emanzipation der periodischen schöngeistigen Litteratur und Kritik von der Tyrannei der ›höheren Töchter‹ und der ›alten Weiber beiderlei Geschlechts‹. [...] Fort, ruft unsere ›Gesellschaft‹, mit der geheiligten Backfisch-Litteratur, mit der angestaunten phrasenseligen Altweiber-Kritik, mit der verehrten kastrierten Sozialwissenschaft! Wir brauchen ein Organ des ganzen, freien, humanen Gedankens, des unbeirrten Wahrheitssinnes, der resolut realistischen Weltauffassung!« Zit. n. Redaktion und Verlag der *Gesellschaft*: Zur Einführung. In: Die Gesellschaft: realistische Wochenschrift für Literatur, Kunst und Leben. Jg. 1, 1885. S. 1. Diese Zeitschrift wurde zwischen 1885–1902 herausgegeben und führte wechselnde Untertitel.
[7] Zit. n. Anna Croissant-Rust: *Meine erste Geschichte*. In: Die Einkehr. Nr. 48, 09. Dezember 1920. S. 385–386. Hier: S. 386.
[8] Vgl. hierzu: StALU/N6/Nr.64/2. Dr. Marx-Hechler: *Anna Croissant-Rust*. Hörspielmanuskript, Sendung im Südwestfunk vom 12. Juni 1959.; Kurt Oberdorfer: *Anna Croissant-Rust*. In: NDB, Bd.3. Berlin 1957. S. 418–419.
[9] Anna Rust: *Eine Eisenbahnfahrt*. In: *Die Gesellschaft*. Monatsschrift für Litteratur und Kunst. Jg. 4, 1888. S.45–55.

»Ich hätte mich auch wegen der Geduldprobe zu entschuldigen, die Ihnen meine ›Gesellschaft‹ seit vielen Monaten anthut. Die Skizze liegt seit einer Ewigkeit in der Druckerei, es hat sich aber – zu meinem eigenen größten Verdruß – immer noch kein Raum dafür finden lassen.«[10]

Am 22.12.1888 heiratete die Autorin den gleichaltrigen Hermann Croissant, Artillerieoffizier a. D., der zu diesem Zeitpunkt an der Polytechnischen Hochschule München studierte. Das junge Ehepaar bezog eine Wohnung in der Hohenzollernstraße und Anna Croissant-Rust sorgte durch Musik- und Sprachunterricht für den Lebensunterhalt.[11] Die umfangreiche Korrespondenz bezeugt einen großen Bekanntenkreis, dem die Vertreter der naturalistischen Avantgarde wie Michael Georg Conrad und Otto Julius Bierbaum, Oskar Panizza, Detlef von Liliencron, ebenso wie Josef Ruederer, Heinrich von Reder oder Ludwig Scharf angehörten.[12] Einblicke in derartige Geselligkeiten, insbesondere einen Bowle-Abend, gewährt Anna Croissant-Rust in ihrem Beitrag für das Bierbaum-Gedächtnisbuch.

Anna Croissant-Rust blieb auch nach der Eheschließung schriftstellerisch tätig. Ihre Novelle *Feierabend*, die 1890 in der *Gesellschaft* abgedruckt wurde, schildert konsequent in der Programmatik des Naturalismus detailliert und schonungslos das grauenhafte Elend des Arbeitermilieus.[13] Ein weiterer Beitrag, *Hochzeitsfest*, zog die Aufmerksamkeit der Zensurbehörde auf sich und führte 1891 zur vorläufigen Konfiskation der Ausgabe Nr. 22.[14] Drei Rechtspraktikanten mussten sich von der Unbedenklichkeit der Geschichte überzeugen, befanden den Inhalt in erotischer Hinsicht nicht anstößig, weshalb die Freigabe der Zeitschrift erfolgte.[15] Die Frauenrechtlerin und Inhaberin des *Hofateliers Elvira*, Dr. Anita Augspurg, gratulierte ihr zu diesem Werk

---

[10] Zit. n. StALU/N6/Nr.12. Brief Michael Georg Conrads an Anna Croissant-Rust vom 9. November 1887.

[11] Anna Croissant-Rust: *Vom jungen Bierbaum*. In: Michael Georg Conrad, Anna Croissant-Rust und Hans Brandenburg (Hrsg.): *Otto Julius Bierbaum zum Gedächtnis*. München 1912. S. 39–61. Hier: S. 48–49.

[12] Vgl. StALU/N6/Nr.1–6; Monacensia. Literaturarchiv und Bibliothek München. Signatur: Nachlass Brandenburg, 1958/2572. Brief Anna Croissant-Rusts an Hans Brandenburg vom 26. November 1935.

[13] Anna Croissant-Rust: *Feierabend*. In: Die Gesellschaft: Monatsschrift für Litteratur und Kunst. Jg. 6, 1890. S.1567–1605.

[14] StALU/N6/Nr.3. Karte Michael Georg Conrads an Anna Croissant vom 3. September 1891.

[15] Rolf Paulus: *Anna Croissant-Rust. Ein Werk-Portrait*. In: Neue Literarische Pfalz. Heft 3, 1983. S. 15–25. Hier S. 16.

und maßregelte den polizeilichen Eingriff, den es hervorrief: »Letztere lässt auch einen traurigen Blick thun in den Abgrund moralischer Vermessenheit, in welchem sich unsere Zeit noch wohl fühlt!«[16]

1893 war für Anna Croissant-Rust in beruflicher Hinsicht ein Erfolgsjahr: Die Uraufführung ihres Stückes *Lumpeng'sindel* wurde im Mai unter Regie Ernst von Wolzogens im Münchner Gärtnerplatztheater frenetisch gefeiert.[17] Auch publizierte sie erstmals selbständige Sammelbände ihrer Geschichten – *Feierabend, Lebensstücke* und *Gedichte in Prosa*, die die Kritik lobend aufnahm. Privat musste sie jedoch einen schweren Schicksalsschlag verkraften. Nach einer kompliziert verlaufenden Schwangerschaft gebar sie Ende Juni einen Sohn, der kurz darauf verstarb.[18] Über die näheren Umstände finden sich erst im Jahr 1914 konkretere Angaben im Nachlass. Hermann Croissants Ausführungen zufolge war Anna während der Schwangerschaft »derart gemütskrank, dass Gefahr vorlag, dass sie sich irgendwas anthue«[19]. Auf Anraten der Ärzte wurde sie in eine Nervenheilanstalt eingewiesen:

»Als mir meine Frau erklärte, sie werde in der Anstalt verrückt, und ich darauf kam, dass die Behandlung eine ganz unpsychologische war, wollt' ich meine Frau sofort aus der Anstalt nehmen, was der Anstaltsleiter mit der Bemerkung verweigerte, dass meine Frau gemeingefährlich sei. [...] Ich bekam dann doch von meiner Firma Urlaub und ging mit meiner Frau auf's Land. Das Kind kam zu früh und starb. Ich glaube das grösste Glück, das ihm nach all dem, was seine Mutter durchlebt hat, passieren konnte.«[20]

Die Berufung Hermann Croissants zum Assistenten des städtischen Gaswerkes in Ludwigshafen führte Anna Croissant-Rust 1895 in Gegend ihrer frühen Kindheit zurück, bedeutete andererseits aber auch

---

[16] Zit. n. StALU/N6/Nr.3. Brief Anita Augspurgs an Anna Croissant-Rust vom 12. September 1891.
[17] StALU/N6/Nr.5. Brief Ernst von Wolzogens an Anna Croissant-Rust vom 28. Mai 1893.
[18] StALU/N6/Nr.5. Gratulationsschreiben Ludwig Scharfs vom 30. Juni 1893; Karte Richard Dehmels vom 02. Juli 1893; Kondolenzschreiben Otto Julius Bierbaums o. D.; Kondolenzschreiben Ernst von Wolzogens vom 15. August 1893.
[19] Zit. n. StALU/N6/Nr.27. Brief Hermann Croissants an Rosa Schwann vom 26. Juni 1914.
[20] Zit. n. StALU/N6/Nr.27. Brief Hermann Croissants an Rosa Schwann vom 26. Juni 1914.

die Entwurzelung aus einem »reichen u. anregenden«[21] Freundeskreis. In der »Schlotrauchstadt«[22] wurde sie nie heimisch, wie ein Brief ihres Bekannten General a. D. »Wotan« Heinrich von Reder verdeutlicht: »Wenn eine ideale Pflanze in einen Fabrikboden versetzt wird, findet sie nicht ihre Lebensbedingnisse«.[23]

In der Tat wirkten sich die äußeren Umstände hemmend auf Anna Croissant-Rusts Inspiration und Schaffenskraft aus. Zuweilen litt sie unter Depressionen.[24] Während 1896/1897 noch drei Werke entstanden und 1901 ein weiteres erschien, ging in der Folgezeit ihre literarische Produktion nur mühsam voran.[25] Gegenüber Otto Julius Bierbaum artikulierte sie 1903: »Ich habe einen weiteren Roman zu dreiviertel fertig u. wage mich nicht daran – ich habe den Mut u. die Lust verloren.«[26] Häufige Aufenthalte in München und Reisen ins Gebirge oder gar der gesellige Verkehr mit Freunden, die sie besuchten, konnten ihren Gemütszustand nur geringfügig bessern.[27]

1898 erfolgte die Beförderung Hermann Croissants zum Direktor des Städtischen Gaswerkes Ludwigshafen.[28] Bereits 1899 war in ihm

---

[21] Zit. n. StALU/N6/Nr.34. Brief Anna Croissant-Rusts an Hans Loschky vom 2. März 1940.
[22] Zit. n. StALU/N6/Nr.15. Brief Heinrich von Reders an Anna Croissant-Rust vom 23. März 1903.
[23] Zit. n. StALU/N6/Nr.14. Brief Heinrich von Reders an Anna Croissant-Rust vom 3. November 1902.
[24] StALU/N6/Nr.14. Brief Gertrud Schwanns an Anna Croissant-Rust vom 24. März 1902.
[25] 1896 erschien das Drama *Der standhafte Zinnsoldat* und die beiden Novellen *Der Kakadu und Prinzessin auf der Erbse*; 1897 das oberbayerische Volksdrama in vier Akten *Der Bua* und 1901 die Kleinstadtgeschichte *Pimpernellche*.
[26] Zit. n. Monacensia. Literaturarchiv und Bibliothek München. Signatur: Nachlass Otto Julius Bierbaum, 485/74. Brief Anna Croissant-Rusts an Otto Julius Bierbaum vom 2. Juni 1903.
[27] Zu den Besuchern zählten unter anderem Richard Dehmel, Karl Wolfskehl, Hans Erich Blaich, Benno Rüttenauer, Gabriele Reuter, Max Halbe, Cäsar Flaischlen sowie Hedwig Lachmann. Vgl. Monacensia. Literaturarchiv und Bibliothek München. Signatur: Nachlass Brandenburg, 1958/2572. Brief Anna Croissant-Rusts an Hans Brandenburg vom 26. November 1935.; DLA Marbach, A: Wolfskehl 95.54.712/11. Karte Hedwig Lachmanns an Karl Wolfskehl vom 8. Juli 1898; StALU/N6/Nr.25. Brief Gabriele Reuters an Anna Croissant-Rust vom 12. September 1912; Dr. Owlglaß [i.e. Hans Erich Blaich]: *Geburtstagsepistel für Anna Croissant-Rust*. In: Der Schwäbische Bund. Eine Monatsschrift aus Oberdeutschland. Bd.3, Stuttgart 1920. S.219–221.
[28] StALU/N6/Nr.10. Karte Michael Georg Conrads an Hermann Croissant vom

jedoch das Vorhaben gekeimt, die Stelle aufzugeben.[29] Ein anonymer Brief aus dem Jahr 1901 mit einem beigelegten Zeitungsartikel verweist darauf, dass man mit seiner Geschäftsführung unzufrieden war.[30] Dagegen fiel seine Darstellung retrospektiv anders aus: »Ich darf wohl sagen, dass ich eines der grössten Opfer für die Kunst gebracht habe, denn ich habe ihr einen Beruf geopfert, opfern müssen, und ich darf wohl sagen, in dem ich Leistungen zu verzeichnen hatte.«[31]

Aufgrund der vorzeitigen Pensionierung ihres Mannes konnte Anna Croissant-Rust im Juli 1904 Ludwigshafen endlich den Rücken kehren. Briefe dokumentieren die sichtliche Erleichterung der Freunde über diesen Schritt als ein »wahrer Griff in den Glückstopf«.[32] Ihr langjähriger Freund Dr. Carl Gerster schrieb: »Ihnen wird zu Mut sein, wie einem Fisch der vom Land wieder ins Wasser zurückgeschnellt [...] Ich habe Sie mir immer nur denken können auf moosigen Steinblöcken sitzend [...] niemals aber gaben rauchende Essen und duftende Gasometer den Rahmen ab für eine Anna Rust!«.[33] Rückblickend auf ihre Zeit in dem »scheußlichsten aller Orte«[34] formulierte Anna Croissant-Rust in ihrer autobiographischen Notiz:

»Dieses nun war keine vierte Heimat, sondern eine Verbannung. Mag sein, daß diese neun Jahre der Nüchternheit, Kälte und Vereinsamung in die-

---

8. August 1898; StALU/N6/Nr.32. Brief Hermann Croissants an die Bayerische Beamtenkammer vom 11. November 1923.
[29] StALU/N6/Nr.11. Brief Oskar von Millers an Hermann Croissant vom 05. Mai 1899.
[30] StALU/N6/Nr.13. So heisst es in dem Zeitungsartikel unter anderem, dass Hermann Croissant in seiner Funktion als Direktor im Stadtrat schon des Öfteren die Befähigung abgesprochen wurde, ferner: »Im Interesse der Stadt und des Gaswerks würde es liegen, wenn seine Spitze hübsch in Watte eingewickelt und bei Seite gestellt werden könnte.« Dem anonymen Brief, dessen Absender unter dem Phantasienamen *Vereinigte Wattefabrik Gosslach* anfragte, wie viel denn zur Einwicklung nötig sei, liegt tatsächlich eine »Musterprobe« Watte bei.
[31] Zit. n. StALU/N6/Nr.27. Brief Hermann Croissants an Kurt Martens vom 20. Juni 1914.
[32] Zit. n. StALU/N6/Nr.16. Brief Hedwig Lachmanns an Anna Croissant-Rust vom 10. Mai 1904.
[33] Zit. n. StALU/N6/Nr.16. Brief Dr. Carl Gersters an Anna Croissant-Rust vom 30. Mai 1904.
[34] Zit. n. Monacensia. Literaturarchiv und Bibliothek München. Signatur: Nachlass Otto Julius Bierbaum, 485/74. Brief Anna Croissant-Rusts an Otto Julius Bierbaum vom 26. Oktober 1904.

ser Fabrikstadt Jahre der Sammlung und Reife waren, ich begrüßte unsere Rückkehr nach München als Erlösung.«[35]

In der Pasinger Waldvillenkolonie, Maria-Eich-Straße 18, bezog das Ehepaar Croissant sein neues Heim. Für Anna Croissant-Rust bedeutete die Rückkehr nach München auch ein Zurückfinden zu ihrer Produktivität. Um ungestört schreiben zu können, fuhr sie oft aufs Land oder in die Berge.[36] Innerhalb eines Jahres stellte sie zwei Werke fertig, die 1906 erschienen: Das Novellenbuch *Aus unseres Herrgotts Tiergarten* und der in Tirol angesiedelte Bauernroman *Die Nann*. Heinrich von Reder hob insbesondere die wirklichkeitsgetreue Darstellung dieses Milieus, resultierend aus Anna Croissant-Rusts scharfer, kontrastierender Beobachtungsgabe und psychologisch miteinander verwobenen Handlungssträngen, lobend hervor.[37]

Anna Croissant-Rusts Bücher erzielten keine hohen Auflagen, dennoch sollte ihr dieser Roman breitere Anerkennung bescheren, wie ein Brief Ludwig Scharfs, der inzwischen in Ungarn lebte, aus dem Jahr 1914 zeigt: »Sogar hier in Patosfa war Ihr Name resp. Ihr Roman ›Die Nann‹ (durch die Romanbibliothek) wohlbekannt und geschätzt.«[38]

In der Zeit vor dem Ausbruch des Ersten Weltkrieges war Anna Croissant-Rust sehr produktiv. Hier wird das literarische Spektrum ihres facettenreichen und vielschichtigen Werkes offenbar. Zu ihrem Frühwerk, das sie selbst als »vorwiegend düster, hart, kantig, manchmal sogar krass«[39] beschrieb, kamen anekdotische Episoden mit kauzigen Figuren und humorvoll-komische Geschichten, die durch die Intensität der Charakterschilderung und satirisch gezeichneter Details – so beim *Felsenbrunner Hof* – bestechen.[40]

---

[35] Zit. n. Anna Croissant-Rust: *Autobiographische Notiz*. In: Die Lese. Nr. 17, 27. April 1912. S. 269.
[36] StALU/N6/Nr.18. Brief Heinrich von Reders an Anna Croissant-Rust vom 15. Juni 1906.
[37] Zit. n. StALU/N6/Nr.18. Brief Heinrich von Reders an Anna Croissant-Rust vom 15. Juni 1906.
[38] Zit. n. StALU/N6/Nr.27. Brief Ludwig Scharfs an Anna Croissant-Rust vom 23. Februar 1914.
[39] Anna Croissant-Rust: *Anna Croissant-Rust über sich selbst*. In: Georg Müller Verlag München 1903–1908. Katalog der in den ersten fünf Jahren des Bestehens erschienenen Bücher, mit literarischen Selbstcharakteristiken von Otto Julius Bierbaum [et al.]. München 1908. S.19–22. Hier: S. 20.
[40] Anna Croissant-Rusts Publikationen seit 1908: 1908 die Kleinstadtgeschichte *Winkelquartett*, 1910 die Gutsgeschichte *Felsenbrunnerhof*, 1911 der Erzähl-

Das Haus der Croissants wurde schnell wieder zu einem kulturellen Mittelpunkt. An jedem 1. und 3. Sonntag des Monats gaben sie Jours, an denen namhafte Repräsentanten des literarischen und künstlerischen Lebens Münchens ein und aus gingen.[41] Unter den illustren Gästen befand sich der in der Nachbarschaft wohnende Otto Julius Bierbaum, Personen aus dem Umfeld der Simplizissimus-Redaktion, wie Hans Erich Blaich, Alfred Schuler, Benno Rüttenauer, die Kunstmaler Hermann Frobenius und Max Arthur Stremel, aber auch Personen, die nicht (mehr) in München lebten, darunter Richard Dehmel, Hedwig Lachmann und Gustav Landauer. Hans Brandenburg hat dem Ehepaar und deren gastlichen Haus in seinen Memoiren *München leuchtete* ein literarisches Denkmal gesetzt.[42]

Nicht alle Ereignisse und Entwicklungen innerhalb des weitläufigen Freundes- und Bekanntenkreises lassen sich anhand der Korrespondenz lückenlos rekonstruieren. Beispielhaft sei der Skandal um den Schlüsselroman *Tagebuch einer Dame* (1907) genannt, der Gegenstand zensurbehördlicher Ermittlungen wurde, die Benno Rüttenauer schließlich als Urheber feststellten.[43] Rüttenauer hatte in dem Buch mitunter Michael Georg Conrad literarisch verarbeitet, der nicht wegen der »Blödsinnigkeiten und Zotereien«[44] grollte, sondern dass er diesen »geschmacklosen, jeder seelischen Feinheit baaren Schmierer jahrzehntelang für einen guten, treuen Kameraden gehalten«[45] hatte. Dieses Vorkommnis war für

---

band *Arche Noah*, 1914 der Prosa-Zyklus *Der Tod* und der Novellenband *Nikolaus Nägele*, 1917 die Garnisongeschichte *Unkebunk* und zuletzt 1921 der Erzählband *Kaleidoskop*.
[41] DLA Marbach, A: Wolfskehl 95.54.1348/7. Brief Anna Croissant-Rusts an Hanna Wolfskehl vom 23. November 1909.; StALU/N6/Nr.22. Brief Ludwig Scharfs an Anna Croissant-Rust vom 14. April 1910.
[42] Brandenburg, Hans: München leuchtete. Jugenderinnerungen. München 1953. S. 396–404.
[43] StaatsA Mü: Pol.dir. München 7240. Am 6. September 1907 bat die Polizeidirektion München die Staatsanwaltschaft um rasche Beschlagnahmung, da in dem Buche »die Schicksale einer, mit einer ›Hetärennatur‹ begabten Dame der Gesellschaft« geschildert werden. Am 21. Januar 1908 war Benno Rüttenauer als Verfasser bekannt und Ende Januar verfügte die Polizei über den Schlüssel zu dem Buch. Am 24. Februar 1908 wurden die Ermittlungen gegen Rüttenauer eingestellt und der Verleger Piper musste gemäß des Urteils vom 4. Mai 1908 Schwärzungen vornehmen lassen.
[44] Zit. n. StALU/N6/Nr.20. Brief Michael Georg Conrads an Anna Croissant-Rust vom 25. August 1908.
[45] Zit. n. StALU/N6/Nr.20. Brief Michael Georg Conrads an Anna Croissant-Rust vom 25. August 1908.

Gabriele Reuter Grund genug, zeitweise nicht mehr bei den Croissants zu erscheinen.[46] Wie man die Angelegenheit im Freundeskreis weiter behandelte, ließ sich durch die Quellen nicht erschließen.

Besser bestellt ist es um die Quellenlage in der Nachlassregelung Otto Julius Bierbaums, die an dieser Stelle nur skizziert werden kann. Sein Tod am 1. Februar 1910 bedeutete für Anna Croissant-Rust, die mit ihm über 20 Jahre befreundet war, einen schweren Verlust. Unter der Mitarbeit vieler Bekannter entstand eine Anekdotensammlung, die sie gemeinsam mit Michael Georg Conrad und Hans Brandenburg unter dem Titel *Otto Julius Bierbaum zum Gedächtnis* herausgab.[47] Für die finanzielle Absicherung der Mutter Bierbaums und Nachlassverwaltung setzte sich Hermann Croissant ein. Aufgrund der hohen Schulden, die Otto Julius Bierbaum beim Müller-Verlag hatte, betrachtete dieser den Nachlass als Äquivalent für den gewährten Vorschuss.[48] Es entbrannte ein umfangreicher Briefwechsel, der insbesondere die Croissants und Hans Brandenburg in die Interessenskonflikte und Streitigkeiten der Hinterbliebenen involvieren und über zwei Jahre intensiv beschäftigen sollte.[49] Hans Brandenburg erkannte schließlich, »dass man in der Bierbaumsache nur in Wespennester sticht, und [...] dass wir uns alle in dieser Sache in unserer Menschenliebe Zurückhaltung auferlegen müssen, weil der Nutzen [für Bierbaum und seine Mutter] von gewissen Wühlern meist in Schaden umgekehrt wird.«[50]

Seit 1911 schien sich die pekuniäre Situation der Croissants zugespitzt zu haben. Die Bücher von Anna Croissant-Rust verkauften sich nicht so, dass sie davon hätte leben können. Wie Hermann Croissant in einem Brief ausführte, war nach Abzug der Kosten für Annas Land-

---

[46] StALU/N6/Nr.20. Brief Gabriele Reuters an Anna Croissant-Rust vom 25. August 1908.
[47] Michael Georg Conrad, Anna Croissant-Rust und Hans Brandenburg (Hrsg.): *Otto Julius Bierbaum zum Gedächtnis*. München 1912. Darin Beiträge unter anderem von Hermann Croissant, Anna Croissant-Rust und ihrer Schwester Agnes Rust, Ernst von Wolzogen, Max und Lisette Stremel, Hans Brandenburg, Georg Müller et al.
[48] StALU/N6/Nr.22. Brief Georg Müllers an Hermann Croissant vom 3. März 1910.
[49] Vgl. hierzu die Korrespondenz Hermann Croissant-Rusts mit der Mutter Bierbaum, Georg Müller, Gemma Bierbaum, dem Bruder Willy Bierbaum und Hans Brandenburg insbesondere in den Jahren 1910–1913. StALU/N6/Nr.22-26.
[50] Zit. n. StALU/N6/Nr.25. Brief Hans Brandenburgs an Hermann Croissant vom 14. November 1912.

aufenthalte die Bilanz sogar defizitär.[51] Angesichts des stagnierenden Bücherabsatzes bekannte Croissant 1914 resignierend:

»Ich hatte nun den Idealismus und habe ihn noch, dass Annas Leistung werthvoller ist als meine. Auf der anderen Seite stehe ich heute auf dem Standpunkt, dass es zwecklos ist in unserer heutigen Welt Annas Kunst anzubieten. [...] Ich habe Anna den Rath gegeben, sie solle schreiben, was sie Lust habe, aber dem Publikum nicht mehr die Ehre anthun, ihre Sachen zu veröffentlichen, höchstens in Ausgaben, die nur eine kleine Zahl kauft. Leider wollen die Künstler wirken, vielleicht müssen sie es wollen.«[52]

Zu den finanziellen Problemen trat 1914 der drohende Verlust ihres angemieteten Heims in der Maria-Eich-Straße 18. Dieses Schicksal konnte Hermann Croissant durch den Kauf des Anwesens am 1. August 1914 abwenden.[53] Wenige Tage darauf meldete sich Hermann Croissant am 6. August, dem 5. Mobilmachungstag, freiwillig beim Landwehrbezirkskommando.[54] Während des Ersten Weltkrieges bildete er im pfälzischen Edenkoben und in Straßburg Rekruten für das Ersatzbataillon aus, eine Tätigkeit, die ihn an die Grenzen seiner körperlichen Kräfte brachte.[55] Seit 1917 war er in der Pulverfabrik Ingolstadt als Sicherheits- und Abwehroffizier abgestellt.[56] Sofern es ihr möglich war, lebte Anna Croissant-Rust bei ihrem Mann an seinen Stationierungsorten.[57] Briefe der Schrift-

---

[51] StALU/N6/Nr.26. Brief Hermann Croissants an Mutter Bierbaum vom 22. Juni 1913.
[52] Zit. n. StALU/N6/Nr.27. Brief Hermann Croissants an Josef August Beringer vom 9. Juli 1914.
[53] StALU/N6/Nr.28. Brief Hermann Croissants an die Vereinsbank München am 16. Januar 1915. Auf dem Haus lastete zu diesem Zeitpunkt eine Hypothek von 6300 Mark; Hermann Croissant konnte den Kaufpreis von 16500 Mark durch ein Privatdarlehen von Verwandten teilfinanzieren. Vgl. hierzu auch StALU/N6/Nr.27. Briefe Hermann Croissants an Hans Schwann vom 11. April 1914 und an Josef Beringer vom 9. Juli 1914.
[54] StALU/N6/Nr.27. Brief Hermann Croissants an Hans Erich Blaich vom 2. Mobilmachungstag 1914 [3. August 1914].
[55] StALU/N6/Nr.28. Brief Hermann Croissants an Alexander Pfänder vom 10.01.1915.
[56] Monacensia. Literaturarchiv und Bibliothek München. Signatur: Nachlass Brandenburg, 1958/2588. Brief Hermann Croissants an Hans Brandenburg vom 27. Januar 1918.
[57] StALU/N6/Nr.27. Karte Anna Croissant-Rusts an Hermann Croissant vom 26. Oktober 1914; StALU/N6/Nr.30. Brief Hedwig Lachmanns an Anna Croissant-Rust vom 1. Mai 1917; Monacensia. Literaturarchiv und Bibliothek München. Signatur: Nachlass Brandenburg, 1958/2588. Brief Hermann Croissants an Hans Brandenburg vom 27. Januar 1918.

Anna Croissant-Rust 1935 (Monacensia, Signatur P/a 565)

leitung der Feldzeitung beim Armee-Oberkommando 3 aus den Jahren 1917 und 1918 an Hermann Croissant lassen den Rückschluss zu, dass er den Abdruck von Stücken aus den Werken seiner Frau angeboten hatte.[58] So teilte ihm die Schriftleitung am 22. Januar 1918 die Absicht mit, »demnächst schon zum zweiten Mal eine Probe ihrer Kunst im ›Unterstand‹«[59] abdrucken zu wollen, nämlich die Erzählung *Pimpernellche*.

Die politische Tätigkeit ihres Mannes nach dem Krieg erfüllte Anna Croissant-Rust mit großer Sorge. Er, der nie politisch engagiert war, kam während der revolutionären Unruhen der Räterepublik zur Unabhängigen Sozialdemokratischen Partei (USPD) »wie Pontius in's Credo«.[60] Als nach der Ermordung Eisners der Münchner Stadtrat abgesetzt wurde, bot sich Croissant als Sachverständiger für die technischen Werke an und wurde von einer Volksversammlung zum revolutionären Arbeiterrat gewählt.[61] Im Mai 1919 wurde Hermann Croissant zweimal als Spartakist denunziert und verhaftet.[62] Später zog er als Vertreter der USPD in den Pasinger Stadtrat ein.

Die finanzielle Situation der Croissant-Rusts blieb in den 1920er Jahren nach wie vor angespannt. Schon lange gestatteten die Verhältnisse keine Haushaltshilfe mehr und insbesondere Anna Croissant-Rust, die zeitlebens immer wieder von Gicht und Rheumatismus heimgesucht wurde, litt unter der schweren Hausarbeit. Schriftstellerische Tätigkeit war für sie, die 1921 ihren letzten Erzählband *Kaleidoskop* veröffentlicht hatte, inzwischen undenkbar geworden.[63] Die Umstände nötigten ihnen ab, ihre Korrespondenz auf ein Minimum zu beschränken und Teile ihrer Habe wie Bücher oder überflüssiges Mobiliar zu veräußern.[64] Schließlich lag die Überlegung nahe, das Haus zu ver-

---

[58] StALU/N6/Nr.30. Brief der Schriftleitung der Feldzeitung beim Armee-Oberkommando 3 an Hermann Croissant vom 11. Januar 1917.
[59] StALU/N6/Nr.31. Brief der Schriftleitung der Feldzeitung beim Armee-Oberkommando 3 an Hermann Croissant vom 22. Januar 1918.
[60] Zit. n. StALU/N6/Nr.31. Brief Hermann Croissants an Heinrich F. S. Bachmair vom 10. Juli 1920.
[61] StALU/N6/Nr.31. Brief Hermann Croissants an Hans Schwann vom 4. Januar 1920.
[62] Monacensia. Literaturarchiv und Bibliothek München. Signatur: Nachlass Brandenburg, 1958/2537. Brief Anna Croissant-Rusts an Hans Brandenburg vom 12. Mai 1919.
[63] StALU/N6/Nr.32. Brief Hans Schwanns an Anna Croissant-Rust vom 24. Juli 1922.
[64] StALU/N6/Nr.32. Brief Hermann Croissants an Ernst Kreidolf vom 11. Dezember 1922.

kaufen: Hermann stand 1923 bereits in Verhandlung mit einem Nachbarn, jedoch kam ein Abschluss nie zustande.[65]

Ursprünglich hatten die Croissants beabsichtigt, ihre umfangreiche Brief- und Kunstsammlung einem öffentlichen Institut zu vererben. Durch die Inflation sah sich Hermann Croissant jedoch veranlasst, 1925 mit dem hauptamtlichen Bibliotheksleiter Hans Ludwig Held und der Stadt München in Kontakt zu treten und gegen Überlassung des ganzen Besitzes nach dem Tode eine Rente auszuhandeln.[66] Ein Schreiben an Hans Ludwig Held bezeugt, dass aus dem Bestreben nichts wurde:

»Der Gedanke, nur noch in fremdem Eigenthum zu sitzen, kann etwas Beklemmendes haben, besonders für eine Seele wie die meiner Frau. Es war mir ja nur darum zu thun, meiner Frau wieder Arbeitsmöglichkeit zu schaffen, denn sie hat noch Vieles zu sagen.«[67]

Dennoch wandte er sich, wie er Friedrich Lux angekündigt hatte, mit seinem Angebot an andere ähnliche Institutionen.[68] So kam am 25. Mai 1926 der Unterhalts- und Übereignungsvertrag mit der Stadt Ludwigshafen zustande. Gegen eine jährliche Rente vermachten die Croissants der Stadt Ludwigshafen das Inventar ihres Pasinger Hauses, einschließlich aller Kunstgegenstände, der Bibliothek, Manuskripte und Korrespondenz.[69]

Mit dem Tod ihres Mannes am 16. März 1928 wurde es still um Anna Croissant-Rust. Sie lebte zurückgezogen in ihrem Pasinger Haus und hatte ihre Korrespondenz nahezu vollständig eingestellt. 1935 wurden zwei Werke neuaufgelegt *Die Nann* und *Antonius, der Held*. Zu einer literarischen Arbeit über die Münchner Moderne wollte sie sich nicht bewegen lassen, wie sie an Hans Loschky am 15. November 1935 schrieb:

---

[65] StALU/N6/Nr.32. Brief Hermann Croissants an Hans Schwann vom 14. Februar 1923.; StALU/N6/Nr.32. Brief Hans Schwanns an Hermann Croissant vom 29. Oktober 1923.
[66] StALU/N6/Nr.32. Brief Hermann Croissants an Friedrich Lux vom 11. August 1925. In diesem Brief zählt Hermann die umfangreiche Korrespondenz unter Nennung der einzelnen Absender auf.
[67] Zit. n. Monacensia. Literaturarchiv und Bibliothek München. Signatur: Nachlass Hans Ludwig Held, 303/77. Brief Hermann Croissants an Hans Ludwig Held vom 16. August 1925.
[68] StALU/N6/Nr.32. Brief Hermann Croissants an Friedrich Lux vom 11. August 1925.
[69] Siegfried Fauck: Das Schicksal des Nachlasses Anna Croissant-Rust. In: Kurt Oberdorfer, Hans Loschky (Hrsg.): *Anna Croissant-Rust 1960–1943*. Ludwigshafen 1963. ohne Seitenangabe.

»In meinem Alter u. bei meinen Gesundheits- u. anderen Verhältnissen giebt man sich keinen Ruck mehr. Ich bin im Lauf der letzten Jahre so oft schon aufgefordert worden über jene Zeit zu schreiben [...] Wer interessiert sich in dieser Zeit sonst noch für die vergangene Epoche der 80er, 90er Jahre, wer würde ein Manuskript wie dieses nehmen? Welcher Verleger? Heutzutage? [...] Wie gesagt, ich bin zu alt u. zu mürb.«[70]

Gegenüber Max Halbe, der ihr zum 75. Geburtstag gratuliert hatte, konstatierte sie: »überhaupt, wenn man mich fragen würde, ob ich mein ganzes Leben wie ich es habe leben müssen, ja durchmachen, möchte, ich müßte mit einem ganz entschiedenen ‹nein› antworten.«[71]

v. l. n. r.: Anna Croissant-Rust, Otto Julius Bierbaum, Hermann Croissant, Lisette Stremel, Gemma Bierbaum, Pasing 1908

---

[70] Zit. n. StALU/N6/Nr.34. Brief Anna Croissant-Rusts an Hans Loschky vom 15. November 1935.
[71] Zit. n. Monacensia. Literaturarchiv und Bibliothek München. Signatur: Nachlass Max Halbe, 857/67. Brief Anna Croissant-Rusts an Max Halbe vom 30. Dezember 1935.

Am 30. Juli 1943 starb Anna Croissant Rust im Alter von 82 Jahren und wurde auf dem Friedhof in Pasing neben ihrem Mann beigesetzt. Seit 1951 ist wenige Straßen von ihrem Wohnhaus entfernt eine Straße nach ihr benannt.

In der Monacensia liegen von Anna Croissant-Rust 280 Briefe, u.a. an O. J. Bierbaum und Hans Brandenburg, 38 biographische Dokumente und Pressestimmen sowie 30 Fotos

Die Autorinnen und Autoren

REINHARD BAUMANN, Dr. phil., lebt in München und arbeitet als Studiendirektor am Bertolt-Brecht-Gymnasium in München; Veröffentlichungen zur bayerischen Geschichte.

KLAUS E. BOHNENKAMP, Dr. phil., geb. 1942, Studium der Klassischen Philologie und Germanistik in Tübingen und Gießen. Mitarbeiter am Thesaurus linguae Latinae in München (1970–1974), ab 1974 gemeinsam mit Ernst Zinn Herausgeber der Sämtlichen Werke Rudolf Kassners; anschließend Referent beim Boehringer Ingelheim Fonds in Stuttgart (1992–1999); Mitarbeiter an der Kritischen Hofmannsthal-Ausgabe in Frankfurt a. M.; von 1996–2000 Vizepräsident der Rilke-Gesellschaft. Veröffentlichungen u. a.: Rainer Maria Rilke und Rudolf Kassner, Freunde im Gespräch (1997); Hugo von Hofmannsthal und Rudolf Kassner, Briefe und Dokumente (2005); Rainer Maria Rilke und Norbert von Hellingrath, Briefe und Dokumente (2008).

WALDEMAR FROMM, PD, Dr. phil., geb. 1961, Studium der Neueren Deutschen Literatur, Psychologie, Linguistik und Philosophie in Heidelberg und Marburg. 2004 Habilitation, seit 2006 Akademischer Oberrat an der Ludwig-Maximilians-Universität München. Veröffentlichungen zur Sprachpsychologie, zur Poetik und Ästhetik sowie zur Geschichte der literarischen Subjektivität in der Literatur der Aufklärung, der Romantik, des Vormärz, der Jahrhundertwende und der Gegenwart. Mitherausgeber der Franz von Pocci-Werkausgabe und der Charles Sealsfield-Werkausgabe im Allitera Verlag.

SVEN HANUSCHEK PROF. Dr., geb. 1964 in Essen; apl. Prof. an der Münchner Universität (Neuere deutsche Literaturwissenschaft), Geschäftsführer des Departments für Germanistik, Komparatistik, Nordistik; Germanist und Publizist (Essays, Rezensionen besonders in der Frankfurter Rundschau, Ausstellungen). – Mitglied des P.E.N., Vors. der Int. Kipphardt-Gesellschaft. Bücher u. a. über Heinar Kipphardt, Uwe Johnson, Erich Kästner, Elias Canetti, Heinrich Heine, Laurel und Hardy.

EVA-MARIA HERBERTZ, geb. 1947 in Oberhausen/Rheinland, Studium der Germanistik und Geschichte in München; einige Jahre im Lehramt tätig, lebt seit 1982 in Feldafing am Starnberger See. Ihre Recherchen zu Künstler-/innen, die in Feldafing gelebt und gearbeitet haben, publizierte sie in verschiedenen Zeitungen. 2005 erschien im Allitera Verlag München ihr Buch »*Der heimliche König von Schwabylon*«. *Der Graphiker und Sammler Rolf von Hoerschelmann in Selbstzeugnissen und Bilddokumenten*, basierend auf dem bis dahin ungesichteten Privatnachlass des Künstlers, den sie nach der Schenkung an die Gemeinde Feldafing archivierte und der seitdem öffentlich zugänglich ist. 2009 gab sie im Allitera Verlag in der edition monacensia *Leben in seinem Schatten. Frauen berühmter Künstler* heraus.

WALTER HETTCHE, Dr. phil., geboren 1957 in Offenbach am Main. Studium der Germanistik und Anglistik an der Universität München. 1983 Staatsexamen und 1985 Promotion über Heinrich von Kleists Lyrik. Akademischer Oberrat am Institut für Deutsche Philologie der Universität München. Publikationen zur deutschen Literatur des 18. bis 20. Jahrhunderts (Gleim, Hölty, Goethe, Stifter, Storm, Fontane, Raabe, Liliencron, Britting, Eich u.a.).

KRISTINA KARGL, M.A., geboren 1954 in München, Studium der Neueren Deutschen Literatur, Mediävistik und Neuerer und Neuester Geschichte in München. Freie Journalistin, Autorin von Kabarett- und Theaterstücken, Regiearbeit. Diverse Veröffentlichungen, Ausstellungen und Vorträge zur Literatur in Bayern, zuletzt im *Jahrbuch 2009* der Freunde der Monacensia, Allitera Verlag München sowie Beiträge in: *Psychoanalyse & Expressionismus*, Kongressband des 7. Internationalen Otto-Gross-Kongresses Dresden, hrsg. von Werner Felber, Albrecht Götz von Olenhusen, Gottfried M. Heuer und Bernd Nitzschke, Verlag LiteraturWissenschaft.de, Marburg 2010.

MIRIAM KÄFER, M.A., geboren 1978 in Sinsheim. Studium der Neueren Deutschen Literatur, Mediävistik, Neueren und Neuesten Geschichte an den Universitäten Mannheim und München. 2006 Magisterprüfung. Laufendes Dissertationsprojekt zum Thema »Literarische Salons im 19. und frühen 20. Jahrhundert in München«.

MARITA KRAUSS, Dr. phil., geboren 1956 in Zürich, Promotion und Habilitation in München, war ab 1997 Hochschullehrerin für Sozial- und Wirtschaftsgeschichte an der Universität Bremen und ab 2005 Professorin an der Universität München. Seit 2008 ist sie Professorin für Bayerische und Schwäbische Landesgeschichte an der Universität Augsburg.

ELISABETH TWOREK, Dr. phil., geboren 1955 in Murnau leitet seit 1994 die Monacensia, Literaturarchiv und Bibliothek der Stadt München. Sie ist Literaturwissenschaftlerin und freie Mitarbeiterin beim Bayerischen Rundfunk und hat zahlreiche Veröffentlichungen zur Literatur in Bayern vorgelegt, zuletzt das Lesebuch *Literarisches Bayern* im Allitera Verlag 2009.

FRANK SCHMITTER, geboren 1957 in Krefeld/NRW. Studium an der Fachhochschule für Bibliothekswesen Stuttgart, Berufstätigkeit als Bibliothekar, Dokumentar und Medien-Redakteur in München. Seit Oktober 2005 verantwortlich für das Literaturarchiv der Monacensia, Bibliothek und Literaturarchiv in München. Seit 1999 Publikationen von Lyrik und Prosa in Anthologien und Zeitschriften. 2006 Veröffentlichung des Romans *Späte Ruhestörung. Ein Krefeld-Krimi* im Piper-Verlag.

ULRIKE VOSWINCKEL, geboren in Hamburg, studierte Germanistik und Romanistik. Die Autorin und Filmemacherin lebt seit 1967 in München und schreibt Radio-Features über Literatur, Kunst und Boheme in München (1900–1933) und Exilliteratur.

GUNNA WENDT, geboren 1953 in Jeinsen bei Hannover. Studium der Soziologie und Psychologie an der Universität Hannover, 1978 Magister Artium, seit 1981 freie Schriftstellerin und Ausstellungsmacherin in München. Neben den Arbeiten für Theater und Rundfunk zahlreiche Buchveröffentlichungen, darunter Biographien über Liesl Karlstadt, Helmut Qualtinger, Paula Modersohn-Becker, Clara Rilke-Westhoff, Maria Callas und Franziska zu Reventlow.

Errata

zu **Die letzten Tage Albert Langens**, Jahrbuch 2009, Seite 151 ff.

Bei der Person links im Foto auf Seite 156 handelt es sich um Reinhold Geheeb, Hauptredakteur des *Simplicissimus* von 1901 bis 1925. Darauf machte mich freundlicherweise die Familie Altschüler, Nachkommen Reinhold Geheebs, aufmerksam.

Weiter ergab eine jüngere Nachfrage beim Kölner Friedhofsamt, dass Albert Langen zwar nicht in der noch heute existierenden Familiengruft beigesetzt wurde, wohl aber in einem weiteren Langenschen Familiengrab, Feld Hwg 341/342, in dem auch seine Eltern ruhen. Diese Anlage ist seit 1984 unter Rasen verschwunden.

Detlef Seydel